Entre modernité et post-modernité, cette collection d'essais a pour vocation première d'encourager des réflexions originales sur l'avenir d'une civilisation caractérisée par l'affrontement entre traditions et technoscience.

LE SOUCI DU MONDE

DU MÊME AUTEUR

Hannah Arendt. Identité et Mémoire (Belfond, collection « Les Dossiers », 1994. Réédition Hachette « Pluriel », 1998).
Trois femmes dans de sombres temps : E. Stein, H. Arendt, S. Weil. Amor fati, amor mundi (Albin Michel, collection « Idées », 1997).

Traductions à partir de l'anglais et de l'allemand

H. Arendt, *La tradition cachée* (Bourgois, 1987/1993).
H. Arendt, *Auschwitz et Jérusalem* (Tierce, 1991/1993).
H. Arendt, *Qu'est-ce que la politique ?* (Seuil, 1995).
Hans Jonas, *Entre le néant et l'éternité* (Belin, 1996).
Jacob Katz, *Juifs et Francs-Maçons en Europe* (Cerf, 1995).
Jacob Katz, *De la tradition à la crise* (à paraître, Cerf, 1999).
Eric Voegelin, *La nouvelle science du politique* (à paraître, Seuil, 2000).
Julius Guttman, *Histoire des philosophies juives* (Gallimard), 1994.

Pour Demain

LE SOUCI DU MONDE

Dialogue entre Hannah Arendt et quelques-uns de ses contemporains : Adorno, Buber, Celan, Heidegger, Horkheimer, Jaspers, Jonas, Klemperer, Levi, Levinas, Steiner, Stern-Anders, Strauss, Voegelin.

par

Sylvie Courtine-Denamy

PARIS
LIBRAIRIE PHILOSOPHIQUE J. VRIN
6, Place de la Sorbonne, Ve

1999

Imprimé en France

ISSN 0180-4847

ISBN 2-7116-1402-6

« Le bien de Dieu (immortel) s'achève par sa nature même, celui de l'homme (mortel) par le souci *(cura)* » (Sénèque, Ép. 124)

Aux *neoi*, à Gaspard, à Alban

Abréviations utilisées pour les œuvres de H. Arendt

- *CHM.*, *La condition de l'homme moderne* (Calmann-Lévy, trad. G. Fradier, 1961. Nouvelle édition préfacée par P. Ricœur, Press Pocket, 1983).
- *ER.*, *Essai sur la Révolution* (Gallimard, 1963, trad. M. Chrestien).
- *CC.*, *La crise de la culture* (Gallimard, 1972, trad. sous la direction de P. Lévy).
- *ST.*, *Le système totalitaire* (Le Seuil, 1972, trad. J.L. Bourget, R. Davreu, P. Lévy).
- *VP.*, *Vies Politiques* (Gallimard, 1974, trad. collective. Nouvelle édition « Tel » 1986).
- *VE.*, *La Vie de l'esprit* (2 vol. PUF, 1981 et 1983, trad. L. Lotringer).
- *IMP.*, *L'Impérialisme* (Fayard, 1982, trad. M. Leiris).
- *RV.*, *Rahel Varnhagen, la vie d'une juive allemande à l'époque du romantisme* (Deux Temps Tierce, 1986, trad. H. PLard. Réédition Press Pocket, 1994).
- *TC.*, *La Tradition cachée* (Bourgois, 1987, trad. S. Courtine-Denamy/ Réédition « Choix-Essais » 1993).
- *PE.*, *Penser l'événement* (Belin, 1989, trad. sous la direction de C. Habib).
- *AJ.*, *Auschwitz et Jérusalem* (Deux TempsTierce 1991, trad. S. Courtine-Denamy, préface de F. Collin/ Réédition Press Pocket, 1993).
- *J.*, *Juger. Sur la philosophie politique de Kant* (Le Seuil, 1991, trad. M. Revault d'Allones, avec deux essais interprétatifs de R. Beiner et M. Revault d'Allones).
- *QP. ?*, *Qu'est-ce que la politique ?* édité par U. Ludz (Le Seuil, trad. et préface de S. Courtine-Denamy, 1994).
- *EU.*, *Essays in Understanding*, 1930-1954 (edited by Jerome Kohn, Harcourt Brace & Company, New York, San Diego, London, 1994).
- *HA-KJ*, *Correspondance Hannah Arendt-Karl Jaspers*, 1926-1969 (rassemblée et annotée par L. Köhler et Hans Saner, trad. E. Kaufholz-Messmer, Payot & Rivages, 1995).
- *HA-MMC*, *Correspondance Hannah Arendt-Mary McCarthy* (Réunie, présentée et annotée par C. Brightman, trad. F. Adelstain, Stock, 1996).
- *HA-HB*, *Hannah Arendt-Heinrich Blücher Briefe*, 1936-1968 (*Herausgegeben und mit einer Einführung von Lotte Köhler*, Piper, Munchen Zürich, 1996).
- *HA-KB*, *Correspondance Hannah Arendt Kurt Blumenfeld, 1933-1963* (Paris, Desclée de Brouwer, 1998, trad. J.L. Evard, préface de M. Leibovici).
- *HA-MH*, *Hannah Arendt-Martin Heidegger, Briefe* (1925-1975), *Aus den Nachlässen Herausgegeben von Ursula Ludz* (Vittorio Klostermann, Frankfurt am Main, 1998).

PROLOGUE

Nous avons choisi de faire dialoguer Hannah Arendt et quelques uns de ses contemporains : Theodor Wiesengrund Adorno, Martin Buber, Paul Celan, Martin Heidegger, Max Horkheimer, Karl Jaspers, Hans Jonas, Victor Klemperer, Emmanuel Levinas, Primo Levi, George Steiner, Günther Stern-Anders, Leo Strauss, Eric Voegelin.

À l'exception de M. Heidegger, K. Jaspers et E. Voegelin, tous sont Juifs, et contemporains des « sombres temps » brechtiens. À l'exception de P. Levi, tous échappèrent aux camps de concentration.

À l'exception de M. Buber, aucun d'entre eux n'envisagera de s'installer dans l'État d'Israël nouvellement créé.

Deux d'entre eux, les poètes, P. Celan et P. Levi, se suicidèrent, le premier en avril 1970, le second en avril 1987, comme s'ils n'avaient pas été tout à fait présents, comme si après Auschwitz, « celui qui y échappa et qui normalement aurait dû être assassiné » n'avait pas tout à fait le droit de vivre[1].

À l'exception de M. Heidegger, de P. Levi et de V. Klemperer, tous connurent l'exil, éprouvant la condition d'« étrangers ». Choisissant l'émigration, tous, sauf P. Celan qui opta pour la France, trouvèrent une terre d'accueil aux États-Unis et une patrie de l'esprit à la New School for Social Research, l'université en exil.

Dès lors, confrontés à « l'épreuve de l'étranger », ils durent renoncer, douloureusement souvent, à habiter leur langue comme on habite une patrie.

Ceux d'entre eux qui choisirent une nouvelle nationalité – américaine pour H. Arendt, suisse pour K. Jaspers, française pour P. Celan – ne rompirent pourtant pas définitivement avec le sentiment d'appartenance à

1. T. W. Adorno, *Dialectique négative. Critique de la politique.* (Paris, Payot, 1978, trad. collective du CIPH), p. 284.

leur « peuple » d'origine – le peuple allemand pour Jaspers, le peuple juif pour Arendt et Celan – posant ainsi la question du recouvrement de la citoyenneté et de la nationalité.

Unanimes dans leur diagnostic d'une crise de l'Occident, ces penseurs récusent la croyance dans le progrès et les Lumières : lorsque la Raison s'est muée en faculté destructrice du monde, lorsque la politique semble avoir perdu de vue sa finalité, prendre soin du monde, comment résister aux forces du nihilisme ?

Tous illustrent la difficulté d'être présent à un monde hors de ses gonds sur lequel planait la menace d'une troisième guerre mondiale, guerre atomique, guerre « totale », qui risquait de conduire à un nouveau déluge dont aucun Noé ne réchapperait cette fois-ci, reconduisant au désert d'avant le monde. Ils posent une même question : comment répondre d'un monde habitable, amical, en avoir *souci ?* Comment être *du* monde et pas seulement *au* monde ?

À l'exception de M. Heidegger, tous s'attelèrent donc à la tâche de repenser les fondements politiques d'un monde mis à mal par deux guerres mondiales particulièrement destructrices qui avaient démontré la faillitte de la vieille trinité État-nation-territoire, un monde dont plus personne ne semblait se soucier du visage. « Un monde nouveau a besoin d'une nouvelle politique » disait Tocqueville. Les trois grandes expériences politiques fondamentales de la *res publica*, de la *polis*, de l'exil du peuple juif ne peuvent-elles donc plus nous servir de boussole ? Cette nouvelle science du politique dont le monde nouveau qui est le nôtre est en attente, doit-elle congédier au nom du positivisme et de l'existentialisme, la philosophie politique classique ?

Répondre du monde, supposerait d'une part la capacité de s'opposer aux bouleversements endurés par le monde, de résister à l'oppression, de militer, d'agir, d'envisager la constutionnalisation du devoir de désobéissance pour faire prendre en compte notre dissentiment à l'égard des exactions perpétrées en notre nom, en un mot, de résister.

Répondre du monde, s'en porter garant, supposerait d'autre part, la capacité de se représenter, d'imaginer le destin des hommes à venir, de préserver l'héritage contre la menace croissante du désert. La politique apparaît ainsi simultanément comme la condition du *devenir monde*, et la condition du *devenir du monde*. Mais *quelle* politique saura prendre soin du monde, bâtir un monde contre la mort, un monde où les hommes seraient libres d'agir et de penser, où la pluralité qui en est le fondement serait préservée, où les droits universels seraient garantis sans abolir pour autant les particularismes identitaires ?

Les philosophes, désormais conscients des problèmes philosophiques que posent les affaires humaines, ne sont-ils pas ceux auxquels revient la tâche de remettre à l'ordre du jour les questions fondamentales de la science politique ? Ne sont-ils pas aussi les mieux « équipés » pour préparer les hommes nouveaux sur lesquels repose l'espoir d'un monde nouveau, à légiférer, en leur fournissant une éducation « libérale » prenant modèle sur l'excellence et la grandeur du passé ?

L'action pourtant, étant par nature éphémère, ne saurait à elle seule garantir la pérennité que suppose le monde. Pour pouvoir s'inscrire dans la durée, il faut en outre que lui soit accordée l'immortalité potentielle que lui confère la réification de l'artiste. Pour que le monde puisse présenter un « visage décent », il est non seulement besoin d'une politique nouvelle, mais également de l'art et des artistes, pour faire l'éloge, rendre grâce, fût-ce du malheur, et plus particulièrement des poètes, ceux qui, par l'acte de « nommer », s'approprient le monde dans lequel l'homme arrive en étranger.

Les chapitres I, III, IV et VII du présent volume sont nés à l'occasion de contributions dans des revues. Nous remercions ici, « L'infini », « Le Monde Juif », les « Cahiers de philosophie politique et juridique » des P.U. de Caen, et « *Le* Télémaque » qui en ont accueilli la première version.

CHAPITRE PREMIER

DIRE LE MONDE : LA LANGUE POUR PATRIE ?

Renié par son propre pays, refusant le statut de citoyen de seconde classe et se condamnant ainsi à l'exil, tout immigré est dès lors contraint de dire le monde dans une autre langue que la sienne. Tel fut le sort de bon nombre d'immigrés allemands au cours de la Seconde Guerre mondiale. Pour la majorité d'entre eux, un tel passage ne posa pas problème. Nous avons pourtant choisi de nous intéresser au cours de ce chapitre, d'une part à ceux qui vécurent comme un deuil ce passage à une langue étrangère; d'autre part à ceux qui, refusant d'abandonner leur langue maternelle, s'efforcèrent d'analyser les distorsions que l'idéologie nationale-socialiste fit subir à l'allemand et souhaitèrent se débarrasser d'un certain nombre d'expressions comme s'il s'agissait d'un poison; enfin à ceux qui manifestèrent l'ambivalence de leur attachement à l'allemand, devenue la langue des meurtriers. Nous verrons que dans les trois cas envisagés, la difficulté consiste à se détacher ou à se rattacher à la langue, comme s'il s'agissait d'une « patrie ».

L'abandon de sa langue maternelle, tel est le problème auquel fut confrontée cette citoyenne allemande, née en 1906 à Hanovre dans une famille juive assimilée, Hannah Arendt, qui choisit de quitter son pays natal en 1933, à l'arrivée de Hitler au pouvoir. Et c'est bien en tant qu'« émigrante juive », que le porte-parole du gouvernement allemand la salua lors de la séance du 18 février 1960 du Bundestag, consacrée aux actes antisémites. Renouant sa correspondance interrompue par la guerre avec l'un des maîtres de sa jeunesse, K. Jaspers, elle terminait d'ailleurs sa lettre sur la chanson de l'immigration de Bertolt Brecht : « Voilà qui est tout et qui n'est pas assez / Mais vous voyez ainsi que je suis toujours là »[1].

1. *HA-KJ*, Lettre du 18 novembre 1945.

Pour avoir vécu dans sa chair la « mutilation »[1] des réfugiés apatrides, ces « messagers du malheur »[2] qu'elle décrit avec émotion dans son article « Nous autres réfugiés »[3], H. Arendt, contrairement à d'autres émigrés juifs allemands, revint néanmoins régulièrement en Allemagne. À K. Jaspers, qui la presse, elle répond : « Venir – mon Dieu, bien sûr que j'aimerais venir; il est très difficile d'obtenir l'autorisation de se rendre en Allemagne quand : on n'a pas à faire au gouvernement; qu'on n'a plus de famille là-bas et qu'on ne peut pas voyager pour le business américain »[4]. Le 18 avril 1949, elle est encore incertaine : « je ne sais ni si je pourrai venir, ni quand je viendrai [...] je ne viendrai pas avant la fin de l'été, au plus tôt en août ou septembre »[5]. H. Arendt voulait en effet terminer son livre *Les Origines du Totalitarisme*. Elle était en outre sur le point de négocier un poste de directeur de recherches à la Conférence sur les Relations Juives[6] auprès de l'Organisation pour la Reconstruction de la Culture Juive. Or, ce fut précisément cette organisation qui lui fournit sa première occasion de revenir en Europe, en lui confiant une mission qu'elle accepta « pour des raisons financières, trop favorables pour refuser »[7]. Son séjour donna lieu qui plus est, à un reportage : « Après le nazisme : les conséquences de la domination. Reportage »[8]. Remarquons donc que ce retour en Europe, et plus particulièrement en Allemagne, s'effectue dans l'horizon d'une mission pour une organisation juive. Dès 1946, H. Arendt et K. Jaspers

1. Hannah Arendt n'aimait pas Theodor Wiesengrund Adorno. Elle n'aurait toutefois pas récusé la description qu'il donnait lui aussi de la condition d'immigré : « Tout intellectuel en émigation est mutilé [...] Il vit dans un environnement qui lui reste nécessairement incompréhensible [...] Sa langue est confisquée, et asséchée la dimension historique où s'alimente sa réflexion » (*Minima Moralia, Réflexions sur la vie mutilée*, Payot, 1980, trad. E. Kaufholz et J.R. Lamiral, p. 29).

2. H. Arendt reprend ici la définition brechtienne du réfugié dans « Le paysage de l'exil » (*Poèmes*, t. VI, éd. de l'Arche, 1966, trad. G. Badia, Cl. Duchet, p. 30), in *VP.*, p. 215.

3. *TC.*, p. 57-76.

4. *HA-KJ*, Lettre du 3 mai 1947.

5. *Ibid.*, Lettre du 18 avril 1949.

6. Connue plus tard sous le nom de Conférence sur les Études Sociales Juives, et qui avait été proposée dès 1933 par Salo Baron et Morris Raphaël Cohen. Au début des années 40, la Conférence engagea une relation de partenariat avec l'Université Hébraïque et c'est alors que fut instituée la Commission pour la Reconstruction de la Culture Juive dont Hannah Arendt commença de diriger le travail de recherche en 1944. Le but de la Commission était de récupérer les trésors spirituels et culturels de la communauté juive européenne, et de les rapatrier dans leurs pays respectifs. Des inventaires furent donc dressés, à partir d'interviews de réfugiés juifs qui avaient été responsables de bibliothèques, d'écoles et de musées avant la guerre.

7. *HA-KJ*, *op. cit.*, Lettre du 3 juin 1949.

8. *PE.*, p. 53-77.

avaient évoqué son éventuelle collaboration à la revue allemande « Die Wandlung ». Or, écrire étant déjà une forme de retour, H. Arendt y mit une condition de taille : « écrire, en tant que Juive, sur un aspect quelconque de la question juive »[1]. Ce n'est donc pas pour des raisons de nostalgie qu'H. Arendt se rend en Europe : « ne croyez pas que j'aie le mal du pays, la nostalgie de Heidelberg ou d'ailleurs », soutient-elle à Jaspers[2]. Si H. Arendt avait la nostalgie d'une ville, c'est plutôt de Paris, Paris, où elle passa huit années d'exil et où elle rencontra son second mari Heinrich Blücher. H. Arendt prétend donc n'avoir envie que de revoir K. Jaspers, un devoir d'amitié, en somme.

Est-ce à dire, suggère-t-elle elle-même, qu'elle est décidément, non seulement politiquement – puisqu'elle n'obtiendra la nationalité américaine qu'en 1951 et que dès 1933, les Juifs avaient été dépossédés de la nationalité allemande – mais viscéralement apatride? Résumant les événements marquants de son existence en 1945 à l'intention de K. Jaspers qui l'avait perdue de vue, elle note effectivement : « Je suis toujours apatride », fréquentant toujours les meublés, donc, nullement « respectable »[3], revendiquant pour ainsi dire son statut de marginale. Elle est donc bien loin d'éprouver comme un « malheur » le fait de ne pas avoir de patrie, au sens où Nietzsche, dans la dernière strophe de son poème, « *Vereinsamt* », lançait cet avertissement : « Malheur à celui qui n'a pas de patrie ! ». Et elle commentait ironiquement ce choix : « Moi, en tout cas, avec Monsieur comme patrie portative (ce qui n'est pas un succédané), je vais très bien »[4]. Si H. Arendt avait épousé en premières noces un Juif, Günther Stern, il semble qu'elle eut à cœur en 1940, de se « punir », selon ses propres termes, de sa « méfiance automatique envers les non-Juifs », presque tous ses amis s'étant mis au pas après 1933[5] : « Monsieur », alias Heinrich Blücher, était en effet allemand.

S'ensuit-il que, sur le plan de l'identité personnelle, H. Arendt aurait été confrontée, pour reprendre le titre du dernier ouvrage de Léon Poliakov[6], à un « impossible choix », à un tiraillement constant entre sa germanité et sa judéïté? Dès avant la guerre, sa Correspondance avec

1. *HA-KJ, op. cit.*, Lettre du 29 janvier 1946.

2. *Ibid.*, Lettre du 11 Novembre 1946.

3. *Ibid.*, Lettre du 29 janvier 1946.

4. *Ibid.*, Lettre du 11 novembre 1946. L'expression « patrie portative » est reprise de Heinrich Heine qui, dans ses *Écrits autobiographiques* (trad. et notes par Nicole Taubes, Postface par Michel Espagne, Paris, Cerf, 1997), p. 46, l'utilise pour décrire le rapport des Juifs au Livre saint après l'avoir sauvé de la destruction du second Temple.

5. *Ibid.*, Lettre du 18 novembre 1945.

6. L. Poliakov, *L'impossible choix, histoire des crises d'identité juive* (Préface du Grand Rabbin René Samuel Sirat), (Austral, 1994), p. 7.

K. Jaspers atteste de cette double identité, au travers des deux projets qui les mobilisaient respectivement à l'époque : *Rahel Varnhagen, la vie d'une juive allemande à l'époque du romantisme*[1] et *Max Weber, l'essence allemande dans la pensée politique, la recherche et la philosophie*[2]. Cette correspondance, document exemplaire d'amitié entre deux philosophes qui, du fait de l'avènement du régime nazi, ne se sentaient tout simplement plus « chez eux » dans le monde en tant qu'humanistes allemands, laisse peu à peu apparaître la marginalité – à vrai dire surtout après-guerre pour K. Jaspers qui s'exila en 1948 à Bâle – comme le point crucial de leur lien en tant qu'exilés allemands – « exilé de l'intérieur », en ce qui concerne K. Jaspers, dont l'épouse, Gertrud, était juive. Toutefois, la question de l'identité juive allemande, sur laquelle ils ne tomberont jamais d'accord, se pose de manière très différente pour tous deux.

À partir du moment où H. Arendt prend conscience de sa judéïté et des menaces qui pèsent sur les Juifs dans l'Allemagne des années Trente, fidèle au mot d'ordre qui revient si souvent dans son œuvre, elle veut « comprendre » d'où elle vient, comprendre son histoire. En effet, l'homme n'est rien sans son histoire : « "qu'est-ce que l'homme sans son histoire ? Un produit de la nature, et rien de personnel". Or, l'histoire de l'individu est plus ancienne que l'individu, comme le produit de la Nature débute bien avant le destin de l'individu, elle peut soit protéger, soit anéantir ce qui, en nous, est et demeure Nature »[3]. K. Jaspers qui, curieusement, n'arrive pas à imaginer que le nationalisme allemand puisse apparaître comme une menace à cette femme juive en 1933, essaye de convaincre H. Arendt, qu'elle est allemande. Mais H. Arendt n'a de cesse de résister : « je ne sais que trop combien la participation juive à ce destin a été tardive et partielle, combien ils sont entrés par hasard dans ce qui était alors une histoire étrangère »[4].

Qu'était-ce donc que l'Allemagne pour H. Arendt, est-on en droit de se demander ? La lettre d'H. Arendt à K. Jaspers pour son soixante-dixième anniversaire mit un terme à leur longue conversation concernant les rapports entre universalité et particularisme identitaire : « Je veux vous remercier pour les années à Heidelberg où vous fûtes mon professeur, le seul que j'ai jamais pu reconnaître comme tel ; et pour le bonheur et le soulagement que j'ai trouvés en voyant qu'on peut être éduqué dans la liberté. Je n'ai jamais oublié depuis que le monde et l'Allemagne, quoi qu'ils puissent devenir, sont le monde dans lequel vous vivez et le pays qui

1. (Paris, Tierce, 1986, trad. H. PLard).
2. (Oldenburg, 1932).
3. *RV.*, p. 20.
4. *HA-KJ*, Lettre 24 du 6 janvier 1933.

vous a donné naissance »[1]. L'Allemagne représentait-elle pour H. Arendt, comme pour Hermann Cohen, dans son texte « Germanité et judéïté » (1915) le centre mondial de la culture juive, le lieu où elle a effectivement connu un développement sans précédent depuis l'Espagne médiévale? Dans la préface à *Rahel Varnhagen*, H. Arendt affirmait bien : « la communauté juive de langue allemande et son histoire sont un phénomène tout à fait singulier, qui ne se retrouve nulle part, même dans le domaine de l'histoire de l'assimilation des Juifs. L'étude des circonstances et des conditions selon lesquelles s'est manifesté ce phénomène, qui s'est épanoui, entre autres aspects, dans une abondance stupéfiante de talents et de productivité scientifique et intellectuelle, sera une exigence de première grandeur pour l'histoire; mais comme il est naturel, elle ne peut être abordée qu'actuellement, après la fin de l'histoire des Juifs d'Allemagne »[2]. G. Scholem utilisera presque les mêmes termes dans son texte de 1966, « Juifs et Allemands », prononcé à l'occasion de la cinquième assemblée plénière du Congrès juif mondial de Bruxelles. Le groupe des Juifs-allemands (*Deutsch-Judentum*) qui se constitua entre 1820 et 1920, libéra la créativité juive au moment où le peuple allemand lui-même était à l'apogée d'une grande période créatrice : « on peut dire que ce fut un moment heureux [...] symbolisé par les noms de Lessing et de Schiller, et dans son intensité et ses perspectives, [cette rencontre] n'a pas eu de parallèle dans les rencontres des Juifs avec d'autres peuples d'Europe »[3]. Pour autant, G. Scholem est loin d'admettre la réalité d'une « symbiose » judéo-allemande : il n'y a pas eu véritablement de « dialogue » entre les Juifs et les Allemands dans la mesure où, au cri lancé par les Juifs, n'a répondu aucune reconnaissance de la part des Allemands du « génie de Kafka, de Simmel, de Freud ou de Walter Benjamin »[4]. De même, H. Arendt éprouve-t-elle le besoin d'écrire *La Tradition cachée* pour mettre en valeur le génie de ces quatre parias juifs, Heinrich Heine, Charlie Chaplin, Franz Kafka, Bernard Lazare. Remarquons au passage que ni H. Arendt, ni Gershom Scholem n'évoquent la rencontre non moins historique des Juifs et de l'islam dans l'Espagne du Moyen Age. Remarquons également, qu'H. Arendt utilise à peu près les mêmes termes enthousiastes pour décrire la concentration de génie dans la *polis* athénienne du temps de Périclès[5].

1. *Ibid.*, Lettre du 19 février 1953.
2. *RV.*, p. 14-15.
3. G. Scholem, *Fidélité et Utopie. Essais sur le judaïsme contemporain* (Paris, Calmann-Lévy, 1972, trad. B. Dupuy et M. Delmotte), p. 87.
4. *Ibid.*, p. 95.
5. *QP. ?*, (fgt3 b).

Mais l'Allemagne, c'est aussi pour H. Arendt qui se défend d'invoquer malhonnêtement un « passé juif », la culture allemande, soit, la découverte précoce, à quatorze ans, de la philosophie de l'idéalisme allemand en la personne d'Immanuel Kant, philosophe pour lequel elle aura toujours une prédilection marquée car il est le seul à ses yeux, avec Socrate, à ne pas avoir succombé à la tentation de séparer la philosophie et le politique, et c'est dans la *Critique de la Faculté de Juger*, et par conséquent dans son analyse du phénomène du goût, qu'H. Arendt, dans son dernier ouvrage posthume, *Juger*, trouvera la clé de sa philosophie politique. La culture allemande, c'est également la rencontre avec le théologien protestant Rudolf Bultmann – H. Arendt se demandait depuis son jeune âge « comment faire de la théologie quand on est juive ? »[1] – dont elle suivit les cours en compagnie de son ami Hans Jonas, et dont l'orientation sera décisive pour le choix d'Augustin, le penseur auquel elle consacrera sa thèse en 1929. L'Allemagne, c'est la rencontre avec les grands maîtres de la phénoménologie de l'époque : Edmund Husserl d'abord, Martin Heidegger ensuite, ceux qui lui montrent par leur exemple vivant comment on peut apprendre à penser. Si H. Arendt a une provenance, au sens nietzschéen du terme[2], ce n'est en tout cas pas comme le croit à tort G. Scholem, « la gauche allemande », puisque, comme elle le lui rappelle, « je n'ai pris que bien tard conscience de l'importance de Marx, car dans ma jeunesse je ne m'intéressais ni à la politique ni à l'histoire »[3], mais « la tradition de la philosophie allemande ». De tout ceci, H. Arendt avait-elle la nostalgie ? Avait-elle mal à l'Allemagne (*Leiden an Deutschland*), pour reprendre le titre du journal d'exil de Thomas Mann ?

Ce dont H. Arendt éprouve peut-être la plus forte nostalgie, c'est de la langue allemande : « la langue allemande, c'est en tout cas l'essentiel de ce qui est demeuré et que j'ai conservé de façon consciente »[4]. L'Allemagne pour H. Arendt, c'est en effet l'allemand, la langue dans laquelle sont inscrits tous les poèmes qu'elle connaît par cœur, la langue dans laquelle elle pensera toujours, même lorsqu'elle écrira en anglais, se plaignant d'ailleurs de ne jamais bien le maîtriser ; la langue dans laquelle elle a fait ses études sous la houlette des plus grands penseurs allemands de l'époque – E. Husserl, M. Heidegger, K. Jaspers – et plus particulièrement auprès de l'un d'eux, qui portait une attention passionnée à cette langue ; la langue dans laquelle, fraîchement arrivée aux États-Unis, elle s'exprimera en tant

1. *TC.*, p. 234.
2. « *Ich habe eine Herkunft* ».
3. G. Scholem, *op. cit.*, p. 222.
4. *TC.*, p. 240.

que journaliste dans les colonnes d'*Aufbau*, organe de langue allemande destiné aux réfugiés.

H. Arendt connaissait le yiddish que parlaient ses grands-parents Cohn, et ne le méprisait nullement, ainsi que l'indiquent plusieurs notations dans sa Correspondance avec H. Blücher. Témoin, cette lettre du 6 août 1936 où elle lui envoie ses impressions de Genève alors qu'elle assistait à la première réunion en vue de la fondation du Congrès juif mondial : « On prend le plus grand soin de l'alcoolisme. Une amie *meschuggene**, a commandé un Bourgogne ... ». En juillet 1941, fraîchement débarquée aux États-Unis, H. Arendt résume à son mari la sollicitude dont fait preuve à son égard sa famille d'« adoption » dans le Massachussets : « je suis l'objet d'un grand *Mizweh* ** »[1]. Affairée par les préparatifs de Noël, c'est à K. Jaspers qu'elle écrit qu'elle s'apprête à « fêter *Weihnukka* comme on dit chez nous »[2]. Le 8 février 1950, pour désigner les bureaucrates qu'elle rencontre dans le cadre de sa mission pour l'Organisation Culturelle juive, elle écrit encore à son mari : « Nos *Schalottenschamesse* vont très bien ... », *Schalottenschames* se référant à la fois à *schalotten*, une variété d'oignon, et à *Schammes*, mot yiddish qui désigne le bedeau de la synagogue. Le 30 mars 1952, à l'occasion d'un second voyage en Europe, qui eut lieu de mars à la mi-août, elle annonce à H. Blücher toujours, qu'elle a annulé son voyage en Palestine et en Grèce, entre autres raisons parce qu'elle a préféré rester auprès de son amie Anne Weil plutôt que de rejoindre sa « *Mespoche* », soit, la famille de son oncle Ernst Fürst, installée depuis 1935 en Palestine, à l'occasion de la fête de *Pessah*.

Rien ne permet toutefois d'affirmer que le yiddish, « *Mauscheln* », fut pour H. Arendt l'occasion d'approfondir son lien avec le judaïsme, contrairement à Franz Kafka, pour lequel il eut en revanche valeur de révélation : il manifestait ainsi sa volonté de se rapprocher des Juifs de l'Est par opposition aux Juifs de l'Ouest qui avaient renoncé à cette langue dans l'espoir de se civiliser, de s'assimiler. Jusqu'en 1911 l'allemand – langue dans laquelle F. Kafka écrira toujours – lui tient lieu de terre natale, de patrie, de présent, de passé. Par la suite, les écrivains judéo-allemands lui apparaissent comme des voleurs qui se sont emparés d'un « bien étranger ». Ainsi dans sa Correspondance avec Max Brod, F. Kafka écrivait-il en 1921 : « ce que voulaient la plupart de ceux qui commencèrent à écrire en

* Folle.

** Bonne action.

1. *HA-HB*, Lettre du 24 Juillet 1941.

2. *HA-KJ*, Lettre du 22 Décembre 1948 : il s'agit d'une contraction de *Weihnacht* (Noël en allemand) et de la fête de *Hanukka* (Fête juive des Lumières, proche de Noël dans le calendrier).

allemand, c'était quitter le judaïsme [...] ils le voulaient, mais leurs pattes de derrière collaient encore au judaïsme du père et leurs pattes de devant ne trouvaient pas de nouveau terrain ... »[1]. Sa rencontre avec le yiddish par le biais d'une fréquentation assidue du théâtre yiddish, lui fit prendre conscience de l'inadéquation de l'allemand avec tout contenu affectif et notamment, comme l'indique son Journal à la date du 24 octobre 1911, à propos des mots *Mutter* et *Vater :* « Hier, il m'est venu à l'esprit que je n'aimais pas toujours ma mère autant qu'elle le méritait, autant que j'aurais pu le faire, et cela à cause de la langue allemande. Aucune mère juive n'est une "Mutter" et l'appeler ainsi la rend un peu comique [...] Pour les Juifs, "Mutter" est spécifiquement allemand, lié à la fois à la splendeur et à la froideur chrétiennes. La femme juive qu'on appelle "Mutter" n'en devient pas seulement comique, mais vaguement étrangère [......] Je pense que seuls les souvenirs du ghetto ont sauvé la famille juive car "Vater" non plus n'a pas grand-chose à voir avec le père juif »[2]. G. Scholem au contraire, tout en ayant accumulé les prix littéraires dans son pays d'origine, et ayant fait sienne la langue hébraïque, écrivait : « À beaucoup d'entre nous, la langue allemande, notre langue maternelle, a prodigué des expériences inoubliables ; elle a dessiné le paysage de notre jeunesse et lui a donné son expression »[3]. Pour H. Arendt également, la langue maternelle, irremplaçable, c'est la familiarité du chez soi, la patrie, au sens où un poète qu'elle aimait beaucoup et qui avait du mal à maîtriser cette langue, dit un jour : « le pays que j'aime le mieux, c'est l'allemand ». Ce poète, c'était Randall Jarrell.

C'eût pu être Paul Celan, ce « Juif, fils de Juif, au nom imprononçable »[4], venant d'une « contrée où vivaient des hommes et des livres »[5], dont H. Arendt pourtant ne souffle mot, celui-ci n'arrivant, il est vrai à Paris qu'en 1948[6], alors qu'elle-même s'embarqua pour New York

1. *Correspondance avec Max Brod* (Juin 1921, cité par M. Robert in *Seul comme Franz Kafka*, Calmann Lévy, 1979), p. 58.

2. Cité dans G. Steiner, *Langage et Silence, op. cit.*, p. 134.

3. G. Scholem, *op. cit.*, p. 79.

4. « Entretien dans la Montagne » (trad. S. Mosès, M. Chandeigne, 1990, suivi d'un essai de S. Mosès, « Quand le langage se fait voix »), p. 7. Né Paul Antschel, il changea une première fois son nom en Paul Ancel, avant d'adopter l'anagramme Celan.

5. « Discours de Brême » (1958), (trad. John E. Jackson), in « La Revue de Belles Lettres », *Paul Celan*, 1972, n°s 2 et 3, p. 83-85.

6. P. Celan arriva pour la première fois en France en juin 1938 pour y étudier la médecine, à Tours. Il retourna un an plus tard passer ses vacances à Czernowitz, sa ville natale, capitale de la Bukovine, devenue roumaine à la chute de la monarchie des Habsbourg. En 1940 les troupes russes occupent la ville. Un an plus tard les fascistes nazis et roumains torturent et déportent la population juive : ses parents furent de ceux-là. Paul Celan pour sa part fut envoyé dans un camp de travail jusqu'en 1944. Ce n'est qu'en 1945 qu'il fut

en 1941. P. Celan, l'un des « derniers poètes juifs de langue allemande »[1], qui – sut donner tort à l'affirmation si souvent citée d'Adorno, «écrire un poème après Auschwitz est barbare»[2] – en attestant de la possibilité de la poésie après Auschwitz, une poésie «d'après Auschwitz», au sens de «en fonction d'Auschwitz»[3]. Primo Levi ira même pour sa part jusqu'à soutenir qu'«après Auschwitz on ne peut plus écrire de poésie sinon sur Auschwitz»[4], comme si la poésie témoignait de ce que « l'esprit humain est indestructible totalement »[5]. Cette parole d'Adorno, si souvent sollicitée, extraite de « Critique de la culture et de la société », date de 1955. Onze ans plus tard, dans une section de la *Dialectique négative,* T. W. Adorno, nuançait quelque peu son jugement en reconnaissant le droit à la souffrance de s'exprimer – «La sempiternelle souffrance a autant de droit à l'expression que le torturé celui de hurler; c'est pourquoi il pourrait bien avoir été faux d'affirmer qu'après Auschwitz il n'est plus possible d'écrire des poèmes » – comme si entretemps, la fiction de l'*Entretien dans la Montagne* qui met en scène sa rencontre manquée en Engadine avec P. Celan et leur impossible dialogue pourtant, l'avait quelque peu convaincu.

P. Celan contrairement à Elie Wiesel par exemple, a continué à écrire en allemand[6] et, comme nous le rappelle Amy Colin, aussi bien sa

autorisé par l'Armée Rouge à passer à Bucarest. En 1947 il s'enfuit illégalement à Vienne – Vienne, célébrée dans le « Discours de Brême », comme « l'accessible suffisamment distant ... » –, d'où il se rendit finalement à Paris en 1948, *op. cit.*, p. 84.

1. Amy Colin, *Paul Celan, Holograms of Darkness* (Indiana University Press, 1991), p. 128. « My poems imply my Judaism » écrivait Paul Celan, cité in Alfred Hoelzel, « Paul Celan : an authentic jewish voice ? » in Colin, ed. Argumentum e Silentio, 353. On pourrait ici invoquer également Nelly Sachs, elle qui tenait précisément Paul Celan pour son « jeune frère », et à propos de laquelle Hans Magnus Enzensberger dit, dans l'émission de radio qu'il lui consacra le 13 février 1959 : « Le philosophe Theodor W. Adorno a prononcé une phrase qui fait partie des jugements les plus sévères que l'on ait jamais porté sur notre époque : "Après Auschwitz il n'est plus possible d'écrire un poème". Si nous voulons continuer à vivre, cette phrase il faut la réfuter. Peu nombreux ceux qui le peuvent. Nelly Sachs en fait partie. Quelque chose de salvateur habite son langage. En parlant, elle nous rend, phrase par phrase, ce que nous risquions de perdre : le langage. Son euvre ne contient aucun mot de haine [...] Les poèmes parlent de ce qui a visage d'homme : des victimes » (Nelly Sachs, *Eli, mystère des souffrances d'Israël. Lettres. Énigmes en feu*, Paris, Belin, 1989, trad. M. Broda, H. Hartje, C. Mouchard), p. 193.

2. *Prismes* (Paris, Payot, 1980, trad. G. et R. Rochlitz), p. 23.

3. Nous reprenons ici le commentaire de J. P. Lefebvre dans sa traduction du *Choix de Poèmes* de Paul Celan (Paris, Gallimard, 1998), p. 19.

4. P. Levi cité dans M. Anissimov, *P. Levi ou la tragédie d'un optimiste* (Paris, éd. Lattès, 1996), p. 54.

5. G. Steiner-A. Spire, *Barbarie de l'ignorance. Juste l'ombre d'un certain ennui* (éd. Le Bord de l'eau, 1998), p. 58.

6. L'idiome natal de P. Celan était l'allemand, mais il apprit aussi l'hébreu dans une

correspondance que le sombre poème « *Huhediblu* », témoignent de son aspiration à un milieu de langue allemande, à une certaine tradition d'humanisme allemand : « Vous, [poètes français, occidentaux, confiera-t-il à Yves Bonnefoy], êtes chez vous, dans votre langue, vos références, parmi les livres, les œuvres que vous aimez. Moi je suis dehors... »[1]. Simultanément toutefois, il était bien conscient de la rapidité avec laquelle les « cellules cancéreuses de l'antisémitisme et de l'auto-aliénation juive se développent à nouveau »[2], en sorte que le *double bind* qui le caractérise viendrait de ce qu'il se veut un poète juif de langue allemande après l'Holocauste, l'allemand étant à la fois la langue de sa mère et celle de ses meurtriers[3]. Dans son Discours de Brême, en 1958, P. Celan reconnaissait que « malgré tout, elle, la langue fut sauvegardée. Mais elle dut alors traverser son propre manque de réponses, dut traverser son mutisme effroyable, traverser les mille ténèbres des discours meurtriers. Elle traversa, et ne trouva pas de mots pour ce qui se passait, mais elle traversa ce passage et peut enfin ressurgir au jour, *enrichie* de tout cela » »[4]. C'est pour compenser ce « manque de réponses » de la langue allemande face à l'évènement de la Shoah, que les poèmes de P. Celan, à partir des années 1960, c'est-à-dire ceux réunis dans le recueil *La Rose de personne*[5], regorgent à la fois de « thèmes juifs » et font résonner les vocables hébraïques, ou yiddish, renvoyant ainsi à chaque instant, à la blessure que, depuis l'extermination des Juifs, la langue allemande [...] porte au fond d'elle-même »[6]. Quant à George Steiner, il défendait, dans son article « La longue vie de la métaphore », l'utilisation par P. Celan de l'allemand, au motif que s'il peut y avoir une réponse à l'Holocauste, l'allemand est peut-être la seule langue adéquate pour l'exprimer, précisément parce que

école hébraïque, puis le roumain lorsque celle-ci devint langue officielle, ensuite le français, le russe et l'anglais.

1. « La Revue de Belles Lettres », *Paul Celan, op. cit.*, p. 93.

2. Amy Colin, *Paul Celan, Holograms of Darkness, op. cit*, p. 128.

3. En juin 1941, le pacte germano-soviétique rompu, les Soviétiques abandonnèrent Czernowitz. P. Celan resta caché, mais ne parvint pas à convaincre ses parents d'en faire autant : ils furent déportés en Ukraine. Son père mourut en 1942 du typhus, sa mère exécutée d'une balle dans la nuque (Voir les éléments de biographie dans la présentation de J.P. Lefebvre au *Choix de Poèmes* déjà cité, ainsi qu' Israel Chalfen, *Paul Celan, A biography of his Youth*, translated by M. Bleyleben, Introducion by J. Felstiner, New York, Persea Books, 1991).

4. Traduction J. E. Jackson, in « La Revue de Belles Lettres », *Paul Celan, op. cit.*, p. 83-84.

5. « Le Nouveau Commerce », 1979, trad. M. Broda.

6. « Langue maternelle, langue éternelle. La présence de l'hébreu », in *Contre-jour. Études sur Paul Celan* (Colloque de Cerisy, édité par Martine Broda, Cerf, 1986), p. 66, et S. Moses, « Quand le langage se fait voix » (*Entretien dans la montagne, op. cit.*), p. 33.

l'allemand est la langue dans laquelle s'est mise en branle la machine de mort nazie, et la langue dans laquelle Heinrich Heine professait que là où on brûlait des livres, on brûlerait bientôt les hommes[1] : « dans ces années et les années qui suivirent, [confirme P. Celan], j'ai tenté d'écrire des poèmes dans cette langue : pour parler, pour m'orienter, pour m'enquérir du lieu où je me trouvais et du lieu vers lequel jétais entraîné, pour me projeter une réalité »[2].

Pour H. Arendt, le dilemme ne se pose pas dans ces termes; elle répond très clairement à Günther Gaus qui l'interroge en 1964 sur ce qui lui reste de l'Allemagne : « ce qu'il reste? Il reste la langue maternelle ». Dès 1933 d'ailleurs, dans sa correspondance avec K. Jaspers, H. Arendt soutenait que son lien à l'Allemagne, était purement culturel, purement linguistique : « Pour moi, l'Allemagne, c'est la langue maternelle, la philosophie et la création littéraire ... »[3]. Le rapprochement avec P. Celan est d'autant moins fortuit que H. Arendt s'impose, elle aussi, après Auschwitz, un devoir de mémoire qui, s'il ne passe pas par la poésie proprement dite, passe néanmoins par le témoignage, par la parole, la parole opposée au silence. Le silence aussi bien des Allemands qui ne soufflent mot des victimes, que le silence exigé par E. Wiesel. Cet impératif du témoignage a pour finalité de ne pas laisser à Hitler « une victoire posthume », car, si c'est blasphémer que de tenter d'écrire sur l'Holocauste, si c'est commettre une injustice à l'égard des victimes, demeurer silencieux c'est commettre une injustice et un blasphème encore plus grands[4]. Or, le rôle de la narration chez H. Arendt offre de nombreux points communs avec la définition que donne P. Celan du poète et de la poésie : semblable à l'urne qui abrite les cendres, la poésie abrite et préserve les souvenirs[5]. « Toutes les peines on les peut supporter si on les fait rentrer dans une histoire ou si on peut raconter une histoire sur elles », écrivait Isak Dinesen, pseudonyme de la baronne Karen von Blixen, dans *Sept contes gothiques*[6]. H. Arendt a retenu cette phrase en guise d'épigraphe au chapitre sur l'Action dans *La condition de l'homme moderne :* la narration offre la possibilité sinon du pardon, du moins de la réconciliation avec un monde dont le sens nous a échappé. Et c'est ce que

1. « La longue vie de la métaphore », *in Écrits du temps*, n° 14-15, 1987, p. 16. Dans *Après Babel. Une poétique du dire et de la traduction* (A. Michel, 1978, trad. L. Lotringer), le même auteur insiste sur le « méta-allemand » utilisé par P. Celan, « décapé de sa crasse historique et politique, et par là même utilisable, après l'holocauste, par une voix profondément juive », p. 359.

2. P. Celan, « Discours de Brême », in *op. cit.*, p. 84.

3. *HA-KJ*, Lettre du 1er janvier 1933.

4. Alvin Rosenfeld, *A double Dying*, cité par Amy Colin, *op. cit.*, p. XVIII.

5. *Der Sand aus den Urnen* (1948).

6. (Paris, Stock, 1980, Trad. Melles Gleizel et C.M. Huet), p. 134.

confirme l'exemple de ce « rescapé miraculeux » d'Auschwitz, P. Levi qui, de retour à Turin et confronté à l'incrédulité, voire au rejet de ses proches d'entendre parler de son expérience concentrationnaire au camp de Buna-Monowitz (Auschwitz III), comprit très vite que la seule façon de se sauver était d'une part de raconter ce qui lui était arrivé, à la manière d'Ulysse devant le roi des Phéaciens [1], écrire étant ainsi pour P. Levi l'équivalent du récit que l'on fait oralement, d'autre part de faire sa paix – ce que lui reprocha Jean Améry, alias Hans Mayer, interné quelque temps dans le même secteur que lui, en le traitant de « *Verzeihende* », de pardonneur [2] – avec un monde qui l'avait rejeté, lui qui pourtant ne se sentait juif que « pour un cinquième », et italien pour les quatre autres cinquième. Écrire fut en effet pour lui « un acte de libération, si je n'avais pas écrit ce livre [il s'agit de *Si c'est un homme*], je serais probablement devenu un damné de la terre » [3]. Outre leur valeur de thérapie et de témoignage, les histoires qu'on raconte humanisent le monde, lequel en effet n'est pas humain du seul fait qu'il est peuplé d'êtres humains, mais devient humain dans la mesure où la voix humaine résonne en lui, lorsque le monde lui-même et ceux qui en font partie, sont devenus l'objet du discours : « nous humanisons le monde et ce qui se passe dans le monde et en nous en en parlant, et dans ce parler, nous apprenons à être humains » [4]. Toute la difficulté, pour bien des rescapés, ou simplement des contemporains de la Shoah, consistant à s'autoriser à raconter « autre chose » : témoin encore P. Levi redoutant que les fictions de ses *Histoires naturelles*, publiées après *Si c'est un homme* et *La trêve*, ne blessent ses anciens codétenus, comme s'il les avait abandonnés. Témoin également G. Steiner, regrettant à la fin de sa vie que « Trop souvent mon activité d'écrivain et d'enseignant, de critique et d'homme d'étude, a été, sciemment ou non, un *in memoriam*, un travail de conservation de la mémoire. Mais pouvait-il en aller autrement après la Shoah ? » [5].

En 1946, H. Arendt n'avait manifestement pas changé d'avis : si son lien avec l'Allemagne passait par la langue – « Ce qui reste, c'est la langue,

1. P. Levi, *Les naufragés et les rescapés. Quarante ans après Auschwitz* (Paris, Gallimard, 1986), p. 146.

2. *Ibid.*, p. 134.

3. *Conversations et entretiens*, 1963-1987 (R. Laffont, 1998. Textes présentés et annotés par Marco Belpoliti traduits par T. Laget et D. Autrand), p. 207. Dans ses *Conversations* avec Ferdinando Camon (Gallimard, 1991, trad. A. Maugé), P. Levi disait déjà on ne peut plus clairement : « Écrire équivalait pour moi à m'étendre sur le divan de Freud » (p. 49). Voir également *Si c'est un homme* (Paris, Julliard, trad. M. Schruoffeneger, 1987), p. 8.

4. *VP.*, p. 35.

5. *Errata. Récit d'une pensée* (Gallimard, 1998, trad. P. E. Dauzat), p. 212.

et on ne sait combien cela est important que quand on parle et quand on écrit plutôt *nolens* que *volens*, en d'autres langues… »[1] – pour autant toutefois, elle ne se sentait pas « spontanément allemande ». Arrivée à Paris, H. Arendt qui connaissait l'allemand, le grec et le latin, apprit le français. À peine arrivée en Amérique, elle décida d'apprendre l'anglais en s'« immergeant », par l'intermédiaire du « Self-Help for Refugees », dans une famille de Winchester dans le Massachussets où elle séjourna du 18 juillet 1941 au 15 Août 1941. Il y allait de sa survie, il lui fallait trouver un emploi. Projetant d'envoyer quelques articles à K. Jaspers en novembre 1945, elle en appelait à son indulgence : « car, n'oubliez pas, je vous prie, que j'écris dans une langue étrangère (c'est là *le* problème de l'émigration) »[2]. De ce séjour à Winchester, H. Arendt ne garda semble-t-il aucune amertume, ravie qu'elle fut de découvrir, en même temps qu'une nouvelle langue, un pays, un mode de vie. Au bout d'une semaine à peine, elle s'évalue : « mon anglais va comme-çi comme çà : je commence à comprendre une bonne partie de ce qui se dit autour de moi, mais pour m'exprimer, c'est lamentable… »[3]. Le 1er août, elle semble satisfaite de ses progrès, même si elle sait qu'il lui faut continuer, et elle arrive déjà à lire *Diana of the Crossways* de Meredith, qu'elle apprécie[4]. Sur le point de rentrer chez elle, elle procède à une nouvelle évaluation : « Dieu merci, je rentre vendredi. Mon anglais va très bien, d'autant que les gens ne se formalisent pas de la manière dont on utilise cette langue, pour peu qu'ils vous comprennent »[5]. Pourtant, elle reconnaîtra un peu plus tard, alors qu'H. Blücher lui annonce qu'il doit participer à une réunion du club artistique de Greenwich Village, nouvellement fondé, et dont faisait notamment partie Alcopley : « Je me suis réjouie pour toi de l'affaire de Greenwich Village. Et en anglais ! Oui, cela prend des années de maîtriser une langue étrangère… »[6]. Ainsi, Mary McCarthy lui signalait-elle encore en 1951 quelques « barbarismes » dont elle se serait rendue coupable dans *Les Origines du Totalitarisme* : « par exemple l'emploi du verbe "*ignore*" pour ignorer, ne pas savoir… »[7], et elle-même s'excuse auprès de son amie pour ses incorrections grammaticales[8]. Dans son entretien avec G. Gaus, elle confiait : « J'écris en anglais, mais je garde toujours une certaine distance. Il y a une différence incroyable entre la langue maternelle et toute

1. *HA-KJ*, Lettre du 17 décembre 1946.
2. *Ibid.*, le 18 novembre 1945.
3. *HA-HB*, Lettre du 24 juillet 1941.
4. *Ibid.*, Lettre du 1er août 1941.
5. *Ibid.*, le 12 août 1941.
6. *Ibid.*, Lettre du 2 mars 1950.
7. *HA-MMC*, Lettre du 26 avril 1951.
8. *Ibid.*, Lettre du 25 juillet 1960.

autre langue. Pour moi, cet écart se résume de façon très simple : je connais par cœur en allemand un bon nombre de poèmes ; ils sont présents d'une certaine manière au plus profond de ma mémoire, derrière ma tête, *in the back of my mind**, et il est bien sûr impossible de pouvoir jamais reproduire cela ! »[1].

Sillonnant l'Allemagne pendant plus de six mois, dans le cadre de sa mission qui la conduisit successivement à Wiesbaden, Bonn, Lübeck, Hambourg, Cologne, Kassel, Fribourg, Berlin, H. Arendt écrivit beaucoup à H. Blücher durant leur séparation, lui confiant ses impressions au jour le jour. L'atmosphère de Bonn lui paraît si insupportable – « les Allemands vivent avec leurs mensonges et leur stupidité dont la puanteur monte jusqu'au ciel » – qu'elle écrit : « tu avais bien raison de ne pas vouloir revenir en Allemagne. Après vous avoir submergé, la sentimentalité vous reste en travers de la gorge »[2]. Elle a peine toutefois à résister à ce sentiment de « reconnaissance » qu'elle éprouve, et qui « constitue toujours dans la tragédie grecque le point culminant de l'action »[3]. Peine à ne pas succomber à cette familiarité, si trompeuse soit-elle, du paysage – « indescriptiblement beau à revoir » –, des villes, dont ses pieds font ressurgir, comme en un automatisme, le souvenir[4]. Mais c'est Berlin, ce Berlin qu'elle a dû quitter en 1933 lorsqu'interrogée par la Gestapo alors qu'elle avait accepté une mission illégale dont l'avait chargée Kurt Blumenfeld, Berlin où elle abritait dans son appartement des réfugiés communistes, Berlin, la ville natale de son mari, cette ville à laquelle Robert von Gilbert consacra un ouvrage dont elle fit la recension[5], c'est Berlin décidément qui la retient, la passionne, l'émeut au plus haut point. « Berlin, Stups[6], de

* En anglais dans le texte.

1. *TC.*, p. 240. Pour avoir surmonté avec succès « l'épreuve de l'étranger », pour reprendre le titre du livre d'Antoine Berman (Paris, Gallimard, 1984), H. Arendt n'en aurait certainement pas moins acquiescé à cette réflexion d'Ernst Bloch, encore que celui-ci refusa, contrairement à elle, tout effort pour apprendre l'anglais : « On ne peut détruire sa langue sans détruire en soi-même sa culture. Et, à l'inverse, on ne peut conserver et développer une culture sans parler la langue dans laquelle cette culture a été formée et dans laquelle elle vit » (« Zerstörte Sprachen zerstörte Kultur », juin 1939, in *Internationale Literatur*, 1939, cahier 6, cité dans « Raison et Immigration », in « Cahiers de Philosophie de l'Université de Caen », 1996, n° 30). De même, Günther Stern revendiquait-il le désir légitime de ces « émigrants professionnels », Thomas Mann, Bertolt Brecht et lui-même, de s'accrocher à leur « dialecte de province » (*Ibid.*, p. 17).

2. *HA-HB, op. cit.*, Lettre du 14 décembre 1949.

3. *TC., op. cit.*, p. 243.

4. *HA-HB, op. cit.*, Lettre du 14 décembre 1949

5. « The Streets of Berlin », recension de l'ouvrage de Robert von Gilbert, *Meine Reime. Deine Reime*, in « The Nation », 162 (1946-03-23), Nr 12, p. 350-51.

6. Surnom qu'Hannah Arendt donnait à son époux.

Spandau à Neukōln, un même champ de décombres; on ne peut rien reconnaître; peu de gens dans les rues, comme s'il s'agissait d'un village, incroyablement étendu. Hier, j'ai circulé en taxi d'un bout à l'autre de la ville : Alexanderplatz, Lützowufer, Tiergarten (incroyable, les statues sont toujours en place, comme des revenants dans un champ de décombres), Postdamer Platz, Leipzigerstrasse, Friedrichstrasse jusqu'à l'Oranienburger et le Friedhoff à Weissensee »[1]. Mais plus encore que les rues de la ville, ce sont ses habitants, les Berlinois, qui la fascinent : « Inchangés, formidables, pleins d'humour, intelligents, du vif argent. Pour la première fois j'ai eu l'impression de revenir à la maison ... »[2]. Berlin et ses habitants qui se sont « maintenus contre l'Allemagne toute entière, un pays corrompu à l'extrême »[3], Berlin, qui semble « presque être un autre pays [...] les gens continuant de haïr activement Hitler et pensent à souligner clairement les similitudes entre Hitler et Staline ... »[4] : ce serait donc là la patrie d'H. Arendt, une patrie de l'esprit en somme? Si elle apprit bien, une fois adulte, à s'exprimer dans de nombreuses langues, H. Arendt ne fit pourtant l'expérience que d'une seule langue maternelle, contrairement par exemple à G. Steiner qui avoue n'avoir aucun souvenir d'une « première langue ou d'une langue souche » : « Les langues volaient à travers la maison. L'anglais, le français, l'allemand, dans la salle à manger et au salon. L'allemand "postdamois" de ma nurse dans ma chambre d'enfant; le hongrois à la cuisine »[5]. Pour G. Steiner, ses trois langues maternelles sont à égalité, Babel, loin d'être une malédiction lui apparaissant comme une source de jubilation au point qu'il n'hésite pas affirmer : « entre le monoglotte et le muet, bien qu'à des degrés sinistrement différents, il est des affinités dans la privation ... »[6].

Plus encore pourtant que Berlin, plus encore que les Berlinois eux-mêmes, l'impression d'ensemble la plus forte que retient H. Arendt dans son entretien avec G. Gaus, c'est « le fait d'entendre parler allemand dans les rues : cela m'a incroyablement réjouie ... »[7]. La langue pour patrie, alors ? Et même lorsque G. Gaus insiste sur cet amour de la langue, « même aux temps les plus amers ? », H. Arendt ne peut que confirmer : « Toujours. Je me disais : que faire? Ce n'est tout de même pas la langue qui est devenue folle ! Et en second lieu : rien ne peut remplacer la langue

1. *HA-HB, op. cit.*, Lettre du 14 février 1950.
2. *Ibid.*
3. *Ibid.*, Lettre du 2 mars 1950.
4. *PE.*, « Après le nazisme : les conséquences de la domination » (1950), p. 60.
5. G. Steiner, *Errata. Récit d'une pensée*, *op. cit.*, p. 112.
6. *Ibid.*, p. 127.
7. *TC.*, *op. cit.*, p. 243.

maternelle »[1]. P. Celan lui-même d'ailleurs, dans une lettre à son éditeur Gottfried Berman Fisher, exprimait le vœu, qui ne se réalisa pas, de pouvoir passer six mois ou un an dans un pays de langue allemande, après seize années à Paris, pour entendre des enfants parler allemand, preuve que son attitude à l'égard de l'Allemagne, du peuple allemand, de leur langue, ne pouvait nullement se réduire à la haine et au ressentiment d'un survivant[2]. Quant à G. Stern, au terme de son exil, en France puis aux États-Unis, il choisit de s'installer à Vienne, en pays germanophone : « Ici, on peut à nouveau parler allemand. La première impression fut la surprise...La seconde, l'"audace". Pourquoi ? Parce qu'au cours de ces dix-sept années d'absence, la langue allemande était devenue pour nous une langue privée : une langue écrite et une langue réservée à la plus stricte intimité. Le monde (ainsi que nous-mêmes dans notre rapport avec lui) avait utilisé une autre langue »[3].

H. Arendt qui s'agaçait d'avoir oublié le mot pour dire « *bacon* » en allemand[4], n'était pas satisfaite de ses traducteurs en allemand, comme en témoigne cette lettre à K. Jaspers à propos de la traduction de son livre sur Eichmann : « J'avais dit à Piper dès le début qu'il ne pouvait être question que d'un traducteur de première classe. Ce qui était naturellement trop cher pour notre bon Piper. Maintenant nous avons le résultat : j'ai lu les trois premiers chapitres et j'ai dû les corriger complètement – un mauvais allemand et plus de fautes que de coutume [...] J'ai demandé à Piper de prendre un autre traducteur après avoir vu les premiers chapitres, mais je l'ai laissé décider. Il a donc simplement continué. Je ne verrai le tout qu'en janvier, mais je crains que ce ne soit inutilisable »[5]. Si elle accepta en définitive la traduction de Brigitte Granzow, elle assuma en revanche celle des *Origines du Totalitarisme*, ainsi qu'elle l'écrit à M. McCarthy : « occupée ces temps-ci à traduire en allemand le vieux livre, je suis malheureuse et impatiente de revenir à ce que je veux vraiment faire »[6]. L'exigence d'H. Arendt, son insatisfaction à l'égard de ses traducteurs semblerait ainsi indiquer d'une part, que la langue dans laquelle elle pense, dans laquelle elle continue à penser, mieux qu'eux, reste l'allemand, mais aussi d'autre part qu'elle maîtrise désormais complètement l'anglais. Très différente sur ce point encore, est l'appréciation du polyglotte que fut dès l'enfance G. Steiner, lorsqu'il soutient qu'il n'est pas de bonheur plus

1. *Ibid.*, p. 240.
2. Amy Colin, *op. cit.*, p. XXI.
3. *Die Schrift an der Wand* (Munich, 1967), p. 105, cité in Elke Schubert, *Günther Anders* (Rowohlt, 1992), p. 62.
4. *HA-KJ*, Lettre du 18 novembre 1945.
5. *Ibid.*, Lettre du 20 octobre 1963.
6. *HA-MMC, op. cit.*, Lettre du 20 Août 1954.

intense pour un auteur que celui partagé « avec ses traducteurs, à moduler, à passer de la langue dans laquelle a été composé un essai ou un livre à une autre qui est aussi la sienne. La traduction, cette moisson de Babel, est d'essence [...]. Elle a occupé toute ma vie de travail »[1]. G. Steiner n'en souligne pas moins le danger qui guette le traducteur au cours de son voyage à travers les langues, savoir, la perte de son foyer – plus aucune langue n'offrant la sécurité d'un chez soi – au profit d'un *no man's land*, comme telle fut l'aventure de Walter Benjamin : « L'image de Walter Benjamin est celle d'un traducteur tellement possédé par la métamorphose – c'est à Hölderlin qu'il pensait – que "les portes de sa propre langue se sont refermées derrière lui" »[2]. Pour P. Levi en revanche, qui se définit lui-même comme un « Juif du retour », lui aussi traducteur, notamment du *Procès* de F. Kafka, mais aussi d'ouvrages de Claude Lévi-Strauss, la connaissance d'autres langues permet de s'assurer de la possession de la langue maternelle : « Je voyage linguistiquement. Les langues que je connais (je les parle mal, mais je les lis bien), le français, l'anglais, l'allemand, et l'on peut ajouter le piémontais [...] me servent, elles aussi pour écrire. On ne connaît pas sa langue et on ne peut pas utiliser correctement l'italien si l'on ne connaît pas d'autres langues ; on ne peut en exploiter toutes les possibilités que si l'on connaît d'autres langues ; c'est une expérience concrète, tangible, même, que l'on acquiert surtout en traduisant »[3].

H. Arendt était loin de ne considérer, à l'instar de T. W. Adorno par exemple, l'anglais, et toute langue étrangère comme purement « informative », par opposition à l'allemand, « langue philosophique par excellence, au point que traduire dans une autre langue *La Phénoménologie de l'Esprit* ou *La Science de la Logique* de Hegel, voire les concepts d'« esprit » (*Geist*), de « moment » (*Augenblick*) ou d'« expérience » (*Erfahrung*), s'avère une entreprise ardue. Pour autant, T. W. Adorno n'oppose pas comme le fit par exemple M. Heidegger, une « langue de tradition » (*überlieferte Sprache*) « au langage technique » (*technische Sprache*), ne délivrant que des messages codés en place du Dire (*Sagen*)[4], qu'incarnerait l'anglais. Mais en écrivant dans toute langue étrangère, « on cède, volontairement ou non, au désir de communiquer, de dire les choses

1. G. Steiner, *Errata. Récit d'une pensée, op. cit.*, p. 132.

2. *Ibid.*, p. 140.

3. *Conversations et entretiens, op. cit*, p. 157.

4. *Langue de tradition et langue technique* (Édité par Hermann Heidegger. Traduction et Postface par Michel Haar, Éditions Leeber-Hossmann, 1990). Rappelons la polémique à laquelle se livre T.W. Adorno contre ce qu'il choisit de baptiser *Jargon de l'authenticité* (Paris, Payot, 1989, trad. et préfacé par E. Escoubas, postface de G. Petitdemange), à l'œuvre chez K. Jaspers et surtout chez M. Heidegger.

de telle sorte que les autres les comprennent. Lorsqu'on s'exprime dans sa propre langue, en revanche, du moment que l'on exprime une chose avec toute la précision et la clarté possibles, on a le droit d'espérer être compris grâce à cet effort soutenu. À l'égard de notre prochain, notre langue maternelle nous sert de caution »[1]. Franz Rosenzweig ne disait pas autre chose lorsqu'il opposait traduction et « assimilation de l'étranger à l'allemand » (*Eindeutschung*) : Si la traduction par une agence peut bien suffire à assurer une transaction commerciale avec la Turquie – « la langue dont le locuteur n'a rien à exiger se pétrifie en un moyen de compréhension auquel n'importe quel esperanto peut ravir ce qui en justifie l'existence » – elle s'avèrera en revanche incapable de me faire entendre la voix de l'ami turc, « sa manière de voir, les battements de son cœur », en un mot, de « rendre le timbre étranger dans son étrangeté », le critère de la réussite de la traduction résidant dans la création d'une langue nouvelle[2].

Et c'est précisément après qu'un éditeur américain – lui-même pourtant un émigré aussi – lui eut refusé sa propre traduction en anglais de *La Philosophie de la Nouvelle Musique*, condamnée comme « *badly organized* », et après qu'un autre eut « rewrité » et « adapté » au point qu'il ne reconnut pas en être l'auteur, sa conférence, « La psychanalyse révisée », que T. W. Adorno prit sa décision de revenir en Allemagne, concrétisant ainsi l'espoir auquel il n'avait jamais renoncé un instant durant l'émigration, et ce, en dépit des crimes de l'Allemagne nazie. Par-delà la subjectivité du mal du pays, T. W. Adorno invoque donc une « motivation objective » à ce retour, la langue maternelle qui se trouve être la langue de la pensée, de sa pensée, celle dans laquelle il crée sans craindre d'être « amputé ». Cette spécificité de la langue allemande ne se laisse pas expliciter par le concept de « profondeur », et pas davantage par celui « d'âme allemande », mais bien plutôt par sa « vigueur d'expression », ainsi que par son caractère « essentiellement représentatif »[3]. Cette spécificité crée toutefois une obligation à celui qui, de retour d'exil, ayant perdu tout contact naïf avec sa langue, reprend pied en elle : « tout en conservant son intimité avec sa propre langue, faire preuve d'une vigilance infatigable pour échapper à toute supercherie que cette langue pourrait faciliter », soit, se garder de croire que « l'excédent métaphysique de la langue suffit à

1. T.W. Adorno, « Réponse à la question : qu'est-ce qui est allemand ? » in *Modèles Critiques* (Paris, Payot, 1984, trad. M. Jimenez et E. Kaufholz), p. 228.

2. *L'Écriture, le verbe et autres essais* (Paris, PUF, 19998, trad. notes et Préface J.L. Evard), p. 155-56.

3. T.W. Adorno, *Modèles critiques* p. 228. Ou encore : « celui qui a parlé passionnément sa propre langue ne peut baragouiner une langue étrangère. Personne ne le comprend plus » (« Aufbau », 8, [1942], le 27 novembre 1942).

garantir la vérité de la métaphysique qu'elle propose, ou de la métaphysique en général »[1].

Ce qu'H. Arendt tout comme T. W. Adorno semblent tous deux revendiquer ici par rapport à leur langue maternelle, c'est donc, sa puissance créatrice au sens où Martin Buber lui aussi, après des années d'études de l'hébreu en vue de son immigration en Palestine qu'il différa jusqu'en 1938, et alors même qu'il était engagé depuis 1925 dans la traduction de la Bible, écrivait pourtant à G. Scholem : « Je crois pouvoir dire que je "sais" l'hébreu, mais dès que je veux exprimer une pensée, elle s'effrite dans ma bouche. Je dois toujours traduire d'abord, et ce n'est pas bon »[2]. De même la réflexion que fit en 1949 encore M. Buber à Nahum Glatzer, pourrait-elle s'appliquer au rapport qu'entretiennent H. Arendt et T. W. Adorno avec leur langue maternelle : « l'histoire d'amour que j'entretiens avec la langue allemande est tout simplement une réalité »[3].

H. Arendt retrouvant le plaisir d'entendre parler berlinois dans les rues, et si prompte, elle aussi, à railler l'écriture heideggérienne de Seyn[4], ne semblait pourtant pas avoir pris la mesure des distorsions que l'idéologie nazie avait imprimées à sa langue maternelle, contrairement par exemple à Eric Voegelin contraint à émiger en Amérique en 1938, et pour lequel « les destructeurs du langage étaient les vrais criminels, responsables des atrocités nazies »[5], ou à G. Stern qui constatait le sentiment d'étrangeté inhérent à la langue retrouvée qu'inspirait le nouveau vocabulaire : « Car même ici, des néologismes s'étaient introduits furtivement à travers le goulot d'étranglement d'expressions nazies, que j'avais certes lues ... mais que je n'avais pas encore rencontrées, comme autant d'éclats d'obus dans l'innocence de la langue quotidienne. Aux oreilles de nos contemporains, notre langue, à nous qui étions de retour dans notre patrie, devait paraître surannée [...] Les modifications qu'avait subies la langue au cours de ces dix sept années nous avaient échappé »[6]. Quant à Primo Levi qui, après avoir très vite pris conscience que pour sauver sa vie à Auschwitz, il lui

1. *Ibid.*, p. 229.

2. à G. Scholem, le 2 mai 1926 (*The Letters of Martin Buber, a Life of Dialogue*, edited by Nahum Glatzer and Paul Mendes Flohr, translated by Richard and Clara Winston and Harry Zohn, Schocken Boooks, New York, 1991), p. 347.

3. Le 3 novembre 1949, *ibid.*, p. 19.

4. *HA-KJ*, Lettre du 29 septembre 1949 : « Cette vie à Todtnauberg, à pester contre la civilisation et écrire *Sein* avec un *y*, n'est en réalité que le trou de souris dans lequel il s'est retiré parce qu'il pense, avec raison, qu'il n'aura à rencontrer que des gens qui, pleins d'admiration, viendront là en pélerinage ... ».

5. *Autobiographical Reflections* (ed. with an introduction by Ellis Sandoz, Luisiana State University Press, Baton Rouge and London, 1989), p. 50.

6. *Die Schrift an der Wand, op. cit.*, p. 105, in Elke Schubert, *Günther Anders, op. cit.*, p. 62.

fallait de toute urgence augmenter son pauvre *Wortschatz* acquis lors de ses études de chimie[1], il s'aperçut lui aussi néanmoins après la Libération « avec un certain effroi et, en même temps, avec amusement, que [s]on allemand était celui des S.S. »[2], à l'instar de quelqu'un « qui aurait appris l'italien au bordel »[3], plaisantait-il ! L'allemand du *Lager*, cette langue spéciale, *ort-und zeitgebunden*, liée au lieu et à l'époque, n'était autre, précise P. Levi, qu'« une variante, particulièrement barbare, de celle qu'un philologue juif allemand, Klemperer, avait baptisé *Lingua Tertii Imperii*, langue du Troisième Reich, allant jusqu'à en proposer l'acrostiche LTI, par une analogie ironique aux cents autres abréviations (NSDAP, SS, SA, SD, KZ, RKPA, WVHA, RSHA, BDM...) chères à l'Allemagne de ces années ». C'est bien là la preuve, poursuit P. Levi que « là où l'on fait violence à l'homme [...] on fait aussi violence à la langue »[4]. Et ce fut effectivement bien à Victor Klemperer, qui endura sur place d'un bout à l'autre le régime nazi, qu'il revint de faire l'amère expérience de la distorsion de sa langue maternelle.

Destitué de sa chaire de philologie à Dresde en 1935, affecté à l'âge de cinquante cinq ans à un poste de manœuvre en usine, obligé d'accoler le prénom d'Israël à celui de Victor en 1938, de porter l'étoile jaune en 1941, V. Klemperer, neveu du chef d'orchestre, choisit en effet le sigle L.T.I. – *Lingua Tertium Imperii*[5] – dans son Journal comme formule secrète pour résister à l'oppression, pour maintenir et incarner la continuité de la raison, de la pensée critique, de l'identité civilisée, un « balancier » sans lequel il serait cent fois tombé[6]. La langue incarne l'esprit du temps, elle « met au jour ce que quelqu'un veut délibérément dissimuler aux autres et à soi-même et aussi ce qu'il porte en lui inconsciemment », telle est la thèse de l'auteur. Or, les mots peuvent être comme « de minuscules doses d'arsenic », et V. Klemperer s'efforce de cerner les caractéristiques de la langue nazie : outre une effroyable homogénéité, une pauvreté extrême, la langue du Troisième Reich réussit à s'insinuer « dans la chair et le sang du

1. *Les naufragés et les rescapés, op. cit.*, p. 94. Dans cet ouvrage, P. Levi précise que « presque tous les Italiens », ignorant l'allemand, « sont morts dans les dix à quinze jours suivant leur arrivée », non point tant de faim, de froid ou de maladie, que faute de pouvoir communiquer avec des détenus plus anciens, faute de pouvoir s'orienter en quelque sorte dans la vie complexe du *Lager* (*op. cit.*, p. 92). Voir également *Conversations avec Ferdinando Camon, op. cit.*, p. 55.

2. *Conversations et entretiens, op. cit.*, p. 214.

3. *Conversations avec Ferdinando Camon, op. cit.*, p. 55.

4. *Les naufragés et les rescapés, op. cit.*, p. 96.

5. *LTI, La langue du IIIe Reich*, Carnets d'un philogue (Traduit et annoté par E. Guillot. Présenté par S. Combe et A. Brossat, Albin Michel, 1996).

6. *Ibid.*, p. 32.

grand nombre à travers des expressions isolées, des tournures, des formes syntaxiques qui s'imposaient à des millions d'exemplaires et qui furent adoptées de façon mécanique et inconsciente »[1]. En dépit des nombreux américanismes qui s'y sont introduits, l'infection de la langue allemande n'est pas à mettre au compte de l'extérieur, puisque des mots anciens en viennent à acquérir un sens particulier, de nouvelles combinaisons se créant. Ainsi, du mot « peuple » (*Volk*), partout présent : *Volksfest* (fête du peuple), *Volksgenosse* (camarade du peuple), *Volksgemeinschaft* (communauté du peuple), *Volksnah* (proche du peuple), *Volksfremd* (étranger au peuple), *Volksentstammt* (issu du peuple). Ou encore de la fréquence du mot « fanatique », devenu un « mot clé du nazisme », pour lequel, s'il n'existe pas de traduction proprement dite en allemand, des équivalents tels que *eifern* (faire preuve de zèle) ou *Schwärmer* (exalté) avaient toutefois jusqu'à l'avènement du National-Socialisme une valeur éminemment négative[2]. De même encore, le verbe « *organisieren* », utilisé à tort et à travers, en place de travailler, accomplir, exécuter, faire, reflèterait-il la manie nazie de tout organiser, et l'auteur se demande : « Qui a dit hier encore : "Il faut que je m'organise un peu de tabac" ? », pour constater aussitôt amèrement : « Je crains que ce ne soit moi-même »[3]. P. Levi faisait d'ailleurs le même constat sur l'occurence du verbe « organiser » dans l'allemand de l'époque nazie lorsque, racontant son long périple de retour à travers la Russie, il écrit : « À un moment nous nous sommes rendu compte qu'il n'y avait plus soixante, mais soixante et un wagons accrochés au train et que le dernier était plein de jeunes Juifs de partout, Hongrie, Roumanie, Pologne. Ils avaient "organisé" ce wagon, comme on disait à l'époque ... »[4]. Ou bien encore : « Depuis six mois nous partagions la même couchette et chaque gramme d'extra "organisé" par nos soins »[5]. Le « poison » a donc contaminé jusqu'au « juif Klemperer », l'observateur philologue lui-même ! Les Berlinois, seuls, semblent, échapper à la règle, et ne céder à cette autre manie du régime d'abuser des abréviations, que par manière de dérision : ainsi « *knif !* » équivaut-il à *kommt nicht in Frage* (pas question), « *Kakfif* » ayant un effet de renforcement, *kommt auf keine Fall in Frage* (absolument pas question !), « *Popo* », quant à lui, signifiant *Penne ohne Pause oben*, soit « roupille sans interruption là-haut, comme antidote aux nuits de bombardements passées dans les caves »[6]. On

1. *Ibid.*, p. 38.
2. *Ibid.*, p. 90-91.
3. *Ibid.*, p. 142.
4. *Conversations et entretiens*, *op. cit.*, p. 95.
5. *Si c'est un homme*, *op. cit.*, p. 203.
6. *LTI.*, p. 125.

pourrait multiplier les exemples d'inflation d'adjectifs comme « total », « unique », « historique », évoquer le vocabulaire dominé par la volonté de mouvement et d'action[1] : tous témoignent d'une même volonté délibérée de démagogie. Confrontés à la survie de maintes expressions issues de l'époque nazie, « que faire ? », se demande V. Klemperer, et il répond : mettre à la fosse commune beaucoup de vocables en usage chez les nazis. « Comment le mot *Spritzen* pourrait-il garder le même sens après avoir signifié pour des millions d'hommes la "giclée" du sang juif sous la pointe de couteaux ? », interrogeait de son côté G. Steiner[2].

Pour V. Klemperer, il ne fait donc aucun doute que la langue allemande elle-même est devenue « totalitaire », tout comme d'ailleurs pour G. Steiner qui, enregistrait lui aussi « les effets que peuvent avoir sur le langage les mensonges du totalitarisme »[3], le langage politique à notre époque étant « infesté par l'obscurité et la folie »[4]. Pour G. Steiner en effet, il est évident que la « barbarie » des institutions politiques modernes, de même que la société technocratique ont infligé une « blessure » au langage, et en particulier à la langue allemande qui, certes, peut toujours communiquer, « mains non créer un sentiment de communion »[5]. S'interrogeant sur la date de décès de la langue allemande, de la langue des Goethe, Heine, Nietzsche, Thomas Mann, G. Steiner remonte à l'Allemagne bismarckienne, et si une rébellion, *anni mirabiles* du moderne esprit allemand se produisit bien au cours de la décennie 1920-1930, grâce à Brecht, Mann, Kafka, ou Musil, ce ne fut toutefois qu'un « bref midi ». Le *Troisième Reich* ayant autorisé l'indicible à se dire pendant douze ans, les mots ont désormais perdu leur sens premier pour acquérir des contenus de cauchemar : « *Jude, Pole, Russe* en sont venus à signifier des poux à deux pieds, une vermine putride que les bons Aryens doivent écraser "comme des blattes sur un mur sale" [...] "Solution finale", *endgültige Lösung,* en vint à signifier la mort de six millions d'êtres humains dans les fours à gaz »[6].

Si H. Arendt, dans son analyse des composantes du totalitarisme, n'a pas perçu cette « hystérie de la langue »[7], ce phénomène d'imprégnation, de propagande, cela peut bien sûr s'expliquer du fait que, contrairement à V. Klemperer, elle a choisi l'émigration et n'a donc pas pu enregistrer au jour le jour ces déformations, qu'elle n'a pas subi cette « expropriation ».

1. *Ibid.*, p. 181-191.
2. *Langage et silence* (Seuil, 1969, trad. L. Lotringer), p. 100.
3. *Ibid.*, p. 7.
4. *Ibid.*, p. 56, « La retraite du mot », trad. L. et D. Roche.
5. *Ibid.*, p. 95, « Le miracle creux », trad. J. P. Faye.
6. *Ibid.*, p. 101.
7. *LTI, op. cit.*, p. 57.

Et ce n'est sans doute pas un hasard si elle présente à K. Jaspers son second mari, H. Blücher, son mari allemand cette fois-ci, celui avec lequel elle pouvait continuer à habiter sa langue maternelle même en exil, comme sa « patrie portative ». Mais, plus profondément, Jacques Derrida nous suggère que ce qu'H. Arendt semble dénier – contrairement à G. Steiner pour lequel « un langage qui permet d'écrire le *Horst Wessel Lied* est prêt à donner tout entière à l'enfer la langue maternelle »[1] – lorsqu'elle rétorque à G. Gaus que la langue n'est tout de même pas devenue « folle », c'est que « la langue maternelle, la mère, puisse devenir ou avoir été folle, folle parce qu'unique... »[2], une folie de la langue qui menacerait donc ce chez-soi irremplaçable, et H. Arendt aurait pu reprendre le mot de F. Rosenzweig, « la langue est plus que le sang ». Pour avoir en partage l'allemand et la culture allemande, H. Arendt ne s'identifiait pourtant pas, nous l'avons assez vu, au peuple allemand, si ce n'est aux Berlinois, mais précisément parce qu'ils constituaient à ses yeux un autre peuple. À peine arrivée au pays de la liberté, comme nous l'avons également vu, elle aura à cœur d'apprendre au plus vite la langue du pays d'accueil dont elle voudra devenir dix ans plus tard citoyenne.

H. Arendt nous a fourni en outre, un autre témoignage de l'importance à ses yeux d'une langue pour l'appartenance d'un individu à une communauté lorsque, au cours de son séjour de huit années à Paris où son exil la conduisit avant qu'elle pût s'embarquer pour l'Amérique, elle entreprit d'apprendre l'hébreu « pour connaître [s]on peuple »[3]. Remarquons en passant, que contrairement à G. Steiner qui regrette, par « paresse d'esprit », de n'avoir pas appris l'hébreu, et qui se demande aujourd'hui encore s'il est vraiment trop tard, seul l'hébreu permettant « un accès direct à la Bible et au cœur de l'identité juive »[4], ou encore contrairement à P. Levi qui prétend n'avoir repris possession de la langue hébraïque qu'il avait oubliée depuis l'époque de sa *Bar-Mitsva* à l'âge de treize ans, que « par intérêt purement scientifique, presque zoologique », H. Arendt en éprouva pour sa part l'urgence lorsqu'il s'agit pour elle de se rendre en Palestine à la rencontre de ses habitants. Contrairement à Kafka par exemple –, « Mon peuple, à supposer que j'en aie un »[5] – H. Arendt ne semble donc pas douter qu'elle ait un peuple, et, pour désigner son appartenance au judaïsme elle n'utilise plus le mot « groupe », mais bel et

1. *Langage et silence*, *op. cit.*, p. 100.

2. J. Derrida, *Le monolinguisme de l'autre* (Galilée, 1996), p. 104 *sq.*

3. Cité par E. Young Bruehl, *Hannah Arendt* (Paris, Anthropos, 1986, trad. J. Roman et E. Tassin), p. 152.

4. G. Steiner, *Errata. Récit d'une pensée*, *op. cit.*, p. 213-14.

5. *VP.*, p. 289.

bien celui de « peuple ». En revanche, parlant de sa germanité, elle précisait à G. Gaus : « je ne crois m'être jamais considérée comme allemande – au sens d'appartenance à un peuple et non d'appartenance à un État si je puis me permettre cette distinction »[1]. Ainsi semblait-elle faire partie de la lignée des « Freud, Kafka et Benjamin, qui n'ont pas succombé à cette illusion tragique et étrange (*unheimlich*) d'appartenir au peuple allemand. Ils savent qu'ils sont des écrivains allemands, mais pas des Allemands [...] Je ne sais pas s'ils auraient été chez eux (*zu Haus*) dans le pays d'Israël. J'en doute beaucoup. C'était dans le vrai sens du mot des hommes venus de l'étranger (*Männer aus der Fremde*), et ils le savaient »[2]. C'est sur ce même mot, « peuple », qu'H. Arendt reviendra lorsqu'elle répliquera à l'accusation de G. Scholem – suite à la publication de son livre sur Eichmann – selon lequel elle aurait manqué d'amour pour le « peuple juif » (*Ahavat Israël*), alors même qu'il la tenait « pour une fille de notre peuple, une fille à part entière et rien d'autre »[3]. Et ce n'est sans doute pas un hasard si, dans un article de 1935, elle faisait l'éloge enthousiaste de M. Buber, « guide spirituel de la jeunesse », celui qui entreprit la traduction allemande de la Bible avec F. Rosenzweig, comparant son entreprise à celle de Luther puis de Moses Mendelssohn : de même que ce dernier parvint à amener la jeunesse juive du ghetto à apprendre l'allemand, et à pénétrer ainsi dans la vie germanique et européenne, de même aujourd'hui M. Buber tente-t-il de ramener les Juifs à l'hébreu, langue de la Bible, à leur passé et à leurs valeurs, preuve qu'« au commencement et à la fin de l'histoire judéo-allemande, se dresse une traduction »[4]. H. Arendt n'évoque toutefois pas le co-traducteur de M. Buber, F. Rosenzweig[5], qui

1. *TC.*, p. 232.

2. G. Scholem, « Walter Benjamin », 1964 (New German Critique, New York, n° 70, hiver 1997).

3. G. Scholem, *Fidélité et utopie, op. cit.*, p. 217.

4. « Un guide de la jeunesse : Martin Buber », paru dans le « Journal juif des jeunes », devenu « Samedi », repris dans « Les Nouveaux Cahiers », 105, 1991, p. 29-30. On peut comparer cette appréciation d'H. Arendt avec celle de Nelly Sachs qui écrivait le 25 juin 1947 à Ragnar Thoursie : « Un jour, au temps de la peur la plus profonde, une amie allemande me remit un petit livre. C'était la traduction d'*Isaïe* par Buber et Rosenzweig. En le voyant, en le lisant, je sus où mon chemin devait aller. Car cette traduction n'a rien de commun avec celle de Luther. Ce n'était pas une "germanisation", mais au contraire la terre y était emportée en morceaux comme les lambeaux ensanglantés d'un accouchement. Seule la traduction de Pindare par Hölderlin montre le même effroi propre à l'original. Je savais dès lors : la Bible a été originairement écrite comme la poésie chorale grecque, sous forme d'hymnes, et ici tout autant que là il perce une lueur de Babylone » (*Eli, mystère des souffrances d'Israël. Lettres. Énigmes en feu, op. cit*), p. 174.

5. Pour une étude des rapports entre H. Arendt et F. Rosenzweig, nous renvoyons à l'article de G. Bensussan, « Hannah Arendt, Franz Rosenzweig et le judaïsme. Acosmie et extra-historicité », in « Les Temps Modernes », octobre-novembre 1998, n° 601.

réalise »[1]. De même G. Steiner, qui lui non plus ne se décida pas à émigrer en Israël, justifie-t-il son choix de demeurer un Juif en Diaspora en invoquant sa méfiance à l'égard des « demeures » : « Le Juif jette l'ancre non dans l'espace mais dans le temps, dans le sens aigu qui le possède de l'histoire vécue comme une expérience individuelle. Six mille ans d'introspection forgent une patrie »[2].

Revendiquant sa « nationalité » juive, H. Arendt ne devint donc jamais « citoyenne » israélienne. Dans l'allocution qu'elle prononça le 4 mars 1969 à l'université de Bâle, H. Arendt rendait ainsi hommage à K. Jaspers, son défunt maître, qui s'était fait naturaliser suisse après-guerre : « Il savait que citoyenneté et nationalité n'ont pas besoin de coïncider – car il était et resta naturellement un Allemand, mais il savait que la citoyenneté n'est pas une simple formalité »[3]. De même semble-t-il, qu'H. Arendt voulut toujours se distancer de l'Allemagne – « je me dois de garder ma distance »[4] – de même, s'agissant du peuple juif, son peuple pourtant, celui dont elle a voulu apprendre la langue pour le connaître, elle revendiquera toujours un devoir d'« impartialité » qui l'empêche de succomber à l'amour. L'amour n'est pas pour H. Arendt, une catégorie valable en politique, pas plus que la pitié ou la compassion dont elle a stigmatisé le rôle dans la genèse du caractère révolutionnaire : « je n'ai jamais de ma vie "aimé" aucun peuple, aucune collectivité – ni le peuple allemand, ni le peuple français, ni le peuple américain, ni la classe ouvrière, ni rien de tout cela. J'aime "uniquement" mes amis et la seule espèce d'amour que je connaisse et en laquelle je croie est l'amour des personnes »[5]. On ne saurait être plus claire : l'amour est une catégorie de l'ordre du privé, fusion entre deux êtres, qui abolit le monde en le réduisant à un microcosme. L'amour, contrairement à la politique, n'a nul souci du monde : la politique ne commence qu'avec la pluralité, c'est-à-dire lorsqu'on est au moins trois. À G. Scholem qui lui reprochait précisément ce manque d'amour, elle rétorquait : « Si l'on n'est pas capable de cette impartialité, parce qu'on prétend aimer son propre peuple jusqu'à l'aduler et l'encenser en permanence, alors on ne peut rien faire. J'estime pour ma part que ce n'est pas là du patriotisme »[6]. H. Arendt était-elle donc, comme l'affirme Marthe Robert de F. Kafka, tout à la fois « assimilé, antijuif, sioniste,

1. *Correspondance HA-KB, 1933-1963,* Lettre du 2 juillet 1951.

2. *Langage et silence, op. cit.*, p. 151-52.

3. *HA-KJ,* p. 901.

4. *Ibid.,* Lettre du 1er janvier 1933. De même dans *TC., op. cit.*, p. 243-44 : « Et aujourd'hui où les choses sont, disons le, à nouveau en bonne voie, les distances sont devenues encore plus grandes qu'elles ne l'étaient auparavant … ».

5. G. Scholem, *op. cit.*, p. 223.

6. *Ibid.*, p. 251.

antisioniste, croyant, athée »[1] à différents moments de son développement et parfois en même temps ?

Sept ans pourtant après avoir voulu devenir « citoyenne américaine », H. Arendt continuait à revendiquer pour elle-même le statut de marginale, de paria consciente, qu'elle emprunte, comme nous allons le voir à B. Lazare : « Être étrangers et sans racines, quand on comprend vraiment ce que cela veut dire, permet de vivre plus facilement à notre époque [...]. Les choses ne vous atteignent pas de trop près ; c'est comme une peau qui vous recouvre de l'extérieur ... »[2], écrivait-en effet à K. Jaspers cette citoyenne américaine, de nationalité juive et dont la langue, c'est-à-dire la patrie, resta l'allemand.

1. Marthe Robert, *Seul comme Franz Kafka*, *op. cit.*, p. 44.
2. *Ibid.*, Lettre du 16 novembre 1958.

CHAPITRE II

ÉTRANGER AU MONDE

Est-il un remède à la condition d'« étranger », au fait de ne se sentir nulle part chez soi dans le monde ? Un an avant d'obtenir la citoyenneté américaine, H. Arendt écrivait encore à Martin Heidegger : « Je ne me suis jamais considérée comme une femme allemande, et il y a longtemps que j'ai cessé de me considérer comme une femme juive. Je me considère comme celle que je suis désormais devenue, une jeune fille étrangère »[1]. M. Heidegger lui répondit par une lettre non datée en lui envoyant cinq poèmes, au nombre desquels l'un d'eux, intitulé *Das Mädchen aus der Fremde*[2], faisait écho à celui de Friedrich Schiller. Quatre ans après être devenue citoyenne américaine, et nonobstant toutes les critiques que – mue par le même devoir d'impartialité qu'à l'égard du peuple juif – elle formula pourtant à l'égard de son pays d'adoption, H. Arendt exprimait sa gratitude. « Il m'arrive souvent de penser, écrivait-elle en effet à K. Jaspers, quels étranges animaux nous sommes au fond, et avec quelle ouverture d'esprit, quelle chaleur et quelle bonne volonté on nous a reçus ici en s'efforçant de ne pas nous faire sentir que nous sommes des étrangers ! »[3]

1. *HA-MH*, Lettre du 9 Février 1950, p. 76.

2. *Ibid.*, p. 79 : *Die Fremde /, die Dir selber fremd, / Sie ist : / Gebirg der Wonne, / Meer des Leids, / die Wüste des Verlangens, / Frühlicht einer Ankunft. / Fremde : Heimat jenes einen Blicks, / der Welt beginnt. / Beginn ist Opfer. / Opfer ist der Herd der Treue, / die noch aller Brände / Asche überglimmt und – zündet : / Glut der Milde, / Schein der Stille. / Fremdlingin der Fremde, Du – / Wohne im Beginn.*

Cette affirmation d'H. Arendt est toutefois en complète contradiction avec ses déclarations à Heinrich Blücher : « Je suis une femme, une Juive et non pas une Allemande, ce qui signifie une émigrante » (*HA-HB*, le 25 mai 1958).

3. *HA-KJ*, Lettre du 23 Octobre 1965. Très différente en revanche était l'appréciation d'Ernst Bloch, écrivant à Joachim Schumacher : « C'est bien évidemment tout à ton honneur

L'Amérique, pays d'immigration par excellence, aurait-elle repris à son compte « l'idée de la protection de l'étranger, de l'amour du prochain et de la solidarité de tous les hommes », dont K. Jaspers attribuait la paternité aux « Juifs, ce peuple né d'Adam »[1] ?

« Tu aimeras l'étranger... », ainsi parle en effet le *Lévitique*[2]. Si l'amour fait l'objet d'un commandement, c'est qu'il n'est point naturel, spontané d'aimer l'étranger – entendons l'autre, celui qui est différent de la communauté d'origine à laquelle on appartient, comme si d'emblée nous avions plutôt tendance à l'écarter, à le rejeter, à l'exclure comme un objet de peur, de répulsion voire de haine. De fait, la fin du verset semble bien suggérer que cette obligation repose sur une identification rétrospective au sort dévolu à l'étranger : s'il faut aimer l'étranger, c'est parce que « tu connais l'âme de l'étranger [...] puisque tu fus étranger dans le pays d'Égypte »[3]. Loin d'être spontané, l'amour requis à l'égard de l'étranger apparaît ainsi comme une mémoire, mémoire des souffrances infligées au peuple juif dans la « maison de l'esclavage », dans le « creuset de fer » pendant sa captivité en Égypte. L'exigence d'amour pourrait alors se résumer dans le commandement de la reconnaissance de l'autre comme le proche, voire le plus proche : « Tu aimeras ton prochain (*reakha*) comme toi-même »[4], car l'étranger en définitive, c'est toujours l'autre du soi, mais c'est aussi l'autre soi, ce peut être n'importe qui, toi ou moi, un frère. S'y trouve contenu, en outre, de façon implicite, la recommandation, « Ce qui t'est désagréable, ne l'inflige pas aux autres »[5], l'adage d'Hillel apparaissant sous une forme positive dans le Nouveau Testament : « Fais aux autres ce que tu voudrais que les autres te fassent », autrement dit, l'amour du prochain légitime l'amour de soi-même, car il importe que tout un chacun prenne soin de sa vie.

Mais qui est l'étranger dont il est question dans le Pentateuque? « Sache bien » dit YHWH à Jacob dans la Genèse[6] « que tes descendants seront des étrangers dans un pays qui ne sera pas le leur. Ils y seront esclaves, on les opprimera pendant quatre cents ans ». Dans le Lévitique toutefois, l'étranger ne désigne plus Israël que YHWH a fait sortir d'Égypte, où ce peuple s'est constitué en une nation, conformément à la prophétie

que tu sois un étranger indésirable, ce qui veut dire ici aux États-Unis : un prince venant du pays de la vérité ... » (Lettre du 22 avril 1946, citée dans « Raison et Immigration », 1996, n° 30, P.U. de Caen), p. 88.

1. *Ibid.*, Lettre du 31 Décembre 1960.
2. 19, 18.
3. *Ibid.*
4. *Lévitique*, 19, 18.
5. *Chab.*, 31 a.
6. *Genèse*, 15, 14.

qu'il fit à Jacob : « je te donnerai le pays où tu séjournes, tout le pays de Canaan en possession à perpétuité »[1]. L'étranger désigne bien plutôt maintenant l'hôte résidant en territoire cananéen, celui qui ne connaît pas la loi de YHWH. Dans certains textes, l'étranger est assimilé aux lévites[2], membres de la tribu des Lévi auxquels fut confié le soin du sanctuaire de Dieu, ou aux économiquement faibles, à la veuve et à l'orphelin qu'il faut protéger en leur réservant par exemple une part de la moisson[3]. Autrement dit, l'étranger est celui qui est un hôte parmi une nation constituée, la nation d'Israël. Pour le désigner, l'hébreu possède le mot *gêr** ou celui de *tochav*, « métèque », entièrement dissocié du véritable étranger, le *nokhri*, lequel n'a aucun droit.

Outre cette protection économique à assurer à l'étranger, cet amour pour l'étranger qui fait l'objet d'un commandement dans le Lévitique, se manifeste essentiellement dans le fait que lui sont octroyés les mêmes droits, assignés les mêmes devoirs que ceux dont disposent et auxquels sont soumis les « citoyens ». Toutefois, c'est dans le registre de la loi que s'incarne cet impératif, et non dans celui des relations personnelles d'homme à homme, comme pourrait le laisser croire le terme d'amour. L'étranger est soumis aux même prescriptions de pureté[4], à la même sentence en cas de blasphème[5], il est astreint au *shabbat*[6], admis à faire des offrandes à YHWH[7], et même à célébrer la Pâque[8] c'est-à-dire précisément la commémoration de la sortie des Juifs d'Égypte grâce à la main forte et au bras étendu de YHWH. Dans un premier temps, à vrai dire, les étrangers paraissent exclus de cette commémoration : puisqu'ils n'appartiennent pas à la communauté des Israélites, puisqu'ils n'« en » sont pas, « aucun étranger n'y pourra prendre part »[9]. Dans un second temps toutefois, le commandement se laisse infléchir : l'étranger peut participer à la Pâque, à condition « qu'il soit circoncis »[10]. La circoncision imposée par YHWH à Jacob et à toute sa descendance, représente en effet le signe visible de l'alliance entre YHWH et son peuple, le symbole de cette « circoncision du

* *Exode*, 2, 22 : Moïse épousa l'une des sept filles du prêtre de Madiän, Cippora, qu'il nomma Gershom car dit-il : « Je suis un immigré en terre étrangère ».

1. *Genèse*, 17, 7
2. *Lévitique*, 25, 35 ; *Juges*, 17, 7.
3. *Deutéronome*, 10, 18 ; *Lévitique*, 23, 22.
4. *Lévitique*, 17, 15.
5. *Lévitique*, 24, 16-22
6. *Exode*, 20, 10.
7. *Nombres*, 15, 15-16.
8. *Nombres*, 9, 14.
9. *Exode*, 12, 48.
10. *Ibid.*

cœur » qu'est la fidélité à Dieu, dont parle Jérémie[1]. La circoncision apparaît ainsi comme le garant de l'appartenance au peuple juif : ceux qui s'y soumettent se rallient donc à sa signification symbolique, adoptent cette identité en abandonnant la leur propre, et deviennent « comme le citoyen du pays »[2], « comme des compatriotes », ils s'assimilent aux Juifs, rien ne les en distingue plus. La loi – « une seule loi pour vous et pour l'étranger[3] » abolit la différence, permet d'assimiler le corps étranger, le rite de la circoncision n'étant que l'expression suprême de cette suppression de l'altérité qui permet de rattacher l'étranger à « la maison de Jacob »[4]. Loin de préserver la différence, l'altérité de l'autre, sa spécificité, éventuellement sa richesse, la loi et l'alliance exigent un renoncement, une abnégation, une conversion de l'autre, elles referment l'espace, elles assimilent.

À l'époque moderne l'étranger, ce peut être un peuple sans nation, une nation sans territoire, un émigré, un exilé, souvent un réfugié qui a tout perdu, non seulement son lieu géographique, mais également son milieu moral et culturel. Ce peut être un hors la loi, dès lors que tous ne sont plus à pied d'égalité devant elle, ce qui peut susciter la fierté plutôt que la honte, et c'est précisément ce que ne comprit pas Stefan Zweig, par exemple, qui finit par se suicider. L'étranger, c'est celui qui est exclu, qui est au ban de la société, quelle qu'en soit la raison : politique, sociale, religieuse, sexuelle, raciale, celui qui ne se sent pas chez lui dans le monde, thème que l'on retrouve dans de nombreux articles d'H. Arendt vers la fin de la guerre et dans l'immédiat après-guerre. L'article intitulé « Nous autres réfugiés »[5] ainsi que le chapitre V de *L'Impérialisme* notamment, conservant toute leur actualité, puisque, en un siècle caractérisé par la fuite contrainte d'importants groupes de population, la figure du réfugié semble aujourd'hui supplanter toutes les autres figures du sujet politique. Dans ces deux textes, H. Arendt récuse l'attitude assimilationiste incapable de résoudre le problème de l'altérité, de l'étrangeté, de la différence, incapable de supprimer l'équation « consciente ou inconsciente, que "l'étranger c'est

1. *Jérémie*, 4, 4.

2. C'est nous qui soulignons. *Ibid.* « Si un étranger en résidence chez toi veut célébrer la Pâque en l'honneur de YHWH, tous les mâles de sa maison devront être circoncis : il sera alors admis à célébrer la Pâque, car il sera comme le citoyen du pays ». Cf. également *Lévitique*, 19, 33-34 : « Si un étranger réside avec vous, dans votre pays, vous ne le molesterez pas. L'étranger qui réside avec vous sera pour vous comme un compatriote et tu l'aimeras comme toi-même, car vous avez été étrangers au pays d'Égypte ». C'est nous qui soulignons.

3. *Nombres*, 15, 15-16.

4. *Isaïe*, 14, 1 : « Oui, YHWH aura pitié de Jacob, il choisira de nouveau Israël et les réinstallera dans leur patrie. L'étranger les rejoindra et se rattachera à la maison de Jacob ».

5. (1943) in *TC*.

l'ennemi" », laquelle, promue au rang de prémisse majeure d'un syllogisme, aboutit au *Lager*, pour reprendre la formule de P. Levi [1]. Pour P. Levi, en effet, l'essence de l'antisémitisme semble se réduire à un cas particulier du « phénomène irrationnel d'intolérance » inhérent à l'humanité, et dont l'exacerbation sous le Troisième Reich, due aux « prédispositions nationalistes et militaristes du peuple allemand » [2] n'aurait fait que raviver « l'antique douleur du peuple qui n'a pas de patrie, la douleur sans espoir de l'exode que chaque siècle renouvelle » [3]. La question qui se pose est donc celle de la possibilité d'une politique de l'« amitié », autrement dit, de la compatibilité d'une politique d'universalisme fondée sur l'égale dignité de tous les citoyens et donc la reconnaissance de droits et d'attributions égaux, avec une politique de la différence reconnaissant l'identité unique de chaque individu, de chaque groupe.

L'analyse que propose H. Arendt de l'hostilité, de l'exclusion dont les Juifs, minorité par excellence, ont été victimes, est plus fine que celle de P. Levi. Rappelons en les grandes lignes. H. Arendt constate tout d'abord que l'antisémitisme s'est paradoxalement développé au moment même où les Juifs s'assimilaient, où leurs anciennes valeurs spirituelles et religieuses se laïcisaient, l'antisémitisme étant en outre contemporain du déclin de l'État-nation. La promulgation des décrets d'émancipation s'étant accompagnée de certains « privilèges » octroyés aux Juifs, ceux-ci furent du même coup désignés comme un groupe à part, dans la mesure où ils étaient les seuls à pouvoir fournir aux États les capitaux nécessaires à leur expansion. Les Juifs en outre, n'appartenaient à aucune catégorie sociale, se contentant de se définir socialement comme Juifs et, de tous les peuples européeens, ils étaient les seuls à n'avoir pas de « terre », première composante revendiquée par les sionistes pour faire des Juifs dispersés de par le monde un « peuple », la seconde étant, nous l'avons vu au chapitre précédent, une langue commune. Enfin, une série de scandales financiers, dont l'affaire de Panama dans le dernier tiers du XIXe siècle, alimentèrent l'antisémitisme de la petite bourgeoisie. Sur le plan social, le phénomène de l'antisémitisme daterait donc de l'entrée des Juifs dans l'histoire du monde européen, preuve de l'échec de cette « doctrine bâtarde » qu'est l'assimilation. Le paradoxe de l'émancipation consisterait en ce que, une fois l'égalité accordée aux Juifs, leur différence, leur exotisme, s'accusa d'autant plus, suscitant à la fois ressentiment et attirance, comme si, ainsi que le souligne H.E.G. Paulus, on leur demandait simultanément « d'être et de ne pas être des Juifs ». Or, prendre au sérieux le principe de l'égalité de

1. *Si c'est un homme, op. cit.*, p. 7.
2. *Ibid.*, p. 260.
3. *Ibid.*, p. 15.

tout ce « qui porte visage humain » supposait d'accepter les Juifs dans leur altérité, comme peuple, dans ce que les a faits leur devenir social. « Même dans les pays où les Juifs jouissent déjà de l'égalité des droits, leur situation est toujours humiliante, ils subissent encore la coercition et la honte, ils ne connaissent la sécurité que parce qu'ils sont acceptés en tant qu'êtres humains, mais rejetés en tant que Juifs », constatait Moshe Lev Lilienblum [1]. Tout se passerait donc comme si Nathan le Sage ne parvenait pas à annuler ce « phénotype pour l'échec de l'émancipation des Juifs que représente Shylock, l'homme sans prénom, le Juif de Venise mis en scène par Shakespeare » [2]. Dès la fin du dix-neuvième siècle, Max Nordau dénonçait cette émancipation purement formelle, incarnée dans une loi ne correspondant à aucun mouvement du cœur, à aucun sentiment de fraternité avec les Juifs, et qui ne pouvait pas déboucher sur l'émancipation sociale : « La philosophie de Rousseau et des encyclopédistes avait abouti à la Déclaration des Droits de l'Homme. Et les hommes de la Grande Révolution, dans leur logique inflexible, en tirèrent l'émancipation des Juifs. Ils posèrent le problème correctement : chaque homme a certains droits naturels ; les Juifs sont des hommes ; donc les Juifs ont tous les droits que l'homme tient de la nature » [3], et il fixait sa tâche au premier congrès sioniste : remédier au « mal juif ». Pour sortir de la condition d'« étranger », la solution ne réside pas dans l'assimilation qui confère tout au plus aux Juifs le statut d'« enfant d'un autre lit », au mieux de « fils adoptif » [4], mais jamais celui d'« enfant légitime de la patrie » [5]. La citoyenneté accordée aux Juifs n'aurait effacé leur judéïté qu'à leurs propres yeux, les Chrétiens n'oubliant pas pour leur part leur différence, non pas en signe de reconnaissance, mais pour continuer à leur en faire grief.

Au sein de l'*Aufklärung*, plusieurs étapes doivent être distinguées. Ainsi, pour Moses Mendelssohn qui recommandait à ses compatriotes « Adaptez-vous aux lois et aux mœurs du pays où vous êtes exilés. Supportez sans faillir ces deux fardeaux aussi bien que vous le pourrez », l'assimilation était-elle une « seconde nature ». La génération suivante en revanche, en la personne de David Friedländer, recommanda le baptême afin d'une part de « marquer publiquement son entrée dans la société », et

1. « De la résurrection d'Israël sur le sol de la terre de nos pères », in *Sionismes. Textes fondamentaux*, *op. cit.*, p. 18.

2. H. Mayer, *Les Marginaux. Femmes, juifs et homosexuels dans la littérature européenne* (Albin Michel, 1994), p. 331 *sq.*

3. Discours au Premier Congrès Sioniste, le 29 août 1897, cité in *Sionismes, Textes fondamentaux*, *op. cit.*, p. 58.

4. Moshe Lev Lilienblum, « De la résurrection d'Israël ... », in *Sionismes*, *op. cit.*, p. 20.

5. L. Pinsker, « Les Juifs, peuple élu de la haine », *L'auto-émancipation* (1882), in *Sionismes. Textes fondamentaux*, p. 43.

de témoigner de ce que, contrairement à M. Mendelssohn, la question juive était désormais devenue un problème purement individuel. Et il s'agissait d'autre part, pour les Juifs « cultivés », de marquer leur différence par rapport à leurs frères « arriérés » de l'Est, auxquels venait d'être accordée l'égalité. C'est ce qu'illustrent Henriette Herz, Dorothéa Schlegel et surtout, Rahel Varnhagen, dont le point commun est qu'elles voulaient se séparer du judaïsme, la seule « chance sociale » dont bénéficia Rahel consistant dans son esprit (*Witz*), dans sa conversation dans le cadre d'un salon, voué qui plus est au culte de Goethe, et qui lui épargna, pour un temps du moins, le baptême et le mariage. Toutefois, les défenseurs de l'*Aufklärung* qui prirent la suite des Romantiques furent les bourgeois, qui ne représentaient plus rien, et qui eurent à cœur de combattre l'émancipation que les Juifs avaient obtenue par la culture et la richesse, mettant ainsi en application les conseils que leur avait prodigués le jeune Lessing dans son essai *Les Juifs* de 1749. Pourtant, l'excès auquel se livrèrent les Juifs allemands dès le XIXe siècle en s'affichant bourgeois et assimilés, fut cause de la haine et de la dérision qui s'ensuivirent. Telle était la *causa proxima* qu'assignait Theodor Herzl à l'antisémitime moderne : « notre surproduction en intelligences moyennes, qui ne peuvent ni effectuer leur écoulement par le bas ni opérer leur mouvement ascensionnel par le haut – du moins de façon normale. En bas, nous devenons révolutionnaires en nous prolétarisant, et nous formons les sous-officiers de tous les partis subversifs. En même temps grandit en haut notre redoutable puissance financière »[1].

Un siècle plus tard, avec l'immigration allemande qui suivit l'arrivée d'Hitler au pouvoir, l'assimilation prit une toute autre signification que l'adaptation nécessaire au pays où le hasard vous avait fait naître, et au peuple dont on partageait la langue. Dans « Nous autre réfugiés », H. Arendt décrit le désarroi des réfugiés et des apatrides allemands, dont elle partagea le sort, semblables aux voyageurs d'Ulysse, et qui avaient perdu leur foyer « c'est-à-dire la familiarité de [leur] vie quotidienne », leur profession « c'est-à-dire l'assurance d'être de quelque utilité dans ce monde », enfin, leur langue maternelle « c'est-à-dire nos réactions naturelles, la simplicité des gestes et l'expression spontanée de nos sentiments »[2]. Un tel désarroi n'altéra cependant pas, constate ironiquement H. Arendt, l'« optimisme » de ces nouveaux arrivants obéissant à l'injonction qui leur était faite d'oublier leur passé, leur ancienne patrie, leur langue, l'enfer des camps, aussi longtemps du moins qu'ils ne cédèrent pas à la tentation du suicide. Pourtant, sous cette façade d'optimisme se décèle aisément « la

1. *L'État juif*, in *Sionismes. Textes fondamentaux*, *op. cit.*, p. 51.
2. *TC.*, p. 58.

tristesse désespérée des assimilationnistes », le « désir absurde d'être autres, de ne pas être Juifs », un tel désir témoignant de ce que ces immigrants avaient bien compris « qu'être juif ne confère aucun statut légal en ce monde »[1], c'est-à-dire de ce qu'ils avaient tiré toute la leçon des Déclarations concernant les Droits de l'Homme.

Et c'est en effet à leur critique que se livre H. Arendt, au chapitre V de *L'Impérialisme*, intitulé, « Le déclin de l'État-nation, et la fin des droits de l'homme », en constatant que si la fin du XVIIIe siècle, avait bien consacré l'accès de l'homme à sa maturité, pour reprendre la formule kantienne, en faisant de lui et non plus du commandement de Dieu, la source de la Loi, cette dernière s'est toutefois révélée paradoxalement impuissante face à la nouvelle souveraineté de l'État et au nouvel arbitraire de la société, du fait de son abstraction. Dès lors qu'il n'est plus possible de les configurer comme droits des citoyens d'un État, les droits de l'homme se révèleraient impuissants et dénués de sens : « la déclaration des droits humains inaliénables se référait à un être humain "abstrait" qui ne semblait exister nulle part, même les sauvages vivant dans une certaine forme d'ordre social »[2] : l'être humain, le pur homme en soi, celui qui n'a pas de place dans l'ordre politique de l'État-nation, bien loin d'être sacré, s'avère voué à la mort, « tuable », le seul « substitut concret à un pays natal inexistant [étant] le camp d'internement »[3]. Ainsi, pour reprendre une formule de Giorgio Agamben, se trouve accomplie la transformation de la politique en « espace de la vie nue »[4], décrite de façon si poignante par P. Levi notamment. L'individu se trouvait dépossédé non seulement de sa vie, mais de sa mort même dans la mesure où, comme le souligne T. W. Adorno, « dans les camps ce n'était plus l'individu qui mourait, mais un exemplaire [...] Auschwitz confirm[ant] le philosophème de la pure identité comme mort »[5]. Or, c'est précisément à partir du moment où des êtres humains se sont retrouvés sans gouvernement propre, sans autorité protectrice, sans la garantie d'aucune institution, réduits à leur « nudité abstraite »[6], qu'il leur fut donné de faire l'amère expérience qu'« un homme qui n'est rien d'autre qu'un homme, a précisément perdu les qualités qui permettent aux autres de le traiter comme leur semblable »[7]. Autrement dit, loin d'apparaître comme mon semblable,

1. *Ibid.*, p. 73.
2. *IMP.*, p. 272
3. *Ibid.*, p. 262.
4. *Homo Sacer, le pouvoir souverain et la vie nue* (Paris, éd. du Seuil, 1997, trad. M. Raioloa), p. 130.
5. *Dialectique négative. Critique de la philosophie, op. cit.*, p. 284.
6. *IMP.*, p. 262.
7. *Ibid.*, p. 288.

mon prochain, sa différence, son étrangeté, ne pouvait être que génératrice de peur et d'inquiétude.

H. Arendt semble ici reprendre la mise en cause par Edmund Burke des droits prétendûment « inaliénables » de l'homme qui, loin d'être naturels et pré-politiques, se sont avérés intégralement liés à la citoyenneté, n'être que des droits nationaux. La perte de la citoyenneté renverrait à l'unicité d'une individualité qui a perdu « toute signification », à un « certain spécimen d'une espèce animale appelée homme »[1]. L'inquiétante étrangeté de la figure du réfugié tiendrait en ce qu'elle rompt l'identité entre homme et citoyen, les droits n'étant attribués à l'homme que dans la mesure où il est le présupposé du citoyen c'est-à-dire membre d'un peuple. En bref, ce que le réfugié détruit, c'est la vieille trinité État-nation-territoire. Or, dès lors, qu'elles prirent conscience que « l'étranger est le symbole effrayant du fait de différence en tant que tel, de l'individualité, qu'il désigne les domaines dans lesquels l'homme ne peut ni transformer, ni agir et où, par conséquent il a une tendance marquée à détruire »[2], les minorités menacées n'eurent de cesse d'insister « sur leur nationalité, cet ultime vestige de leur citoyenneté perdue, leur dernier lien existant et reconnu par l'humanité »[3]. Telle est la raison pour laquelle elles optèrent pour de multiples déguisements successifs, témoin M. Cohn, se proclamant tour à tour Allemand, Français, Américain « à cent cinquante pour cent », et qui exemplifie ce type humain qu'H. Arendt méprise, le type du « parvenu ». De même la création de l'État d'Israël atteste-t-elle que seule « la restauration ou l'établissement de droits nationaux [...] peut assurer la restauration de droits humains »[4]. La loi de la différence, le « donné » de la naissance constituent une menace pour la vie publique fondée sur l'égalité, d'où le souci d'homogénéité de la population des différentes politiques.

Le choix pour poser le problème de l'identité juive pendant la période de l'intégration juive dans la société européenne occidentale, se pose donc en termes d'assimilation ou d'aliénation, et c'est pourquoi H. Arendt va opposer de façon contrastée à la figure du « parvenu », celle du « paria », encore que tous deux, « exclus du monde », « politiquement hors-la-loi »[5], ne fassent qu'un, le parvenu redoutant secrètement de redevenir un paria tandis qu'inversement le paria aspire enfin à acquérir le privilège du parvenu. Pour lui, l'appartenance à la société doit se résoudre en jouant le rôle contradictoire individuel du Juif d'exception qui est à la fois juif, au

1. *Ibid.*, p. 291-92.
2. *IMP.*, p. 291.
3. *Ibid.*, p. 288.
4. *Ibid.*, p. 287.
5. *TC.*, p. 219.

sens où il exerce une séduction exotique – « cet étrange peuple venu d'Asie » (Herder) –, et qui n'est pas juif, au sens où il n'honore aucune tradition culturelle et ne manifeste aucun des « traits indésirables » que l'on associe comme un stéréotype à la judéïté. Pour ce qui est du concept de paria, c'est à Max Weber qu'Hannah Arendt l'emprunte. Au tome III – inachevé et qu'il voulait compléter par l'analyse des Psaumes et du livre de Job – de ses *Études de sociologie de la religion*[1], M. Weber entendait en effet démontrer que la compréhension de la spécificité du judaïsme antique passe par la référence au système des castes hindoues. Sur le plan sociologique, les Juifs étaient « tout simplement un peuple paria[2], autrement dit, comme nous le montre l'Inde, un peuple-hôte (*Gastvolk*) vivant dans un environnement étranger dont il est séparé rituellement, formellement ou effectivement ». De cette condition, découlaient, selon M. Weber, tous les traits essentiels de l'attitude du peuple juif à l'égard de son environnement, et plus particulièrement, « son ghetto volontaire qui a précédé de loin la réclusion qui lui a été imposée »[3]. Opinion que confirmait Max Nordau lui-même : « avant l'émancipation, le Juif était un étranger parmi les peuples, mais il ne songeait pas un seul instant à se révolter contre cette condition. Il se sentait membre d'une race particulière n'ayant rien de commun avec les autres habitants du pays [...] Partout où les autorités ne l'enfermaient pas dans les murs du ghetto, il s'en créait un lui-même [...] c'était le domicile sûr qui avait pour le Juif la signification spirituelle et morale d'une patrie »[4].

De ce que l'égalitarisme poussé jusqu'à son terme conduit à la destruction de toute pluralité, et exaltant la figure du paria dans laquelle elle distingue « une nouvelle idée de l'homme extrêmement importante pour l'humanité moderne »[5], tant sur le plan social que sur le plan politique, s'ensuit-il pour autant qu'H. Arendt condamne définitivement les Droits de l'Homme ? Encore faut-il distinguer au sein des quatre figures de parias qu'elle nous propose dans *La tradition cachée* – Heinrich Heine, Charlie Chaplin, Franz Kafka, Bernard Lazare – ceux qui s'engagent véritablement sur la voie de la politique, de ceux qui cherchent encore à y

1. Max Weber, *Le judaïsme antique* (Paris, Plon, 1951, trad. F. Raphaël).

2. « La thèse de Max Weber – "Les Juifs sont un peuple paria" – est brillante, mais pas aussi juste que je le pensais naguère ; les différences l'emportent sur les analogies. De manière générale, mieux vaut décrire un cas particulier que de créer une terminologie, aussi séduisante soit-elle, et d'engendrer de nouvelles erreurs », écrivait Kurt Blumenfeld à H. Arendt le 5 novembre 1954.

3. *Le judaïsme antique, op. cit.*, p. 15-20.

4. Discours au Premier Congrès Sioniste le 29 août 1897, in *Sionismes. Textes fondamentaux, op. cit.*, p. 59.

5. *TC.*, p. 180.

échapper et trouvent refuge dans les « oasis » de l'art ou de la nature, les *schlemihl*.

Dans l'article qu'elle consacre à H. Heine – lequel permet à ses yeux de comprendre le judaïme allemand[1] – dans *La Tradition cachée*, H. Arendt affirme l'existence d'un lien de parenté entre le paria et le poète dans le personnage du *schlemihl*, aucun des deux ne se sentant véritablement chez lui dans ce monde. Et ce n'est pas un hasard si elle choisit de commenter « Les Mélodies Hébraïques », au Livre III du *Romancero*[2], que H. Heine composa entre 1848 et 1851, soit, à une époque où, grabataire, il attendait la mort et confiait que « le mal du pay céleste » s'étant emparé de lui, il était « retourné à Dieu comme le fils prodigue, après avoir longtemps gardé les cochons chez les hégéliens »[3]. Pour autant, poursuivait H. Heine, contrairement aux rumeurs courant sur son compte, il ne s'était pas converti au catholicisme, ses « convictions et idées [étant] restées libres de toute appartenance à une Église »[4]. Issu d'une famille juive cossue de Düsseldorf, dont les ancêtres avaient été Juifs de cour et banquiers – mais dont ni les droits ni le statut n'étaient pour autant équivalents à ceux des citoyens allemands à part entière – H. Heine s'était converti au protestantisme un mois avant de passer sa thèse en droit en 1825. Il espérait par là avoir acquitté son « billet d'entrée » dans la société, mais pourtant, il lui fut impossible de s'établir comme avocat à Hambourg, ou comme enseignant à Berlin, ou encore de devenir syndic auprès du Sénat de Hambourg[5]. L'air de sa patrie lui étant devenu, de son propre aveu, irrespirable, H. Heine choisit de s'exiler à Paris en 1831, reconnaissant qu'après sa famille et sa femme, il n'avait rien tant aimé dans ce monde que « le peuple français, la chère France »[6]. Bientôt pourtant, il se plaint de ce que les Français n'ont jamais su prononcer son nom convenablement :

1. *HA-KB*, Lettre 106 du 10 août 1959.
2. (Traduction et notes par I. Kalinowski, Cerf, 1997).
3. *Ibid.*, Postface, p. 201.
4. *Ibid.*, Postface, p. 203.
5. « Excepté toi et moi, écrivait H. Arendt à K. Blumenfeld, qui entend quelque chose à Heine ? Les Juifs allemands sont trop retors, et les Juifs de l'Est trop bornés. Se faire baptiser et déclarer que l'on aurait préféré voler des cuillers en argent, voilà qui va autrement plus loin que de ne pas se faire baptiser. Et montrer qu'on est réellement libre de tout préjugé, souverain ; la seule possibilité. De plus, on allongeait en passant un coup de pied aux Juifs, à ceux-là mêmes à qui leurs préjugés interdisaient le baptême. J'en suis vraiment convaincue, cette lucide existence de paria – le paria heureux, découvrant les joies et les merveilles du monde parce qu'il n'est plus le captif d'une société corrompue et abrutie – a été le terreau des grands talents. Et chez Heine seulement, ce qui chez d'autres était un motif inconscient et inexprimé est devenu expressément un thème de sa vie et de son travail créateur » (*HA-KB*, Lettre du 10 août 1959).
6. Gerhard Höhn, *Heinrich Heine, un intellectuel moderne* (PUF, 1994), p. 7.

« pour la plupart, je m'appelle M. Enri Enn ; beaucoup réunissent les deux en un seul, et disent Enrienne, quelques uns m'appellent M. Un rien »[1] ! Reconnu comme « des nôtres par Sainte Beuve lors de la publication de *De la France*, en 1833, H. Heine se plaint toutefois : « En France, mon esprit se sent exilé, banni dans une langue étrangère »[2], comme s'il avait emporté, « collée aux semelles de ses chaussures sa patrie »[3], sa patrie qui pourtant le rejette, interdisant et censurant son volume. Ce déchirement entre une double identité culturelle, se retrouve à un autre niveau, H. Heine, de libre penseur qu'il s'affichait, redevenant un esprit religieux ou, comme il le formule lui-même, Israël prenant décidément le pas sur la Grèce tant admirée pourtant : « Je vois aujourd'hui que les Grecs n'ont jamais été que de beaux éphèbes, tandis que les Juifs étaient des hommes, puissants et inflexibles, non pas jadis seulement, mais jusqu'à nos jours, malgré dix huit siècles de persécutions et de misère … »[4].

C'est grâce à cette arme que fut pour H. Heine le *Witz*, l'esprit, qu'il choisit d'éveiller la conscience critique de ses contemporains, témoin le prologue du cycle intitulé « Le Réveil » : « Bats le tambour sans crainte, / Et embrasse la cantinière. / Voilà toute la science, / Voilà le sens caché des livres …/ À son de caisse tire les gens du sommeil »[5]. Les « Mélodies hébraïques » relatent le martyr du peuple juif dont H. Heine, à la fin de sa vie se sent proche au point de s'identifier à Lazare, voire au prince Israël métamorphosé en chien, condamné aux canines pensées toute la semaine sous l'effet d'un sort qui lui a été jeté, mais qui, chaque vendredi soir, revêt ses habits de cérémonie et, entrant dans la maison du Père, « la tente de Jacob, fredonne *Lecho Daudi Likras Kalle* »[6]. Les personnages de H. Heine – qu'il s'agisse de « Herr Schlemihl ben Zuri Shadday » tué accidentellement parce qu'il se tenait trop près de Zimri, que Pinhas voulait mettre à mort au motif qu'il entretenait une liaison inconvenante avec une femme cananéenne, ou d'Apollon qui, poursuivant la belle Daphné n'attrapa à sa place que la couronne de lauriers – mettent en scène des parias, des individus moqueurs, issus du petit peuple juif qui n'ont aucun désir d'appartenir à la société hiérarchisée, préférant les vérités de la nature à l'intérêt social dont les Juifs d'exception et les Juifs cultivés ont fait leurs idoles. Et la grâce de H. Heine, aux yeux d'Hannah Arendt, consiste en ce que « subitement, tout est inversé : ce n'est plus le paria,

1. H. Heine, *Écrits autobiographiques*, « Mémoires », *op. cit.*, p. 95.
2. Gerhard Höhn, *op. cit.*, p. 54.
3. *Ibid.*, p. 51.
4. *Écrits autobiographiques, op. cit.*, p. 43-44.
5. *Poèmes et Légendes* (Michel Lévy frères, 1855), p. 188.
6. *Romancero, op. cit.*, « La princesse Sabbat », p. 153.

méprisé par la société, qui est un *schlemihl*, mais ceux qui vivent dans la hiérarchie bien cloisonnée »[1].

Le renversement accompli par C. Chaplin qui réussit à rendre extrêmement populaire son petit personnage, pourtant issu du peuple le plus impopulaire, est tout aussi étonnant. Lui aussi est un *schlemihl* qui, en butte à la police, recourt à la ruse, aux subterfuges et, semblable à David devant Goliath, en triomphe. Il illustre la condition de l'« apatride », du réfugié démuni de tout, qui a perdu son foyer, son métier, sa langue maternelle, ses parents, ses amis. Ni tout à fait innocent, ni tout à fait coupable, il est de ce fait toujours « suspect », et risque d'être condamné pour des actes qu'il n'a pas commis, tandis que simultanément « nombre de ses péchés peuvent passer inaperçus »[2], Chaplin nous incitant ainsi à réfléchir en outre sur la disproportion, voire sur l'indépendance des notions de crime et de châtiment.

Contrairement au parvenu, le paria est donc un non conformiste qui rejette les contraintes de la société pour pouvoir se tenir en dehors d'elle. Le *schlemihl* ou le seigneur des rêves de H. Heine, tout comme le personnage du petit homme mis en scène par C. Chaplin, rendent tous deux compte de l'échappatoire qu'offre l'art, et plus précisément sous la forme de l'ironie et de la dérision, filles de la distanciation (*Ent-fernung*). Ces deux héros vivent en marge des lois, ils préfèrent les esquiver plutôt que les affronter pour les transformer : ils croient en une liberté pré-sociale. Les parias tels que les décrivent H. Heine et C. Chaplin ne sont toutefois que des parias sociaux, ils n'ont pas encore accédé à la sphère du politique. Or, pour H. Arendt, « en ce vingtième siècle il n'est plus possible de se tenir à l'écart de la société, ni en tant que *schlemihl*, ni en tant que seigneur du monde des rêves. Il n'y a plus d'échappatoire individuelle, ni pour le parvenu qui avait fait autrefois de son propre chef la paix avec le monde dans lequel le fait d'être juif vous excluait de l'humanité, ni pour le paria qui avait espéré pouvoir renoncer à un tel monde »[3].

C'est pourquoi ce sont les figures du paria chez F. Kafka et chez B. Lazare qui vont surtout retenir l'attention d'H. Arendt. D'après l'interprétation qu'elle nous propose, K., le héros du *Château* de Kafka, contrairement aux parias de H. Heine, et de C. Chaplin n'est pas juif, ne vient de nulle part, n'évoque jamais son passé. Pourtant, au fur et à mesure de la lecture, « il devient peu à peu évident que l'arpenteur, nouvellement arrivé, K., est un Juif... du fait qu'il est impliqué dans des situations et des

1. *TC.*, p. 187.
2. *Ibid.*, p. 203.
3. *Ibid.*, p. 220.

embarras typiquement propres à la vie juive… »[1]. K. en effet est inclassable, il n'est ni du *Château*, ni du village, il n'est rien. Ce roman illustre aux yeux d'H. Arendt le vrai drame de l'assimilation pour le Juif moderne qui doit, soit feindre d'appartenir au peuple et appartenir en fait aux dirigeants, soit renoncer à leur protection et la rechercher parmi le peuple. « Kafka décrit comment les choses se sont passées pour ceux qui se sont engagés sur le chemin de la bonne volonté et qui ont pris au sérieux le mot d'assimilation »[2]. Le *Château* met en effet en scène les efforts répétés de K. pour obtenir ce que tout un chacun possède naturellement, les droits de l'homme, à titre individuel, le droit d'avoir « une patrie, une situation, un véritable travail à accomplir, de se marier et de devenir membre de la société »[3]. Le *Château* symboliserait ainsi l'impossibilité pour les Juifs d'Europe occidentale d'être admis en tant que Juifs au rang de l'humanité. K. a bien renoncé au rôle du parvenu ou du Juif d'exception : revendiquant ses droits, non à titre de faveur ou de grâce, il a compris que son projet ne dépend nullement de l'assimilation complète à son milieu, n'implique pas qu'il devienne « indiscernable ». Il a réussi d'une part à démontrer que « ce qui est humainement vrai ne peut jamais consister dans l'exception, mais seulement dans ce qui est ou devrait être la règle »[4], et d'autre part à montrer qu'il possède le sens des responsabilités et la volonté de se confronter à un régime injuste : il a su montrer aux villageois qu'on pouvait résister à la loi du *Château*, que loin d'être habité par la peur, on pouvait « juger sainement »[5], qu'il vaut la peine de se battre pour les droits de l'homme. Néanmoins, il échoue puisqu'il meurt d'épuisement, preuve que l'effet de l'antisémitisme sur les parvenus et les parias est le même : le parvenu s'épuise dans son aspiration à la symbiose qui ne peut s'accomplir, et K. s'épuise en essayant de se faire accepter en tant qu'élément hétérogène. Contrairement au *schlemihl* de Heine, et au suspect de Chaplin qui choisissent l'évasion, et dont l'existence manque par conséquent de signification politique, K. affronte bien le monde et tente de le comprendre, mais transformer ce monde dépasse les forces humaines : « car ce dessein, le plus modeste qui soit, réaliser les droits de l'homme est précisément, en raison de sa simplicité et de sa radicalité, le plus grand et le plus difficile dessein que les hommes puissent se proposer. Car c'est seulement au sein d'un peuple qu'un homme peut vivre en tant qu'homme

1. *Ibid.*, p. 209.
2. *Ibid.*, p. 211.
3. *Ibid.*, p. 214-15.
4. *Ibid.*, p. 218.
5. *Ibid.*, p. 217.

parmi les hommes s'il ne veut pas mourir d'épuisement… »[1]. Ce qu'H. Arendt dénonce ici, c'est l'« acosmisme » du paria, véritable « forme de barbarie »[2] à ses yeux, dont elle fait grief au peuple juif, l'acosmisme n'étant toutefois pas rigoureusement synonyme de l'apolitisme. C'est parce qu'il avait compris ce danger d'acosmie que F. Kafka pencha vers le sionisme, affirme H. Arendt : « il se rattacha à ce mouvement qui mettait fin à la position d'exception du peuple juif et qui voulait faire de lui un peuple semblable aux autres peuples »[3].

On peut se demander ici dans quelle mesure H. Arendt n'est pas redevable de la pensée de son premier mari, G. Stern[4], auteur entre autres de *Mensch ohne Welt. Schriften zur Kunst und Literatur*[5], tradition d'acosmie (*Weltfremdheit*) dans laquelle il englobait pour sa part F. Kafka, B. Brecht, A. Döblin et A. Grosz, mais surtout, d'une conférence qu'il prononça à Francfort en 1929, sur l'« "acosmie" de l'homme » (« *Die Weltfremdheit des Menschen* »). Ce texte fut par la suite repris, traduit et publié en deux livraisons dans la revue « Recherches philosophiques » sous le titre « Une interprétation de l'a posteriori » et « Pathologie de la liberté. Essai sur la non-identification »[6]. Contrairement à l'animal auquel le monde est donné par avance, et constitue en quelque sorte « une matière a priori », l'homme, pour sa part, « vient au monde » parce qu'il en a été « initialement exclu ». L'affirmation de M. Heidegger, continuait G. Stern[7], pour lequel la vie consiste à « être d'ores et déjà installé dans le monde (*Je-schon-in-der-Welt-sein*), serait donc fausse, car l'homme est étranger, détaché du monde et, du même coup libre de le transformer. « Exclu du monde », « non de ce monde », l'homme peut en faire

1. *Ibid.*, p. 220.

2. *VP.*, « Réflexions sur Lessing », p. 22.

3. *TC.*, p. 218.

4. 1902-1992. Après s'être exilé en France de 1933 à 1936, Günther Stern séjourna quinze ans aux États-Unis pour finalement se fixer à Vienne, dans un pays germanophone, où il exerça la profession de publiciste indépendant après avoir refusé l'offre d'Ernst Bloch d'enseigner à Halle de même que celle que lui fit en 1959 l'Université libre de Berlin.

5. (C.H. Beck, Munich, 1984).

6. « Recherches philosophiques » n° 4, 1934, p. 65-80 (trad. E. Levinas) et n° 6, 1936, p. 22-54. (trad. P.A. Stéphanopoli).

7. Günther Stern-Anders soutint sa dissertation sous la direction de Husserl à Fribourg, sur « Die Rolle der Situationskategorie bei den "logischen Sätzen" » en 1923. Il avait été l'élève d'Ernst Cassirer, d'Erwin Panofsky et de Martin Heidegger. Il devint l'assistant de Max Scheler et publia un essai *Über das Haben. Sieben Kapitel zur Ontologie der Erkenntnis* en 1928. T.W. Adorno jugeant que sa thèse *Philosophische Untersuchungen über musikalische Situationen* (1929) n'était pas assez marxiste à son goût – ce qui n'empêcha pas G. Stern-Anders de se voir décerné le Prix Adorno en 1983 –, il renonça dès lors à toute carrière académique, tout en continuant à écrire des essais, et des articles dans les journaux, notamment au « Börsen-Courier » où B. Brecht l'introduisit.

abstraction et chercher refuge dans un monde intérieur. Être libre ne signifie en définitive rien d'autre qu'être étranger au monde, ne pas lui être lié. Analysant le phénomène de la honte, il remarquait en outre que ce sentiment suppose d'être « en même temps identique et non identique à moi-même », l'homme pressentant pour la première fois le monde dont il provient mais auquel il n'appartient plus en tant que sujet libre : « la honte est avant tout honte de l'origine », témoins les fils de Noé qui recouvrent la nudité de leur père. Dans un second mouvement, la honte n'est plus seulement désir de se fuir, mais oubli du motif de ce désir lui-même, et simultanément, orgueil de son pouvoir de dissimuler : « ce qui commence comme honte (*Schande*) se termine comme honneur ». En outre, G. Stern avait lui aussi écrit dès 1933 une nouvelle dont le héros, Léarsi, à l'instar de K. dans *Le Château*, vient d'une terre lointaine – la Bochotie – et tente de se faire accepter en qualité d'étranger à l'hôtel de « La Liberté », qui pourtant affiche complet, et dont on finira par le chasser après l'avoir accusé d'en avoir dérobé l'enseigne[1]. En 1934, dans une conférence sur Kafka, « Théologie sans Dieu » qu'il prononça à l'Institut d'Études Germaniques de Paris grâce à l'intervention de Gabriel Marcel, il proposait lui aussi son interpétation du *Château* de Kafka : le *Château* représentait le lieu d'où les Juifs allemands avaient été chassés et qui, dépourvus de tout papier officiel, ne pouvant plus attester de leur identité, n'étaient plus rien. G. Stern, réfugié politique fraîchement débarqué à Paris, déchu de sa nationalité allemande, exclu de sa communauté d'origine, endurant les tracasseries administratives, s'identifia alors quelque peu au héros du *Château*, l'arpenteur qui n'arrive pas, en dépit de ses efforts, à pénétrer dans le monde, à « faire partie du tout », à se faire admettre, en sorte que « sa vie entière n'est qu'une naissance interminabe, une “venue au monde” sans fin ». Une dizaine d'années plus tard, il publia une partie de son texte à New York dans la revue « Commentary », ce qui lui valut de faire la connaissance d'Ernst Bloch. Enfin, une fois arrivé à Vienne, son manuscrit commença à circuler, Kafka étant entretemps devenu un écrivain célèbre, et il fut publié à Munich en 1951[2]. À l'instar d'H. Arendt, G. Stern relève qu'une partie considérable de l'œuvre de Kafka se trouve en fait consacrée au Juif, quand bien même le mot de « Juif » ne se trouve-t-il que rarement prononcé, voire remplacé, comme dans *La Muraille de Chine* par celui de « Chinois ». De même relève-t-il la position d'« étranger » qui fut celle de Kafka : « Étant Juif, il ne faisait pas entièrement partie du monde chrétien.

1. G. Anders, « Léarsi », *Erzählunhen. Fröhlische Philosophie* (Suhrkamp, Frankfurt, 1984). Cité par E. Traverso, « Auschwitz et Hiroshima. Notes pour un portrait intellectuel de Günther Anders », in « Lignes » (Editions Hazan, n° 26, octobre 1995, p. 7-32).

2. *Kafka. Pour et contre* (Circé, 1990, trad. H. Plard).

Étant indifférent à sa judaïté, car c'est ce qu'il était, à l'origine, il n'était pas tout à fait un Juif parmi d'autres. Ayant pour langue l'allemand, il n'était pas tout à fait l'un des Tchèques ; ni, étant Juif de langue allemande, pas tout à fait l'un des Allemands de Bohême. Étant de Bohême, il n'était pas tout à fait Autrichien. Étant employé de bureau dans une compagnie d'assurances contre les accidents du travail, il ne faisait pas tout à fait partie de la bourgeoisie. Ni tout à fait, étant fils de bourgeois, de la classe ouvrière. Mais il n'appartient pas non plus au bureau, car il a conscience d'être écrivain. Or, il n'est pas non plus écrivain, car il sacrifie sa capacité de travail à sa famille. Mais "je vis dans ma famille, plus en étranger qu'un étranger", écrit-il au père de sa fiancée »[1]. Ce statut de paria subit un redoublement du fait qu'il est étranger au monde des Juifs, ne faisant plus partie ni « de ces Juifs européens embourgeoisés dont il tire son origine [...] et bien moins encore, des Juifs ashkénazes », et G. Stern de conclure : « c'est cette ambivalence de la non-appartenance qui, dans une certaine mesure, contamine la notion kafkaïenne du monde »[2]. Sa vie durant, G. Stern devait lui-même éprouver cette condition de non appartenance au monde, témoin cette réflexion sur son exil américain de six années, où il se sentit particulièrement esseulé : « Je n'avais aucune appartenance. Je n'étais plus heideggérien [...] je ne faisais pas partie du cercle d'Adorno et de Horkheimer, je ne fus jamais membre de l'Institut de Francfort et je n'étais pas affilié au Parti. Si bien qu'on ne me prit pas au sérieux : ni Brecht pour lequel je n'étais pas un philosophe suffisamment marxiste, ni le milieu académique parce que je ne m'intéressais pas suffisamment aux autres philosophes »[3].

Signalons la valeur prophétique de Kafka aux yeux de P. Levi, s'agissant non plus du *Château* mais du *Procès* dont la traduction qu'il en donna en italien lui coûta une profonde dépression pendant six mois. Par-delà la « peur » que lui inspire cet auteur, juif comme lui, et le fait que *Le Procès* commence par une arrestation non prévue et injustifiée qui lui rappelle la sienne, P. Levi reconnaît en effet que Kafka « écrivant dans les premières décennies de notre siècle, à cheval sur la Première Guerre mondiale, avait prévu bien des choses. Au milieu d'une foule de signes confus, au milieu d'un fouillis d'idéologies, il avait isolé, il avait identifié les signaux de ce que serait le destin de l'Europe vingt ans plus tard, vingt ans après sa mort. Dans *Le Procès*, on trouve une intuition précoce, selon laquelle la violence vient de la bureaucratie, ce pouvoir croissant, ce pouvoir irrésistible qui est

1. *Ibid.*, p. 38-39.
2. *Ibid.*, p. 39-40.
3. *G. Anders antwortet. Interviews und Erklärungen* (Berlin, 1987), p. 101, cité in Elke Schubert, *Günther Anders*, *op. cit.*, p. 41.

le fruit de notre siècle. Les sœurs de Kafka sont toutes mortes dans un camp de concentration, victimes de cette machine abjecte et corrompue qu'il avait prévue [...] Cette déformation du monde dans le camp est kafkaïenne. Dans le camp, on se heurte sans cesse à ce que l'on n'attend pas, et c'est assez typique de Kafka, cette situation où l'on ouvre une porte et où l'on trouve non pas ce à quoi l'on s'attendait, mais une chose différente, complètement différente »[1]. C'est sur ce même pressentiment de l'inhumain, des signes annonciateurs d'une catastrophe qui ne devait épargner ni Milena ni Greta B., sur cette même signification prophétique de Kafka qu'insiste lui aussi G. Steiner : « Son oreille, plus humble et plus sensible que celle des autres hommes, y surprit au cœur de l'Europe le tumulte d'un jargon de mort [...] avec la précision d'une prophétie. Du cauchemar vrai de *La Métamorphose* s'imposa le fait que le terme *Ungeziefer* ("vermine") en viendrait à désigner des millions d'hommes. Le sabir bureaucratique du *Procès* et du *Château* est devenu monnaie courante dans la vie du troupeau que nous sommes. Dans *La Colonie pénitentière*, la machine de torture se révèle être aussi une presse d'imprimerie. En bref, Kafka devina Buchenwald derrière *le bois de hêtres* »[2].

Mais, quoi qu'il en soit de l'éventuelle influence de son premier mari sur H. Arendt, tout en saluant la tentative de Kafka, elle va néanmoins opter pour la quatrième voie, celle proposée par B. Lazare dont elle édita *Le Fumier de Job* et qui fustigeait également l'assimilation comme une doctrine bâtarde : « nul ne s'assimile aussi vite que le Juif, c'est une éponge : il absorbe tout »[3]. B. Lazare en effet, s'il salue bien « le coup de tonnerre de 91 : le Juif peut avoir une patrie, il n'est plus l'isolé, le paria »[4], distingue soigneusement entre l'émancipation, c'est-à-dire l'obtention des droits de l'homme et du citoyen et l'assimilation, c'est-à-dire l'aspiration à la fusion qui signerait la déchéance intellectuelle pour les Juifs qui risquent d'y perdre leur âme : « pour eux, pour les peuples au milieu desquels ils vivent, il faut que les Juifs restent juifs »[5]. À défaut d'être assise sur des pratiques cérémonielles qui ne font qu'isoler, l'identité juive repose sur une communauté d'origine, un passé commun que les parvenus, « notre déchet, notre rebut », se sont évertués à oublier. À la question « Suis-je Juif ? Suis-je un homme ? »[6], il faut pouvoir aquiescer : « Je suis Juif. Je suis un homme ». Né à Nîmes en 1865, dans une famille juive très

1. *Conversations et entretiens, op. cit.*, p. 192-93.
2. *Langage et silence, op. cit.*, p. 75. (Buchenwald signifie le bois de hêtres).
3. B. Lazare, *Le Fumier de Job* (éd. Circé, Paris, 1990), p. 80.
4. *Ibid.*, p. 81.
5. *Ibid.*, p. 87.
6. *Ibid.*, p. 83.

assimilée, B. Lazare éprouva, lui aussi, un jour le besoin de « refaire son âme », de se frayer un chemin vers le judaïsme : « On m'a élevé comme un chrétien, on m'a appris à n'être pas juif, à me séparer orgueilleusement de ceux des Juifs qui n'ont pas connu les bienfaits (ironie) de l'émancipation et qui sont insultés et bafoués comme esclaves et non comme citoyens libres. Je ne me sentais pas juif. Aujourd'hui je sens que je dois l'être (qu'il faut que je le sois), que je dois retourner d'où je suis sorti et que je dois recréer ma personne intellectuelle et morale. J'appartiens à un groupe, je vais y rentrer, le servir tout en servant l'humanité »[1]. L'affaire Dreyfus – puisqu'il fut le conseiller juridique de la famille Dreyfus – lui en fournit l'occasion, et B. Lazare parvint à la conclusion que le sionisme était l'unique solution à la question juive.

H. Arendt le crédite d'avoir su mettre à jour non seulement des « comportements typiquement juifs que Heine n'avait pas vus »[2] : « se taire, disparaître, se faire petit pour avoir le *scholem* », et simultanément l'orgueil, « la volupté de créer une noblesse de son infamie »[3], mais également de dénoncer l'alliance conclue entre les riches parvenus juifs et les riches ou les pauvres d'autres peuples qui persécutent et traquent les parias juifs. B. Lazare proposait d'une part que le « Juif se fasse le défenseur du paria [...] puisqu'il est du devoir de tout être humain de résister à l'oppression », et d'autre part, que le paria devienne conscient, sache dire « je suis un paria », pour se rebeller contre l'injustice à laquelle il était condamné, qu'il s'engage politiquement et lutte pour la sauvegarde du peuple tout entier. Il proposait, en d'autres termes, que le paria « renonce aux privilèges du *schlemihl*, qu'il intervienne dans le monde des hommes ... qu'il se sente responsable de ce que la société lui avait fait »[4]. H. Arendt salue sa « tentative héroïque pour porter la question juive sur la scène politique »[5]. L'instauration d'une nation juive confédérée, dont les fondements ne consisteraient ni dans une identité religieuse, ni dans une identité raciale, mais dans une alliance contre l'antisémitisme, telle était la solution qu'il préconisait au problème juif, seule susceptible de mettre un terme au privilège dont avaient joui jusqu'à présent les parias de ce monde, « être déchargés du souci du monde ». Pourtant, B. Lazare lui aussi échoua, tout simplement parce que les parias refusèrent de se faire rebelles, préférant, plutôt que « faire la révolution chez eux »[6], jouer le rôle de

1. B. Lazare, *Le Fumier de Job*, *op. cit*, p. 8.
2. *TC.*, *op. cit.*, p. 194.
3. *Le Fumier de Job*, *op. cit.*, p. 39 et 49.
4. *TC.*, *op. cit.*, p. 196.
5. *Ibid.*, p. 194.
6. « Capitalisme juif et démocratie » in *Juifs et Antisémites* (éd. Allia, Paris, 1992), p. 216.

révolutionnaire dans la société des autres, signe qu'après avoir été chassés d'un monde inhumain, ils ne se sentaient plus ses « obligés »[1].

De B. Lazare, Arendt retint donc les concepts de parvenu et de paria et le dédoublement de celui-ci en paria conscient, c'est-à-dire politique. Comme lui, elle estimait que l'émancipation avait transformé les Juifs en parias, et qu'ils ne parviendraient à se libérer qu'à condition de revendiquer non seulement le droit d'être hommes, mais le droit d'être juifs. À celui qui, contrairement à M. Cohn, renonce de plein gré à l'assimilation, qui accepte de devenir un paria conscient, s'ouvre une nouvelle conscience de l'histoire : « l'histoire n'est plus pour lui un livre fermé et la politique cesse d'être le privilège des Gentils. Il sait que la mise au ban du peuple juif en Europe a été immédiatement suivie de celle de la majeure partie des peuples européens. Les réfugiés allant de pays en pays représentent l'avant-garde de leurs peuples s'ils conservent leur identité. Pour la première fois, l'histoire juive n'est pas séparée mais liée à celle de toutes les nations »[2]. Ainsi s'explique le fait qu'H. Arendt souhaita toujours s'avancer d'abord *en tant que* juive, et qu'elle n'imaginait une réconciliation, un retour des Juifs en Allemagne, qu'à condition qu'une prochaine constitution inscrive le droit pour « tout Juif, quel que soit le lieu de sa naissance [...] de devenir un citoyen égal en droits de cette république, sans pour autant cesser d'être juif »[3]. La critique de l'égalitarisme juridique des Déclarations des Droits de l'Homme, formulée par Hannah Arendt ne serait ainsi nullement en contradiction avec la fin de *L'Impérialisme* où elle rappelle l'importance de ce « gigantesque égalisateur de différences qui est l'apanage de ceux qui sont citoyens d'une communauté publique »[4], c'est-à-dire d'une cité démocratique régie par la loi d'égalité. Ce à quoi H. Arendt en appelle, faut-il le répéter, c'est en fait à la reconnaissance d'une égalité qui laisserait subsister la différence, « Allemand et Juif à la fois », à une figure positive de l'étranger, à la manière de la voie frayée par H. Heine[5].

De B. Lazare, elle reprendra également la dénonciation des Juifs d'exception et de l'« acosmisme du paria », privilégiant la tradition cachée des Heine, Rahel, Aleichem, Kafka ou Chaplin. Comme lui, elle retracera la genèse de l'antisémitisme qu'elle distingue de l'antijudaïsme éternel. Comme lui, elle tirera les leçons de l'Affaire Dreyfus et s'engagera dans un procès, celui d'Eichmann à Jérusalem. Enfin, elle adoptera son thème de la rebellion, l'appel aux Juifs à l'action, à la résistance somme toute.

1. *VP.*, p. 32.
2. *TC.*, p. 75-76.
3. *HA-KJ*, Lettre du 17 août 1946.
4. *IMP.*, p. 292.
5. *TC.*, p. 193.

CHAPITRE III

UN MONDE HORS DE SES GONDS

Résister, tel est bien en effet le devoir que s'impose H. Arendt face à un monde sorti de ses gonds, devoir qu'elle formule sous la forme d'un impératif, emprunté d'ailleurs à K. Jaspers : « Il importe d'être pleinement présent »[1]. Entendons, il importe de s'intéresser à l'histoire et à la politique, car, à partir du 27 février 1933, jour de l'incendie du Reichstag, H. Arendt reçut en effet, de son propre aveu, « un coup de marteau sur la tête » et décida qu'on ne pouvait plus se contenter d'être spectateur. Rétrospectivement, K. Jaspers louait sa grande perspicacité : « Je me souviens en 1931, combien vos prophéties étaient justes et qu'à l'époque je ne vous ai pas crue. Je pensais que la majorité de nos concitoyens étaient raisonnables et humains »[2]. H. Arendt était manifestement plus consciente que certains de ses amis, témoin Anne Mendelssohn, qui la trouvaient alarmiste, des événements qui se préparaient en Allemagne dans les années Trente et on lui a même souvent reproché d'exagérer. À quoi elle rétorqua : « c'est la réalité qui [dans notre siècle] est exagérée »[3]. Un autre témoignage de ce refus de voir les choses en face nous est fourni par G. Steiner lorsqu'il oppose à la grande clairvoyance de son père, l'attitude des autres membres de sa famille et de leurs amis, qui, persuadés que l'âge des pogroms était révolu, estimaient qu'« on pourrait trouver un arrangement raisonnable

1. *HA-KJ*, Lettre du 11 juillet 1950 : « J'ai choisi dans la *Logique* [il s'agit de l'ouvrage de K. Jaspers, *Philosophische Logik*, t. 1 : *Von der Wahrheit*, Munich, 2ᵉ éd., 1958, p. 25] une épigraphe [...] Ne s'en remettre ni au passé, ni à l'avenir. Il importe d'être pleinement présent ».

2. *Ibid.*, Lettre du 22 mai 1953.

3. *Ibid.*, Lettre du 25 janvier 1952.

avec Herr Hitler »[1]. Dès lors que la vie n'était plus vivable, que l'état de choses imposé par la situation politique en Allemagne lui apparut intolérable, H. Arendt comprit que la liberté ne pouvait plus être reconquise qu'au prix d'une résistance à l'oppression, et elle décida, contre son tempérament, de se lancer dans l'action, avant de prendre le chemin de l'exil. Le rappel de quelques dates, qui fera simultanément apparaître les étapes de la chronologie de cette « résistante » que fut bien H. Arendt, s'impose.

Le 30 Janvier 1933, Hitler est devenu chancelier et il obtint les pleins pouvoirs le 23 Mars. Une semaine plus tard, la persécution des Juifs commence par une journée de boycottage des magasins juifs, puis vint la loi « rétablissant » la fonction publique (*Gesetz zur Wiederherstellung des Berufsbamtentums*) : les Juifs sont exclus de l'administration et des professions libérales. Le 7 Avril, la loi définit comme aryen « tout Allemand dont deux parents et quatre grand-parents sont chrétiens et de race blanche » : tout fonctionnaire doit l'être. Le 10 Mai, Goebbels procède à un autodafé de livres. En juillet, le premier camp de concentration est créé à Dachau. Si H. Arendt sut bien prendre la mesure de la gravité des événements politiques, et s'était donc résolue à prendre l'exil comme nous l'avons précédemment vu, en quoi consistera son second acte de résistance, elle ne voulut toutefois pas quitter l'Allemagne sans avoir « agi », sans s'être opposée au régime hitlérien qui la condamnait au rang de citoyen de seconde classe, bientôt d'apatride. Ce fut Kurt Blumenfeld, président de l'organisation sioniste, et vieil ami de son grand-père Max Arendt, qui lui offrit l'occasion de son premier acte de résistance, en s'engageant pour la cause sioniste. Il lui proposa en effet une mission illégale, consistant à recueillir les témoignages de propagande antisémite de l'époque (*Greuelpropaganda*) en vue de la préparation du 18ᵉ Congrès sioniste qui devait se tenir à Prague. H. Arendt n'était pas sioniste – toute sa vie elle se refusera à s'enrôler dans aucun parti, à arborer une étiquette, choisissant toujours délibérément d'être à contre-courant –, mais elle considérait que les sionistes étaient les seuls suffisamment prêts et organisés pour lutter contre Hitler. C'est même le seul groupe dont elle revendiquera l'appartenance : « le seul groupe auquel j'ai jamais appartenu, était les sionistes [...] de 1933 à 1943 »[2]. Elle fut arrêtée dans le cadre de ce travail, interrogée pendant une semaine à la Gestapo, et relâchée faute de preuves. Elle choisit d'immigrer à Paris comme trente mille autres de ses compatriotes qui y arrivèrent avant la fin de l'année 1933.

1. *Errata, op. cit.*, p. 23.
2. M. A. Hill, *op. cit.*, p. 334.

D'H. Blücher, rencontré à Paris en 1936 à Paris, elle avoue qu'il lui apprit pour sa part à penser politiquement, et à avoir un regard d'historienne. L'éveil à l'histoire et à la question juive, qu'elle trouvait autrefois ennuyeuse, est donc contemporain des « sombres temps », et l'émigration ne sera jamais pour H. Arendt le chemin de l'oubli. 1933-1941 : H. Arendt est en exil à Paris et réussit à se procurer un premier emploi en qualité de secrétaire générale dans l'organisation « Agriculture et Artisanat ». Souvenons-nous. Le 9 mars, Hitler annonçait officiellement la reconstruction de son aviation militaire, et le 18 juin la conférence de Londres autorisait l'Allemagne à recontruire sa flotte de guerre. En septembre, les lois de Nuremberg sont promulguées : les mariages mixtes, les rapports extra-conjugaux entre Juifs et Allemands sont prohibés, les Juifs déchus de la citoyenneté allemande ne peuvent plus ni voter ni servir dans l'armée, les fonctionnaires juifs sont d'office mis à la retraite. Après avoir quitté « Agriculture et Artisanat », H. Arendt travailla un certain temps auprès de la baronne Germaine de Rothschild, supervisant ses œuvres caritatives. Elle intégra à la même époque un cercle de marxistes dont faisaient partie, entre autres, Walter Benjamin et H. Blücher, et devint secrétaire de l'« Aliyah des Jeunes » : c'est dans le cadre de cet organisme qu'elle accompagnera un groupe d'adolescents émigrant en Palestine, et nous aurons l'occasion de revenir sur l'enthousiasme mitigé que lui inspira cette première découverte du pays dont elle n'aura cesse pourtant de militer afin qu'il devienne le "foyer national" des Juifs. Mai 1936, le Front Populaire est élu, Léon Blum forme un gouvernement de radicaux et de socialistes. Juillet 1936, la guerre civile espagnole qui fera un million de morts, commence. Mars 1938, l'armée allemande pénètre en Autriche. En juin 1936, le gouvernement Blum est mis en minorité par les radicaux. À la conférence internationale réunie par Roosevelt en juillet, aucun des trente deux pays présents ne se déclare prêt à augmenter son quota pour accueillir les réfugiés. Octobre, les troupes allemandes pénètrent en Tchécoslovaquie. Le 7 novembre 1938, Hermann Grynzpan, un jeune Juif polonais, assassine un secrétaire de l'ambassade d'Allemagne à Paris, Ernst von Rath. Dans la nuit du 7 au 8 novembre, Goebbels, en représailles, organise la Nuit de Cristal. Ni le gouvernement français, ni les dirigeants de la communauté juive ne protestent, hormis « Samedi », périodique juif qui avait pris la relève de « Vendredi », l'hebdomadaire du Front Populaire. Pressentant les menaces, l'« Aliyah » se transfère à Londres, et H. Arendt retrouve un autre emploi auprès de l'Agence Juive à Noël 1938. Mars 1939 voit l'annexion de la Tchécoslovaquie. Le 3 septembre, la France et la Grande Bretagne déclarent la guerre à l'Allemagne qui a agressé la Pologne sans déclaration de guerre.

Tous les émigrés allemands de sexe masculin de Paris sont alors rassemblés au stade Olympia de Colombes : H. Blücher y retrouva notamment W. Benjamin, avant d'être expédié à Villemalard, dans le Loir et Cher. Dans l'attente de sa mobilisation, il lit Descartes, Kant, attend les colis et les visites dominicales d'H. Arendt. Le 28 novembre 1939, ayant appris que les hommes de moins de quarante ans auront la possibilité d'incorporer une légion étrangère, il espère que les plus de quarante ans comme lui trouveront une place, en leur qualité d'« hommes de bonne volonté » pour lutter contre la barbarie et faire triompher l'idéal de la civilisation. Mais en fait, souffrant de coliques néphrétiques, il fut libéré et put épouser H. Arendt le 16 janvier 1940.

Le 15 mai 1940, suite à un communiqué du Gouverneur Général de Paris, ordonnant le rassemblement de tous les « étrangers ennemis » – au stade Buffalo pour les hommes, et au Vélodrome d'hiver pour les femmes – H. Arendt fut internée au camp de Gurs dans les Pyrénées Atlantiques dont elle parvint à s'enfuir. Ainsi qu'elle le constatait amèrement, l'histoire semblait se répéter : « Nous avions été chassés d'Allemagne parce que nous étions Juifs. Mais à peine avions-nous franchi la frontière que nous étions des "boches". On nous dit même qu'il fallait accepter cette épithète si nous étions vraiment contre les théories raciales d'Hitler. Pendant sept ans, nous essayâmes ridiculement de jouer le rôle de Français – ou tout au moins de futurs citoyens ; mais au début de la guerre on nous interna en qualité de "boches" comme si de rien n'était. Cependant, entre-temps, la plupart d'entre nous étaient devenus des Français si loyaux que nous ne pouvions même pas critiquer un ordre du gouvernement français ; aussi déclarions-nous qu'il n'y avait rien de mal à être internés. Nous étions les premiers "prisonniers volontaires" que l'histoire ait jamais vus. Après que les Allemands eurent envahi le pays, le gouvernement français n'eut plus qu'à changer le nom de la fabrique : emprisonnés parce qu'Allemands, on ne nous libéra pas parce que nous étions Juifs … »[1]. En dépit de sa pudeur sur ces cinq semaines passées à Gurs, H. Arendt dut bien avouer que la question du suicide s'était posée, sinon pour elle, du moins pour certaines de ses compagnes internées qui, dès lors qu'elles n'étaient plus libres de créer leurs vies ou le monde dans lequel elles vivaient, avaient du moins encore la liberté de rejeter la vie et de quitter le monde[2]. Évoquant après-guerre le suicide de son ami W. Benjamin, elle constate à nouveau : « Cette atmosphère de sauve-qui-peut à l'époque était atroce et le suicide était le seul geste noble … »[3]. En 1945, le souvenir de Gurs était

1. « Nous autres réfugiés », in *TC.*, p. 67-68.

2. *Ibid.*, p. 64.

3. *HA-KJ*, Lettre du 30 mai 1946.

manifestement encore si vivace, qu'elle répliqua avec violence à une maladresse de Mary McCarthy : « Comment pouvez-vous dire une chose pareille en ma présence – moi, une victime de Hitler, moi qui suis allée en camp de concentration ! »[1], remarque qu'elle corrigera quelques années plus tard lorsqu'elles se seront réconciliées. H. Arendt en France s'est contentée d'agir sur le plan social plutôt que politique proprement dit, mais elle put observer de près la montée de l'antisémitisme et rassembla les matériaux du premier grand article qu'elle publiera en Amérique : « De l'Affaire Dreyfus à la France d'aujourd'hui ».

Dès son arrivée aux États-Unis en mai 1941, en compagnie d'H. Blücher, elle n'aura de cesse d'être effectivement « pleinement présente ». Ainsi, le 25 Octobre 1941, envoyait-elle une lettre ouverte à Jules Romains[2], publiée dans « Aufbau », journal destiné aux réfugiés de langue allemande, dont le ton polémique séduisit tant Manfred George, directeur de la publication, qu'il lui proposa une collaboration régulière dans la rubrique « This means you » (C'est votre affaire !). Être présente, c'était s'engager sur le terrain de la politique juive cette fois, et non plus seulement dans des activités sociales, fussent-elles au service du sionisme. En effet, attaquée en tant que Juive, H. Arendt conservera toujours la détermination de répliquer dans les termes de l'attaque, « et non en tant qu'Allemand, citoyen du monde ou même au nom des droits de l'homme »[3], même au moment où ses critiques à l'égard du sionisme se feront vives[4], et quand bien même dut-elle surmonter bien des moments de désespoir : à peine a-t-elle le temps d'annoncer péremptoirement à K. Jaspers en 1946, qu'elle est « sortie de la politique juive »[5], au motif qu'on ne peut provisoirement plus rien faire d'utile au sein du monde des institutions officielles et du mouvement sioniste, qu'il lui faut toutefois reconnaître qu'« à cause de la guerre de Palestine [elle a] repris ses activités politiques »[6]. Sitôt après la proclamation du nouvel État d'Israël par le Conseil national juif, les Arabes attaquèrent en effet les colonies juives, la guerre se poursuivant jusqu'en juin 1949.

1. *HA-MMC*, p. 10.
2. « Der Dank vom Hause Juda ».
3. *TC.*, p. 238.
4. C'est à l'occasion de la résolution adoptée à l'unanimité en octobre 1944 à Atlantic City, d'établir un « *Commonwealth* libre et démocratique [...] qui comprendrait toute la Palestine sans division ni diminution », qu'Hannah Arendt décida de rompre avec les sionistes.
5. *HA-KJ*, Lettre du 11 novembre 1946.
6. *Ibid.*, Lettre du 16 juillet 1948.

Le premier article qu'H. Arendt publia dans « Aufbau » s'intitulait « L'armée juive, le début d'une politique juive »[1]. Résister, c'est militer en faveur de la constitution d'une armée de combat juive. Elle reprenait en effet la problématique soutenue par K. Blumenfeld lors d'une conférence à laquelle elle avait assisté, sur l'opportunité pour les Juifs de se doter d'une armée, seule solution à ses yeux pour abandonner le « royaume de l'utopie », pour accéder à une dimension et à une visibilité politiques. Dans son second article, « Une patience active »[2], constatant que le statut de « paria » n'est plus le privilège exclusif du peuple juif, toutes les nations européennes étant désormais hors-la-loi, les citoyens ayant perdu leurs droits, elle réinsiste sur cette opportunité pour le peuple juif de combattre, au même titre que tous les autres peuples pour la liberté, le destin du peuple juif n'étant plus « exceptionnel » mais identique à celui de tous les autres peuples. Dans « Ceterum Censeo »[3], reprenant une formule que Jefferson affectionnait, elle rappelle que le peuple juif doit également lutter en son propre sein contre « l'internationale des mendiants et des philanthropes », et que la « légitimité » de la présence juive en Palestine ne peut s'obtenir que par le travail accompli sur cette terre.

Pourtant, H. Arendt semble avoir perdu tout espoir de voir se concrétiser la constitution d'une armée juive lorsqu'elle écrit « Papier et Réalité » en avril 1942[4] : tant qu'une telle armée n'existera que sur le papier, tant que le peuple juif ne sera pas parvenu à prendre place au sein des Nations Unies, il ne saurait y avoir de paix, le risque étant qui plus est, que « le peuple du Livre ne se transforme en peuple de papier ». Le mois suivant, constatant l'enterrement officiel de ce qu'il est désormais convenu d'appeler « La prétendue armée juive »[5], elle dénonce comme suicidaire le fait de laisser désarmés les six cent mille hommes du *Yishouv* en Palestine qui, s'ils avaient leur armée n'hésiteraient pas à lutter contre les Allemands et à améliorer les conditions d'existence dans le ghetto de Varsovie. Un discours de Hitler, où celui-ci avait déclaré qu'il n'y avait que deux peuples impliqués dans la guerre, le peuple allemand « surnaturellement bon » et le peuple juif « surnaturellement méchant » qui se servirait des autres

1. « Aufbau », 14 novembre 1941. Trad. fr. in *A et J.*, p. 23-26.

2. « Aufbau », 28 novembre 1941. Trad. fr. in *TC.*, p. 50-54.

3. « Aufbau », 26 décembre 1941. Trad. fr. in *A et J.*, p. 27-30. Le titre reprend le début d'une harangue de Caton l'Ancien : « Au demeurant, voici ce que je pense ».

4. « Aufbau », 10 avril 1942. trad. fr. in *A et J.*, p. 31-32. Il ne saurait être question de rendre compte de la totalité des articles qu'Hannah Arendt publia cette année dans « Aufbau », tant ils sont nombreux. Nous nous contentons de renvoyer ici à ceux qui nous sont apparus les plus importants et pour lesquels le lecteur français dispose d'une traduction dans *AJ*.

5. « Aufbau », 22 mai 1942. Trad. fr. in *A et J.*, p. 35-38.

gouvernements pour combattre à leur place, et s'assurer ainsi la domination du monde, lui fournit l'occasion de rappeler l'égalité fondamentale des peuples et de dénoncer la « conspiration du silence s'agissant du destin des Juifs »[1]. Elle ira même jusqu'à risquer l'hypothèse selon laquelle une alliance avec les Juifs équivaudrait à apporter de l'eau au moulin de la propagande hitlérienne[2]. H. Arendt rappelle les propos de Goebbels qui, dans l'hebdomadaire nazi « Das Reich », a expliqué qu'« on allait commencer à procéder à l'extermination des Juifs d'Europe "et peut-être de ceux qui sont hors d'Europe". L'assassinat de quelques cinq mille Juifs de Berlin, de Vienne et de Prague constituera le signal de départ du massacre, la première "réponse" à ce fait inouï que tous les peuples d'Europe, et hors d'Europe, se montrent résolument déterminés à mettre fin à tout prix à la domination nazie »[3]. En juin 1942, le port de l'étoile jaune, longtemps différé par les autorités de Vichy, est devenu obligatoire pour tous les Juifs de plus de six ans, et Pierre Laval proclame : « Je souhaite la victoire de l'Allemagne parce que, sans elle, le bolchevisme demain s'installerait partout ». Il va proposer l'envoi des enfants de moins de seize ans dans les convois de déportés de la zone libre à la zone occupée, et ordonner l'opération Vent printanier, grande rafle du Vélodrome d'hiver qui vise vingt-huit mille Juifs. Juillet 1942 est la date à laquelle H. Arendt publie son premier « grand » article aux États-Unis dans la revue que dirigeait l'historien Salo Baron[4], « De l'Affaire Dreyfus à la France d'aujourd'hui » : lors de ses huit années d'exil en France, elle avait eu en effet tout le loisir d'observer de près les agissements de l'Action Française et des autres partis d'extrême droite contrant le Front Populaire, et se mobilisant contre Léon Blum. C'est pourquoi, dans « Was geht in Frankreich vor ? »[5], elle se montre très sensible aux nouvelles qui lui parviennent concernant les arrestations massives des Juifs, et qui ont suscité l'émoi et l'élan de solidarité de la part du peuple de France et du clergé. Mais la question sioniste la retient également, et ce sera l'occasion de deux livraisons où elle analyse « La crise du sionisme »[6] qui consiste en ce que la conception manichéenne de Theodor Herzl aurait besoin d'être révisée : l'antisémitisme loin d'être naturel et nécessaire, est bel et bien politique, et la solution à la question juive ne saurait se réduire à une simple question de

1. « Aufbau », « L'éloquence du diable », 8 mai 1942. Trad. fr. in *A J.*, p. 33-34.
2. « Aufbau », « Le dos au mur », 3 juillet 1942. Trad. fr. in *A J.*, p. 43-45.
3. « Aufbau », juin 1942, « On ne dira pas le kaddish », Traduction française in *AJ.*, p. 39.
4. « Jewish Social Studies », 3 juillet 1942, p. 195-240. Elle reprendra cet article dans la première partie des *Origines du Totalitarisme, Sur l'Antisémitisme.*
5. « Aufbau », 25 septembre 1942, « *Was geht in Frankreich vor ?* ».
6. « Aufbau », 23 octobre 1942. Trad. fr. in *AJ.*, p. 47-54.

« transport », ainsi que nous aurons l'occasion d'y revenir de façon plus détaillée au chapitre V. Une fois de plus, elle réaffirme que la légitimité du peuple juif en Palestine tient en ce que, contrairement aux Arabes « qui ont bénéficié de mille cinq cents ans pour bâtir un pays fertile, les Juifs ne s'y sont mis que depuis quarante ans, et la différence est tout à fait considérable ». Elle y réaffirme son attachement à un *commonwealth* dans lequel elle voit l'une des formes d'organisation nationale les plus prometteuses, tout en incitant à la reconnaissance de la nationalité juive et à un statut politique pour tous les Juifs d'Europe, le préréquisit étant le châtiment de ce « délit contre la société » que constitue l'antisémitisme.

Le 2 Octobre de cette même année 1942, « J'accuse » écrit : « Les tortionnaires boches brûlent et asphyxient des milliers d'hommes, de femmes, d'enfants juifs déportés de la France » et « L'Humanité » annonce l'expérimentation d'un gaz toxique sur onze mille hommes, femmes, vieillards et enfants parmi les Juifs déportés des deux zones. Le 17 Décembre, le ministre des Affaires étrangères britanniques, Anthony Eden, dénonce à son tour devant la Chambre des Communes l'exécution massive des Juifs dans les camps de Pologne. Pourtant, le scepticisme devant l'invraisemblable domine : il fallut l'arrivée en Palestine d'un groupe de personnes venant de Pologne pour que l'Agence Juive elle-même se décidât à publier un rapport sur Sobibor et Treblinka le 23 Novembre 1942[1]. Le 11 Novembre, les Allemands ont envahi la zone sud de la France, et le 10 Décembre Hitler ordonne la déportation de France de tous les Juifs et autres ennemis de l'Allemagne ; le lendemain le tampon « J » est apposé sur les cartes d'identité et d'alimentation. Le 17 Décembre, onze gouvernements alliés et le Comité de la France combattante de De Gaulle publient une déclaration commune, annonçant que les autorités allemandes étaient en train de mettre à effet l'intention souvent répétée de Hitler d'exterminer la population juive d'Europe. L'antique mythe du meurtre rituel juif resurgit, les chambres à gaz sont inaugurées : « Même si je n'étais pas juive et si j'appartenais à n'importe quel autre peuple européen, mes cheveux se seraient dressés sur ma tête dès lors qu'on aurait touché un seul cheveu de la tête d'un Juif », commente H. Arendt[2].

En janvier 1943, après avoir rappelé la triste condition des réfugiés, errant de pays en pays, sommés de s'assimiler et d'oublier leur passé par reconnaissance envers leur nouvelle patrie, H. Arendt souligne, dans un

1. Michaël R. Marrus et Robert O. Paxton, *Vichy et les Juifs* (Paris, Calmann-Lévy, 1981), p. 317-19.

2. « Aufbau », « On ne dira pas le kaddish », 19 juin 1942, in *AJ.*, p. 40.

compte rendu de l'ouvrage de Howard L. Brooks, *Prisoners of hope*[1], la dimension antisémite du gouvernement de Vichy que le rapport de l'auteur semble avoir complètement méconnue. Si l'on y trouvait bien une description des conditions physiques dans les camps de concentration, de l'ignorance du peuple français concernant leur existence, ainsi que de la psychologie des internés, en revanche, le fait que les occupants des camps soient essentiellement des Juifs n'était pas mentionné, et pas davantage le fait que l'institution des camps fît partie d'un système politique plus vaste. Howard L. Brooks n'hésitait pas à faire des remarques du type « le commandant d'un de ces camps, son antisémitisme mis à part, était tout à fait aimable », ou « les mauvaises conditions du camp sont dues à la discipline militaire et à l'application aveugle du règlement », tout en étant pourtant parfaitement conscient que la plupart des commandants se comportaient comme si les camps étaient « leur propriété personnelle ». Pour H. Arendt, il ne fait aucun doute que l'argent alloué par le gouvernement pour cette « industrie nouvelle et florissante de la “France Nouvelle” » va directement dans les poches des commandants de camps, Pétain « récompensant » ainsi ses anciens camarades officiers. En février et mars, parurent dans « Aufbau » deux articles consacrés à la littérature politique française en exil[2]. La première livraison était en grande partie consacrée à l'apologie de Georges Bernanos où H. Arendt est encore sous l'influence des *Grands Cimetières sous la lune*, publié en 1938, dont elle recommandera à plusieurs reprises la lecture au couple Jaspers : que la mise en accusation la plus virulente du fascisme ait pu être l'œuvre d'un homme qui fut royaliste toute sa vie et qui avait nourri les plus hautes illusions sur la phalange espagnole, voilà qui illustre bien à ses yeux l'effondrement intérieur du système des partis européens. C'est pourquoi H. Arendt proposait de ne pas s'arrêter aux « conceptions fausses et dangereuses – comme celle de la race » que G. Bernanos soutenait encore dans *Nous autres Français*, ni aux « préjugés obscurs et dangereux comme par exemple son antipathie à l'égard des Italiens et des Juifs » qui n'avaient guère de valeur face aux découvertes dont nous lui serions redevables : le fait qu'en dépit de tous ses discours sur la jeunesse, le fascisme a tué la jeunesse; que l'humanité est retournée à l'idolâtrie, que le monde a été précipité dans le *delirium tremens* précisément par ceux qui ne croyaient qu'au bon sens et à la sagesse petite bourgeoise. Dans la seconde livraison de cet article, H. Arendt sait gré au livre d'Yves Simon, *La marche à la*

1. (N.Y., L. B. Fischer, 1942). La recension d'Hannah Arendt est parue dans « Jewish Social Studies », Janvier 1943, Volume V, Number 1, p. 79-80.

2. « Aufbau », 26 février 1943 et 26 mars 1943, « *Französische politische Literatur im Exil* ».

délivrance[1], de rappeler que notre responsabilité dans la catastrophe qui s'est déroulée provient en partie du désintérêt de notre génération pour la politique et la vie publique, et de dénoncer la folie de l'idée d'une « Allemagne éternelle ». Elle relève plusieurs constatations importantes dans ce livre : nous sommes à la fin de l'époque des guerres nationales et la catastrophe française est la preuve la plus claire de la disparition de la nation sous la forme qui était jusqu'à présent la sienne; l'idéal de la Révolution française qu'on prétendait mort depuis longtemps, semble renaître de ses cendres; il n'existe plus aucune échappatoire aux questions politiques fondamentales de notre époque. Elle célèbre les meilleurs pages du livre, celles où Y. Simon démontre que les anciennes alternatives du passé : autorité contre liberté, libre concurrence contre économie totalitaire planifiée, n'ont plus cours que parmi nos ennemis, et qu'elles ne sont que le fruit du manque d'imagination de ces prétendus « penseurs » habitués à identifier « l'histoire de l'humanité avec celle d'une petite minorité privilégiée », et confondant l'« âge d'or du libéralisme avec l'âge d'or de la liberté ». En revanche, elle s'insurge contre la reprise par Y. Simon du concept sorélien d'« élite ». H. Arendt écrit aussi « Les vraies raisons de Theresienstadt », où elle met en évidence la connexion existant entre les persécutions des Juifs et l'appareil de domination nazie et où elle énumère un certain nombre de mesures qui, sous couvert de « tolérance » voire de « protection » des Juifs, visaient en fait à provoquer l'antisémitisme de la population, l'extermination proprement dite n'ayant lieu que dans des régions désertiques[2]. En avril 1943, dans un article intitulé « Why the Crémieux Decree was abrogated »[3], après avoir rappelé la politique coloniale d'assimilation qui fut celle de la France depuis Jean Baptiste Colbert, et qui s'était maintenue depuis deux siècles, elle envisage les conséquences de l'abrogation du décret Crémieux, datant de 1868, par le général Giraud, décret qui avait conféré la nationalité française à tous les Juifs d'Algérie : sous couvert de rétablir l'égalité entre les autochtones et les Juifs « privilégiés », Giraud n'aurait voulu en fait qu'asseoir sa « dictature » sur cette partie de la population qui échappait encore à son emprise. Un dernier article pour l'année 1943, « Les Juifs dans le monde d'hier », rend compte du livre de Stefan Zweig, *Le monde d'hier*[4]. Dans cette autobiographie S. Zweig, qui « ne pouvait se faire à l'idée que son

1. (éd. La Maison Française, New York, 1942).

2. « Aufbau », 3 septembre 1943. Trad. fr. in *AJ.*, p. 55-57.

3. « Contemporary Jewish Record », t. VI, Number 2.

4. « Portrait of a period. The World of Yesterday » in « Menorah Journal », octobre 1943, p. 307-14, puis in *The Jew as pariah*, *op. cit.* Trad. fr. in *TC.*, p. 77-95. L'autobiographie de Stefan Zweig est parue en français sous le titre *Le monde d'hier* (Paris, Belfond, 1948/1982).

nom avait été cloué au pilori par les nazis comme celui d'un "criminel" et que le célèbre S. Zweig était devenu le juif Zweig », semblait n'avoir toujours pas pris la mesure des événements politiques et de la montée de l'antisémitisme, continuant de voir en Lueger un « homme sympathique qui est toujours resté fidèle à ses amis juifs ». Une fois encore, comme dans le livre qu'elle consacra à Rahel Varnhagen, la leçon d'H. Arendt, fidèle au révolutionnaire Bernard Lazare est claire : on ne peut échapper à la « honte » d'être juif individuellement en se réfugiant dans la tour d'ivoire de la célébrité internationale, mais seulement par la prise de conscience politique, en luttant « pour l'honneur du peuple juif tout entier ».

C'est en 1943 qu'H. Arendt apprit l'existence des camps de la mort. Ainsi qu'elle le confiait à G. Gaus, ce fut pour elle un moment décisif[1]. Dès le 2 Octobre 1942, « J'accuse » écrivait : « Les tortionnaires boches brûlent et asphyxient des milliers d'hommes, de femmes, d'enfants juifs déportés de la France », et « L'Humanité » annonçait l'expérimentation d'un gaz toxique sur onze mille hommes, femmes, vieillards et enfants parmi les Juifs déportés des deux zones. Le 17 Décembre, Anthony Eden, le ministre des Affaires Étrangères, dénonçait à son tour devant la Chambre des Communes l'exécution massive des Juifs dans les camps de Pologne. Or, dans un premier temps, H. Arendt se fiant ici à H. Blücher, autrefois historien militaire, qui lui conseilla de ne pas prêter foi à ces « racontars », ne voulut pas y croire[2]. Non qu'ils aient eu confiance dans l'« humanité » des nazis : ils savaient déjà « ces assassins capables de tout »[3]. S'ils pensent que les nazis « ne peuvent pas aller jusque là », c'est parce qu'ils sont encore pris dans la logique de la guerre – chaque peuple ayant ses ennemis – au pire des pogroms, et que les camps d'extermination leur apparaissent par conséquent comme dénués de toute « nécessité, de tout besoin militaire »[4]. C'est également sur le critère de l'« inutilité » et du caractère « disproportionné » des massacres que P. Levi fonde, lui aussi, son analyse de l'unicité d'Auschwitz : « Les guerres sont exécrables, elles sont le pire moyen de résoudre les controverses entre nations ou factions, mais on ne peut les définir inutiles : elles visent un but, injuste ou pervers, elles ne sont pas gratuites, elles ne se proposent pas d'infliger des souffrances; les souffrances sont bien là, collectives, déchirantes, injustes, mais elles sont un sous-produit, un de plus », au lieu que les douze années du régime hitlérien se caractérisent « par une inutile violence diffuse,

1. *TC.*, p. 241 *sq.*
2. « Et tout d'abord nous n'y avons pas cru », *ibid.*
3. *Ibid.*
4. *Ibid.*

devenue une fin en soi, visant uniquement à créer de la douleur »[1] et, corrélativement chez les bourreaux par la *Schadenfreude*, la joie que procure le dommage fait au prochain.

Avant 1943, comme le précise H. Arendt, « on se disait : eh bien ma foi, nous avons des ennemis. C'est dans l'ordre des choses. Pourquoi un peuple n'aurait-il pas d'ennemis ? Mais il en a été tout autrement. C'était vraiment comme si l'abîme s'ouvrait devant nous, parce qu'on avait imaginé que tout le reste aurait pu d'une certaine manière s'arranger, comme cela peut toujours se produire en politique »[2]. L'abîme créé par la révélation d'Auschwitz consiste donc en ce que la distinction ami-ennemi – dont Carl Schmitt faisait le critère du politique au même titre que dans l'ordre moral, le bien et le mal, ou le beau et le laid dans l'ordre esthétique, voire l'utilité et le nuisible ou le rentable et le non rentable dans l'économique[3], – s'est soudainement trouvée effacée. Certes, l'ennemi politique c'est toujours l'autre, l'étranger, la guerre n'étant que l'actualisation de l'hostilité, c'est-à-dire la possibilité de provoquer la mort. Dans *Théorie du partisan*, C. Schmitt distinguait entre l'« ennemi réel », lequel n'est pas une chose sans valeur à éliminer, mais un autre, qui se tient sur le même plan que moi, de telle sorte que je peux m'« expliquer » avec lui, fût-ce dans le combat, de l'« ennemi absolu », produit du développement de l'armement nucléaire : « ces moyens de destruction absolus exigent un ennemi absolu [...]. Les hommes qui utilisent ces moyens contre d'autres hommes, se voient contraints d'anéantir aussi moralement ces autres hommes, leurs victimes et leurs objets. Ils sont forcés de déclarer criminel et inhumain dans son ensemble le camp adverse, d'en faire une non valeur totale jusqu'à l'extermination de tout sujet sans valeur, indigne de vivre, sous peine d'être eux-mêmes des criminels et des monstres »[4]. Ce type nouveau de guerre, que C. Schmitt ne date – et pour cause – que de l'époque de la guerre froide, cette catégorie nouvelle de l'ennemi, qui à l'en croire, ne serait apparue qu'avec Lénine, c'est précisément l'« abîme » – terme qu'il utilise lui aussi dans son texte – dont prit conscience H. Arendt dès la révélation des camps d'extermination en 1943. La réalité de l'extermination « technique » d'Auschwitz fit effectivement apparaître une transformation de la guerre telle, qu'il n'était plus possible de lui assigner de bornes, et simultanément une catégorie nouvelle de l'hostilité, celle de l'*hostis humani generis*, qualificatif qu'H. Arendt appliquera à Eichmann.

1. *Les naufragés et les rescapés*, *op. cit.*, p. 104 *sq.*

2. *TC.*, p. 241 *sq.*

3. *La notion de politique. Théorie du partisan* (Calmann Lévy, 1972, préface de J. Freund), p. 68.

4. *Op. cit.* (1962), p. 309-10.

Hanté par un sentiment de culpabilité d'être encore en vie à la place d'un autre, tourmenté par le remords de « n'avoir pas fait ce que nous aurions pu faire, par exemple résister [...] Nous aurions pu faire quelque chose de plus, mieux nous organiser, au moins projeter de nous évader »[1], P. Levi décrit dans *La trêve* le sentiment de honte éprouvé par les rescapés « pendant la captivité et après [...], la honte que le juste éprouve devant la faute commise par autrui », à l'exception des prisonniers, « presque tous politiques, qui eurent la force et la possibilité d'agir à l'intérieur du *Lager* pour la défense et pour le bien de leurs camarades »[2]. À la question qu'on lui posa fréquemment, « Pourquoi ne vous êtes-vous pas révoltés ? », P. Levi rappelle que dans les camps à prédominance juive, les prisonniers, en provenance des ghettos où ils avaient subi une longue suite d'humiliations, ne parlaient pas forcément une langue commune, qu'ils étaient soumis à des conditions physiques extrêmement dures, et étaient en outre généralement dépourvus de toute expérience de militant ou de soldat, à l'exception des communistes[3]. Les révoltes de Bialistok, Grodne, Treblinka, Sobibor, Birkenau, mais surtout la révolte du ghetto de Varsovie, la première « "résistance" européenne et la seule menée sans le moindre espoir de victoire [...] œuvre d'une élite politique »[4], n'en étant que plus admirables.

L'éloge de la « résistance » fait également pour la première fois son apparition sous la plume d'H. Arendt, lorsqu'elle commémore l'anniversaire de l'insurrection à main armée du ghetto de Varsovie, de ces désespérés qui se résolurent à « s'aider eux-mêmes » et ainsi à aider le peuple juif tout entier, mettant un terme à son statut de paria en Europe et renouant avec la tradition d'honneur et de gloire disparue depuis l'époque des Maccabées[5]. Fin 1942, il ne restait plus que cinquante mille Juifs sur les trois cent cinquante mille enfermés dans le ghetto de Varsovie, installé le 15 novembre 1940. Grâce à deux rescapés des massacres du ghetto de Vilna qui étaient arrivés à Varsovie, ces Juifs savaient que le « transfert » à Treblinka, créé au printemps 1942, était synonyme d'exécution. Le 2 décembre naquit l'Organisation Juive de Combat décidée à agir contre la police juive et le *Judenrat* créés par les Allemands et contrôlés par la Gestapo et les SD. Le 18 janvier 1943, écrit H. Arendt, citant ici le compte-rendu d'un journal polonais clandestin : « de puissants détachements S.S.

1. *Conversations et entretiens, op. cit.*, p. 215.

2. Cité dans *Les naufragés et les rescapés, op. cit.*, p. 71-72.

3. *Le devoir de mémoire. Entretien avec Anna Bravo et Federico Cereja* (éd. Mille et une nuits, 1995, trad. J. Gayraud, introduction et postface de F. Cereja), p. 69.

4. *Ibid.*, p. 155 et 157. Voir également *Si c'est un homme*, p. 243-45.

5. « Aufbau », « Pour l'honneur et la gloire du peuple juif », 21 avril 1944, *AJ.*, p. 65-67.

protégés par la police allemande et lettone pénétrèrent dans le ghetto. Ils rencontrèrent ce à quoi ils ne s'attendaient pas. Quelques Juifs s'étaient barricadés dans les habitations. Un violent combat se déclara. L'organisation de combat avait emmagasiné des armes et des munitions. Le combat dura plusieurs jours. Le 23 janvier, les tanks entraient dans le ghetto »[1].

Les résistants avaient fait parvenir un appel au secours aux Juifs américains. Faute de réponse, ils s'organisèrent en vue d'une seconde insurrection, sous la conduite de l'Organisation Juive de Combat, dirigée par Mordechai Anialewicz, les Allemands ayant décidé de liquider le ghetto. La résistance commença le 19 avril, jour où s'ouvrait la conférence des Bermudes où les alliés devaient étudier les moyens de sauvetage pour les Juifs d'Europe qui pouvaient l'être encore, et elle s'acheva le 5 mai 1943 : il ne fallut pas moins de vingt six jours aux Allemands pour que, faisant sauter la grande synagogue rue Tlomackie, Stroops proclamât : « Il n'y a plus de quartier juif à Varsovie »[2]. H. Arendt reprend le commentaire du journal polonais clandestin, « chacun savait que la mort passive des Juifs n'avait créé aucune valeur nouvelle, qu'elle n'avait aucune signification, et que seul le fait de mourir l'arme au poing pouvait créer de nouvelles valeurs dans l'existence du peuple juif »[3]. Quelques mois plus tard, H. Arendt rappelle à nouveau la leçon de courage de la jeune Betty, âgée de dix-sept ans, qui se désolait de n'avoir tué que six Allemands, inconsciente qu'elle était d'avoir « effacé la honte des victimes », et elle nous convie à nous « remémorer aussi souvent que possible, comme s'il s'agissait des antiques “exercices”, les phases de la bataille du ghetto de Varsovie »[4].

Résister, pour H. Arendt, c'est donc savoir prendre les armes, mais c'est aussi savoir refuser d'obéir dès lors qu'il s'avère que les ordres sont de nature criminelle, car la grande nouveauté du régime hitlérien, tient à son illégalité. De même que, s'agissant du peuple juif, H. Arendt récusait que l'amour pût tenir lieu de catégorie politique, de même, l'« obéissance », dans le cas des officiers SS lui apparaît-elle comme apolitique. Ceux qui ont refusé de collaborer pendant la Seconde Guerre mondiale – et même certains soldats SS l'ont fait, de cautionner le régime nazi en refusant d'occuper des postes à responsabilité – ont su faire preuve de responsabilité en montrant qu'ils osaient juger par eux-mêmes, qu'ils pouvaient « continuer à vivre en leur propre compagnie ». L'obéissance ne vaut que dans

1. « Aufbau », « Les jours du changement », 28 juillet 1944, *AJ.*, p. 81-84.
2. « Le soulèvement du ghetto de Varsovie, et son impact en Pologne et en France », in « Le Monde Juif » (Table ronde du 17 avril 1983).
3. « Aufbau », p. 84.
4. « Aufbau », « Une leçon en six coups de fusil », 11 Août 1944, in *AJ.*, p. 85-87.

l'enfance – « seul l'enfant obéit »[1] – et parler d'obéissance en politique équivaut à en rester à la conception platonicienne du gouvernement, qui distingue entre gouvernants et gouvernés. Autrement dit, c'est s'en tenir à une conception du politique fondée sur les relations familiales, alors que pour H. Arendt la communauté politique est une communauté d'égaux où le chef, celui qui prend l'initiative, n'est que « le premier d'entre ses pairs » auquel tous les autres citoyens apportent leur soutien : « sans une "obéissance" de ce type, le dirigeant serait totalement démuni »[2]. Obéir équivaut à apporter sa caution[3], tel sera le ressort de son analyse politique du procès d'Eichmann, auquel elle assista à Jérusalem en 1961, en tant que correspondante du « New Yorker », mais aussi de celui du second procès d'Auschwitz qui se tint à Francfort en 1965. Au procès de Jérusalem, H. Arendt apprit qu'Eichmann n'était ni un Iago, ni un Macbeth, le crime nouveau dont il s'était rendu coupable étant de n'avoir pas pris conscience de ce qu'il faisait, en quoi consiste précisément sa « banalité ». Mais, à la différence du procès Eichmann, où l'on avait affaire à un bureaucrate meurtrier, dans le cas de Mulka et de ses acolytes, on était plutôt confronté à des « parasites et des profiteurs » pour lesquels le meurtre de masse était un devoir légal. Pour n'être que des « parasites » des « grands » criminels qui eux, courent encore impunément, « Mulka et ses acolytes » sont bien mal fondés à en appeler à la théorie du « bouc émissaire » car ils sont pires que ceux qu'ils voudraient voir châtiés à leur place, chacun pouvant en effet décider de son propre chef « d'être bon ou mauvais à Auschwitz »[4], c'est-à-dire de désobéir au commandement insensé « Tu tueras ! ». Si certains Allemands se sont abstenus de participer, ce n'est pas, estime H. Arendt, que leurs critères moraux étaient plus fermes, mais parce qu'ils ont su rompre avec l'automatisme de la pensée, pour juger à neuf et en toute spontanéité, et parce qu'ils étaient désireux de « vivre en paix avec eux-mêmes », qu'ils n'étaient pas enclins à « vivre avec un assassin : eux-mêmes »[5]. En clair, ils étaient des sujets « législateurs ». Eichmann n'était

1. « Responsabilité personnelle et régime dictatorial », *art. cit.*, p. 103.

2. *Ibid.*, p. 104.

3. *Ibid.*, p. 105 : « La raison pour laquelle nous pouvons tenir pour responsables ces criminels d'un type nouveau, qui n'ont jamais commis de crimes de leur propre initiative, est qu'il ne saurait y avoir d'obéissance en matière politique et morale ». Voir également *Eichmann à Jérusalem*, p. 248 : « La politique et l'école maternelle ne sont pas la même chose : en politique obéissance et soutien ne font qu'un ». Ou encore : « les Allemands ne parviennent pas à comprendre qu'en politique, contrairement à ce qui se passe dans la nursery, l'obéissance et le soutien donné à un régime sont la même chose », *HA-KJ*, Lettre du 29 octobre 1962.

4. « Le procès d'Auschwitz », *in AJ.*, p. 255.

5. « Responsabilité personnelle et régime dictatorial », *in P. E.*, p. 102.

pas plus « stupide » qu'il n'était « diabolique », son seul mobile était « le désir de ne pas penser ce que nous faisons », ce qui constitue précisément pour H. Arendt l'indice d'une dépravation de notre rapport au monde : le mal extrême, plus radical encore que le mal kantien, car il est « sans racines dans l'intériorité du sujet »[1], consiste donc à être incapable de poser la question du sens de ses actes et à rompre ainsi toute attache avec le monde extérieur. Dans l'introduction à *La Vie de l'esprit*, H. Arendt rappellera combien l'absence de pensée d'Eichmann l'avait frappée à Jérusalem, et sa conviction qu'Eichmann n'avait pas agi par « stupidité mais par absence de pensée », attitude « tellement courante dans la vie de tous les jours »[2] qu'elle peut conduire à l'occultation de la faculté de distinguer ce qui est bien et ce qui est mal, au mal « par omission ».

La méchanceté pouvant être causée par l'absence de pensée, on peut néanmoins toujours « résister », s'abstenir de participer et de cautionner un régime néfaste, témoins encore les jeunes appelés américains lors de la guerre du Vietnam, et c'est pourquoi, compte tenu de la multiplication des actes de désobéissance civique liés aux changements rapides de ce monde, H. Arendt s'interrogera longuement sur la manière de constitutionnaliser la « désobéissance civile »[3]. Elle récusera l'assimilation de la désobéissance à l'objection de conscience, individuelle et subjective : dans le cas de la désobéissance, on a affaire en effet à un groupe rassemblé autour d'un intérêt commun ou d'une décision commune, animé de la volonté de s'opposer à la politique gouvernementale et dont l'efficacité pour obtenir les modifications juridiques désirées, dépend du nombre, la force de conviction des opinions de cette minorité naissant de leur commun accord. Ainsi, l'exemple de Thoreau, contraint de passer une nuit en prison pour avoir refusé de payer l'impôt électoral à un gouvernement qui reconnaissait l'esclavage, lui paraît peu représentatif de ce *Devoir de désobéissance civique*[4] dont il est pourtant l'auteur. Thoreau en effet se place uniquement sur le terrain de la conscience individuelle et des obligations morales, mais il oublie d'invoquer les rapports du citoyen avec la loi.

Pas plus qu'elle ne peut être assimilée à l'objection de conscience, la désobéissance civique ne saurait l'être à la délinquance de droit commun, ceux qui font acte de désobéissance civique s'instituant porteurs d'un autre droit, et non pas seulement de leur intérêt propre : le désaccord fondamental avec l'autorité établie institue une « majorité concurrente », unanime dans son dissentiment. Tout le problème est dès lors de rendre la désobéissance

1. G. Scholem, *Fidélité et utopie*, *op. cit.*, p. 228.
2. *VE.*, I, p. 19.
3. *Ibid.*
4. 10/18, éd. de l'Herne, 1994.

civique compatible avec la loi, de trouver une formule permettant de la constitutionnaliser. Si chaque nouveau venu arrive de fait dans un monde aux règles duquel il consent tacitement, ce consentement devient volontaire lorsque, parvenu à l'âge adulte, il aura droit à la possibilité d'exprimer son dissentiment. La pratique de la désobéissance civique ne serait ainsi que « la forme la plus récente de l'association volontaire », parfaitement en accord avec la tradition américaine déjà célébrée par Alexis de Tocqueville. Le danger de la désobéissance civique ne serait du même coup pas plus grave que celui que comporte toute association volontaire, elle-même « garantie nécessaire contre la tyrannie de la majorité » comme l'avait vu ce même Tocqueville. Et c'est pourquoi l'introduction de la désobéissance civique au sein des institutions politiques, apparaissait en dernière analyse à H. Arendt comme le meilleur remède à la désintégration des systèmes politiques et au doute concernant leur légitimité, le premier pas consistant à obtenir pour ces minorités pratiquant la désobéissance civique « la même forme de reconnaissance que celle accordée à de nombreux intérêts particuliers ... », et à les traiter de la même façon que « les groupes de pression » ordinaires. Ainsi deviendraient-ils une puissance visible et permanente avec laquelle compter.

L'arme suprême de la résistance, est donc en définitive la pensée car « les hommes qui ne pensent pas sont comme des somnambules »[1]. Max Horkheimer en savait quelque chose en sa qualité de professeur et directeur de l'Institut de recherches sociales de Francfort, juif et marxiste, qui s'exila lui aussi dès 1933, et il écrira de son côté : « Penser même est déjà un signe de résistance, un effort pour ne plus se laisser tromper. La pensée ne s'oppose pas absolument aux ordres et à l'obéissance, mais elle les met dans chaque cas en rapport avec le projet de réaliser la liberté »[2]. Bien que consciente de la crise qui touche les valeurs absolues qu'a révélée Auschwitz, crise qui nous contraint désormais à penser sans « garde fou », H. Arendt décida de compléter l'impératif qu'elle avait fait sien – « il importe d'être pleinement présent », soit, de ne jamais oublier pour reprendre une formule de P. Levi « ça s'est passé, ça peut donc se passer de nouveau »[3] – par cet autre : « nous ne renoncerons jamais à

1. *VE., I.*, p. 217.

2. *Théorie critique. Critique de la politique* (Payot, 1978, trad. collective du CIPH, présentation L. Ferry, A. Renaut), p. 352.

3. « Rien n'est impossible [écrit de son côté G. Steiner] (voilà la leçon de l'histoire), lundi prochain à, disons onze heures vingt, tout peut changer pour nous et nos enfants et basculer dans l'inhumain », et telle est l'unique raison pour laquelle nous devons nous « astreindre à lire ces témoignages littéralement insoutenables [...] : se grave en nous cette conviction que la "solution" n'était pas "finale", qu'elle déborde nos vies ... », *Langage et silence, op. cit.*, p. 159-60.

l'espoir »[1]. H. Arendt resta en effet fondamentalement convaincue que nous sommes malgré tout demeurés ce que les hommes ont toujours été, « des êtres pensants », et elle précise ce qu'elle entend par là : « l'homme a le goût, peut-être le besoin, de penser plus loin que les limites du savoir, de tirer davantage de cette capacité que savoir et action »[2], reprenant à son compte la distinction qu'avait déjà établie Kant entre la raison (*Vernunft*) et l'intellect (*Verstand*). Toutefois, le problème pour H. Arendt consiste en ce que penser demeure une activité solitaire, un retrait du monde des phénomènes et de l'évidence. De là son insistance sur cette autre faculté qui ne serait apparue sur le devant de la scène qu'avec la philosophie politique de Kant, le Juger. Par juger, il ne faut pas entendre une opération logique de déduction ou d'induction, mais ce « sens muet » toujours pensé par Kant comme « goût » et qui présuppose la présence d'autrui ou tout du moins la prise en considération de son jugement potentiel[3], l'élargissement de l'horizon « en se mettant à la place de tout autre »[4], donc le recours à l'imagination. Dans les situations d'urgence, la pensée révèle sa portée politique : « quand tout le monde se laisse emporter sans réfléchir, par ce que font et croient les autres, ceux qui pensent sont obligés de sortir de leur trou, car le refus d'entrer dans la danse est flagrant et se transforme en une espèce d'action »[5]. Le travail qu'opère, à la manière d'une sage-femme, la pensée sur les opinions, libère la faculté de juger, « la plus politique des facultés mentales humaines »[6]. Même si juger, dire « c'est mal », « c'est beau », concernant des cas particuliers, ne s'identifie pas à la pensée qui, elle, a affaire à des « invisibles », la faculté du jugement naît de la libération de la pensée et réciproquement, le jugement à son tour « réalise » la pensée : « la manifestation du vent de la pensée n'est pas le savoir; c'est l'aptitude à distinguer le bien du mal, le beau du *laid*. Aptitude qui, aux rares moments où l'enjeu est connu, peut très bien détourner les catastrophes, pour le moi tout au moins »[7]. C'est cette faculté de juger, qui n'est que la reprise d'une des maximes du *sensus communis* kantien, « Penser par soi-même », qui fit défaut à Eichmann, lequel, pour reprendre la terminologie kantienne, n'avait donc pas su accéder à la Majorité et à la responsabilité, et qui, en se contentant d'obéir, en manquant de courage, a confondu politique et *nursery*. C'est donc dans ce courage de penser – en quoi consiste la « résistance » – qu'H. Arendt plaçait tout son espoir.

1. *HA-KJ, op. cit.*, Lettre du 31 janvier 1956.
2. *VE.*, I., p. 27.
3. *J*, p. 104.
4. *Critique de la faculté de juger* (Trad. A. Philonenko, Paris, Vrin, 1965, § 40), p. 127.
5. *VE.*, I, p. 218.
6. *Ibid.*
7. *Ibid.*, p. 219.

Les camps de la mort, la fabrication systématique de cadavres nous ont en effet révélé, un au-delà de l'hostilité qui ne saurait être « appréhendé par les catégories politiques »[1], ils nous ont fait prendre conscience d'un « abîme » (*Abgrund*) où le « fondement de la réalité »[2] s'est trouvé englouti, et H. Arendt va en tirer les conséquences concernant le déclin de l'idée de nation, l'espace que l'on occupe étant désormais « un espace vide, où il n'y a plus ni nations ni peuples, mais uniquement des individus »[3]. Dès septembre 1942, nous l'avons vu, H. Arendt avait salué le réveil de la conscience de la nation française qui, précisément « parce qu'elle était née de la Révolution, était devenue la nation européenne par excellence »[4]. Ce thème du « Résistant », du « vrai homme », qu'elle assimile au type nouveau de l'Européen, à l'aise partout dans le monde, revient dans sa Correspondance, incarné par exemple à ses yeux par Albert Camus, dont elle regrette que K. Jaspers ne l'aît pas rencontré lors des Rencontres internationales de Genève en septembre 1946 où il avait donné une conférence intitulée « *Vom europäischen Geist* » : « il [Camus] est abolument honnête et a un grand discernement politique »[5]. Rappelons qu'arrivé à Paris en mars 1940, où il termina *L'Étranger*, A. Camus était secrétaire de rédaction à Paris Soir, dont le directeur et ministre de l'information, Jean Prouvost, reçut l'ordre d'évacuer le personnel sur Clermont-Ferrand où il terminera la première partie du *Mythe de Sisyphe*. Paris Soir ayant regagné la capitale, s'engagea dans la collaboration. Camus repartit alors pour l'Algérie début 1941. Le 25 janvier 1941, il lançait une sorte d'appel à la résistance morale face à l'esprit de démission dans le journal « La Tunisie française », sous le titre « Pour préparer le fruit », puis, trois mois plus tard, « Comme un feu d'étoupes » où il protestait contre la culpabilité et les prophéties irresponsables sur le débarquement en Angleterre. À l'automne 1941, il organisa un mouvement résistant à Oran favorisant le passage en Tunisie de Juifs ou de libéraux menacés par les lois de Vichy. Revenu en France pour soigner son affection pulmonaire, A. Camus ne pourra retourner à Alger alors que des amis l'avaient prévenu de l'imminence d'un débarquement allié en Afrique du Nord. À l'automne 1943, son ami Pascal Pia l'entraîna à une réunion du journal clandestin « Combat » où il joua un rôle déterminant, en assurant la direction après le départ de Pia. En 1946, A. Camus reçut la médaille de la

1. *EU.*, p. 215.
2. « Cela n'aurait jamais dû arriver », in *TC.*, p. 241. Voir également « Zueignung an Karl Jaspers », *op. cit.*
3. *EU.*, p. 215.
4. « Aufbau », « Was geht in Frankreich vor ? », 25 septembre 1942.
5. *HA-KJ*, Lettre du 11 novembre 1946.

Résistance, sans l'avoir demandée et sans la porter. Il se déclarait dépourvu de toute haine à l'égard de l'Allemagne, et il estimait que les écrivains n'avaient pas fait grand chose pour la Résistance, comparativement à ceux qui avaient pris les armes. Aussi rendit-il hommage à la plus grande œuvre de la Résistance à ses yeux, celle d'un homme qui sut précisément, prendre les armes en même temps que la plume : « L'Allemagne nazie n'a pas eu de combattant plus déterminé ni d'ennemi plus généreux qu'un grand poète français, René Char ... », rappelait-il dans sa préface à « L'Allemagne vue par les écrivains de la Résistance française », de Konrad Bieber[1]. H. Arendt, dans sa préface à *La Crise de la culture*, n'omettra pas elle non plus, de rendre hommage au poète qui réussit à condenser dans l'aphorisme « Notre héritage n'est précédé d'aucun testament » la signification de l'essence de quatre années dans la Résistance pour toute une génération d'écrivains qui « furent aspirés par la politique comme par la force du vide [et qui en vinrent à constituer] bon gré mal gré un domaine public où – sans l'appareil officiel, et dérobés aux regards amis et hostiles – tout le travail qui comptait dans les affaires du pays était effectué en acte et en parole »[2]. Ces hommes de la Résistance avaient en effet été « visités [...] par une apparition de la liberté », et, en prenant l'« initiative » en main, ils avaient redécouvert l'espace public où la liberté pouvait apparaître, ce « trésor » qu'au XVIIIe siècle déjà les Américains nommaient « bonheur public » et les Français « liberté publique ».

Or, pour que ces individus, tel A. Camus, qui existent aujourd'hui parmi tous les peuples et parmi toutes les nations du monde, ces vrais Européens – quelle que soit l'épithète qu'on leur accole – « individualistes », « aristocrates », « réactionnaires », « asociaux »[3] – puissent se comprendre entre eux, la condition préalable est de renoncer à s'accrocher désespérément à leurs passés nationaux pour se « souvenir que, tel Noé dans son arche, ils ont survécu par hasard à un déluge ... » souligne H. Arendt[4]. Rappelons que d'après la Genèse (6, 12 et 6, 9), à une époque de corruption du monde, Noé était la seule personne qui « marchait avec Dieu ». Contrairement à la tradition biblique pourtant, selon laquelle Dieu donna à Noé l'arc-en-ciel en signe d'alliance aux termes de laquelle plus jamais aucun déluge ne détruirait la terre tout entière, H. Arendt évoque la possibilité d'une nouvelle catastrophe : « ...ils ont survécu par hasard à un

1. A. Camus, *Essais* (Paris, Gallimard, 1965, Pléiade, « Lettres à un ami allemand »), p. 1490.
2. *CC.*, p. 11.
3. *HA-KJ*, Lettre du 19 mars 1947.
4. *EU.*, p. 215.

déluge qui, d'une manière ou d'une autre peut à nouveau s'abattre sur nous »[1].

C'est pour éviter qu'une telle catastrophe ne se reproduise, qu'H. Arendt s'attela dès 1948 aux *Origines du totalitarisme*, qui parut en 1951 aux États-Unis. Elle l'avait fait précéder d'un article, « Sur les camps de concentration »[2], qu'elle envoya à K. Jaspers qui lui en accusa réception en ces termes : « Je trouve votre article très émouvant, comme s'il s'agissait de la première chose sérieuse écrite sur ces camps de concentration. La peur dans laquelle vous vivez, peur pour l'humanité, vous donne une perception très claire des choses. Oui, il faut alerter les gens, ce n'est que par ce type de connaissances que nous pouvons empêcher que de telles choses se reproduisent »[3]. Car résister, c'était aussi être capable, à l'époque, de prendre la mesure d'une menace de troisième guerre mondiale, une guerre atomique cette fois, et qui ne laisserait subister aucun survivant, aucun Noé. Dès lors, H. Arendt n'aura de cesse d'en appeler à notre civisme, au devoir de répondre de ce qui est fait en notre nom, de prendre soin du monde.

1. *Ibid.*

2. « Partisan Review », 15 / 7, juillet 1948, p. 743-63.

3. *HA-KJ*, Lettre du 10 avril 1948. De même P. Levi, dans sa Préface à *Si c'est un homme*, émettait-il ce vœu : « Puisse l'histoire des camps d'extermination retentir pour tous comme un sinistre signal d'alarme » (p. 8).

Chapitre IV

RÉPONDRE DU MONDE

La tuerie de la Première Guerre mondiale, première guerre technologique, avait déjà remis en cause l'optimisme du progrès scientifique[1], ainsi qu'en témoignait la conférence de Max Weber en 1919 « La vocation de savant »[2] où il s'interrogeait sur le sens de la science et exprimait sa nostalgie face au processus de maîtrise et de prévision amorcé depuis des millénaires par la civilisation occidentale, et qui avait abouti au « désenchantement du monde », les valeurs suprêmes et les plus sublimes une fois bannies de la vie publique, s'étant réfugiées dans la vie mystique ou dans la fraternité des individus isolés. L'expérience du totalitarisme lors de la Seconde Guerre mondiale, puis le lancement de la bombe atomique sur Hiroshima et Nagasaki allaient pour leur part mettre en cause la responsabilité des savants dans ces entreprises de destruction, et surtout renforcer l'inquiétude des philosophes quant à l'avenir du monde. Ainsi, dès 1948, H. Arendt s'inquiétait-elle de la situation mondiale, comme en témoigne sa correspondance avec K. Jaspers[3], même si elle résumait son

1. « Aujourd'hui le soldat a dû pratiquement céder la place au technicien calculateur disposant d'un formidable attirail atomique et. en un sens. la Première Guerre mondiale a été la dernière vraie guerre au sens traditionnel du terme, celle où un comportement personnel, un héroïsme individuel, étaient encore possibles. Au cours de cette guerre, ce n'est pas seulement le soldat ou le haut commandement prussien qui ont sauté, mais également Homère. C'est Homère et sa dimension épique qui ont cessé d'exister. Aujourd'hui une guerre mondiale aurait plutôt le caractère d'une tuerie anonyme », confiait E. Jünger à F. de Towarnicki, « Le Travailleur planétaire », in « Cahiers de l'Herne », *Martin Heidegger, op. cit.*, p. 147.

2. *Le savant et le politique* (Paris, Plon, 1951, trad. J. Freund, introduction de R. Aron).

3. *HA-KJ,* Lettre du 18 Avril 1948 : « La situation politique est si mauvaise que même nous, qui ne croyons ni l'un ni l'autre vraiment à la guerre, sommes tout de même parfois saisis de peur ».

appréhension à l'égard de Staline sous forme d'une blague juive : « "Un juif a peur d'un chien qui aboie. On lui dit pour le rassurer : tu sais bien que les chiens qui aboient beaucoup ne mordent pas. À quoi il répond : oui, je sais; mais est-ce que je sais qu'il le sait? " Je continue donc à avoir peur... »[1]. En décembre, à nouveau, elle résumait l'état d'esprit qui prévalait en Amérique : « ...on est pour la guerre, c'est vrai, mais on croit (ou on espère) qu'on pourra régler cela avec des bombes atomiques. On ne sait pas comment cet état d'esprit se transformera quand on aura compris une telle folie... »[2]. Répondre, *spondeo*, *re-spondeo*, se porter garant, promettre, rendre compte, et simultanément imputer les actions nuisibles, les fautes, les infractions aux obligations à l'égard d'un monde commun : H. Arendt n'eut de cesse, à peine le danger de domination totalitaire surmonté, de mettre en garde contre un nouveau déluge, une guerre « totale » dont les origines remontent aux régimes totalitaires qui ont imposé leurs méthodes au monde libre.

Évoquant dans un article de 1954, « L'Europe et l'Amérique »[3], l'effroi qui s'est emparé du monde après Hiroshima, et la suspicion à l'encontre du progrès qui en est résultée, H. Arendt elle-même ne faillit pas à cette mise en cause de la technique, la réponse à la seconde question qu'elle posait dans le *Système Totalitaire*, « Pourquoi cela s'est-il passé ? », passant par l'analyse de l'aliénation du monde moderne telle qu'elle est formulée au chapitre VI de *La condition de l'homme moderne*. En tête de ce chapitre, consacré à la « Vita activa à l'âge moderne », elle plaçait un exergue de Franz Kafka : « Il a trouvé le point d'Archimède, mais il s'en est servi contre soi; apparemment il n'a eu le droit de le trouver qu'à cette condition »[4]. Elle aurait tout aussi bien pu choisir les réflexions de Walter Benjamin « Sur le concept d'histoire » : « il existe un tableau de Klee intitulé *Angelus Novus*. Il représente un ange qui semble avoir dessein du lieu où il se tient immobile. Tel est l'aspect que doit avoir l'Ange de l'Histoire. Il a le visage tourné vers le passé. Où se présente à nous une chaîne d'événements, il ne voit qu'une seule et unique catastrophe, qui ne cesse d'amonceler ruines sur ruines et les jette à ses pieds. Il voudrait bien s'attarder, veiller les morts et rassembler ce qui a été vaincu. Mais du Paradis souffle une tempête qui s'est prise dans ses ailes, si forte que l'ange ne peut les refermer. Cette tempête le pousse incessamment vers l'avenir

1. *Ibid.*, le 25 juin 1950.
2. *Ibid.*
3. *PE.*, p. 177-96.
4. *CHM.*, p. 315.

auquel il tourne le dos, cependant que jusqu'au ciel devant lui, s'accumulent les ruines. Cette tempête est ce que nous appelons le progrès »[1].

H. Arendt partageait-elle les thèses de l'École de Francfort, nonobstant ses désaccords avec « la clique Horkheimer »[2] ainsi qu'elle la baptise, sur la défectuosité essentielle du concept de Raison, son autodestruction, voire son totalitarisme ? Qu'il s'agisse de l'automatisation qui nous a mis en passe de nous libérer du joug ancestral de l'asservissement à la nécessité, de la concrétisation du rêve d'échapper à la « prison terrestre » par la conquête de l'espace, de la prolongation de l'existence au-delà de tout espoir, voire de la création de la vie en éprouvette, la science et le progrès technique ont rendu l'homme capable d'accomplir des choses qui, jusqu'à présent, relevaient exclusivement de la prérogative divine, capables d'agir sur la terre et dans la nature « comme si nous en disposions de l'extérieur, du point d'Archimède »[3]. Mais, alors que Max Horkheimer décelait les premiers symptômes de cette « maladie » de la raison dès les premiers chapitres de la Genèse, où l'on trouverait cette volonté de dominer le monde plutôt que de le comprendre, pour H. Arendt en revanche, l'aliénation du monde moderne est la conséquence de trois événements : la découverte de l'Amérique, la Réforme, et surtout l'invention du télescope, point de départ de la naissance du doute quant au témoignage des sens, et perte de l'évidence du concept de vérité fondé sur la perception, doute que Descartes allait universaliser en l'étendant à la raison et à la foi. À l'opposition Ciel-Terre, la science, désormais « universelle », a substitué l'opposition Homme-Univers ; à la compréhension, la découverte et la manipulation de lois universelles ; au Savoir et à la Pensée, le savoir-faire : parce que nous avons voulu dominer le monde plutôt que le comprendre, nous sommes devenus esclaves de nos connaissances pratiques[4]. Écoutons comme en écho M. Horkheimer : « L'être humain, dans le processus de son émancipation, partage le sort du reste du monde : la domination de la nature implique celle de l'homme »[5], ou encore G. Steiner : « La demeure de l'humanisme classique, le rêve du règne de la raison sur lequel se fondait la société occidentale se sont en grande partie effondrés [...] de nos jours, sur les hauts lieux de la culture, de la philosophie et des arts, nous avons vu s'élever Auschwitz et Belsen ... »[6].

1. « Theses on the Philosophy of History » in *Illuminations*, edition and introduction H. Arendt (New York, Schocken Press, 1969), p. 257-58. Traduction française de M. de Gandillac, *Œuvres*, II, « Poésie et révolution », p. 281.

2. *HA-HB*, Lettre du 1er mars 1955.

3. *CHM.*, p. 332.

4. *Ibid.*, p. 36.

5. *Éclipse de la raison* (Paris, Payot, 1974 trad. J. Debouzy), p. 102.

6. *Langage et silence*, *op. cit.*, p. 9. « De cet humanisme il ne reste plus que des cendres.

La rançon du progrès semble donc être la perte du sens pour Theodor Adorno et M. Horkheimer : « sur la voie qui les conduit vers la science moderne, les hommes renoncent au sens, ils remplacent le concept par la formule, la cause par la règle et la probabilité »[1], tandis qu'H. Arendt déplore pour sa part la « retraite du sens commun » au profit de la Raison comprise comme « calcul des conséquences, faculté de détruire et de conclure »[2], l'esprit, coupé du réel, jouant tout seul sans sentir que soi-même. La perte avérée du sens pourrait s'énoncer dans la question : « souhaitons-nous employer dans ce sens nos nouvelles connaissances scientifiques et techniques ? »[3], question éminemment politique, à laquelle les scientifiques eux-mêmes se sont mis hors d'état de répondre du fait de l'utilisation de symboles mathématiques intraduisibles dans le langage. Il en résulte que le penser, en quoi consiste l'essence véritable de l'homme, est devenu inutile, et que les ingénieurs sont devenus les « philosophes du concret », tout comme les dirigeants étaient pour Platon des « ingénieurs de l'abstrait »[4]. *La Dialectique de la raison* s'assignait pour tâche de comprendre la barbarie dans laquelle avait à nouveau sombré l'humanité, comment « la rationalisation détruit la substance de la Raison »[5], *La condition de l'homme moderne* nous propose pour sa part, de « penser ce que nous faisons ». Ce triomphe de la *vita activa* sur la *vita contemplativa*, l'accroissement de la confiance dans le « faire », sont le signe d'une confusion entre la fin et les moyens. De ce que l'enjeu n'est désormais plus de comprendre, de trouver la signification des choses, mais simplement de les manipuler, il résulte que la Raison n'est plus au service de la quête de la vérité, qu'elle est devenue calcul de probabilités, simple instrument ne répondant plus qu'au critère de l'utilité et du profit, adaptation des « moyens à des fins, sans se soucier de savoir si les objectifs sont raisonnables »[6].

Mais il est une autre conséquence du progrès technique, toute aussi grave, et qui tient en ce que l'homme n'ayant pas su, pas voulu laisser être l'univers dans son altérité, dans son étrangeté, il ne rencontrerait plus que soi. Ici, la formulation d'H. Arendt est on ne peut plus proche de celle de M. Heidegger : « l'homme pose au seigneur de la terre. Ainsi s'étend

Les accents des survivants : Hannah Arendt, Ernst Bloch, T.W. Adorno, Erich Kahler, Lévi-Strauss résonnent avec une unanimité qui s'apparente à la désolation, quelques différents que puissent être leurs intérêts et leurs travaux », *ibid.*, p. 149.

1. *Dialectique de la raison* (Paris, Gallimard, 1974, trad. E. Kaufholz), p. 23.
2. *CHM.*, p. 35
3. *Ibid.*
4. *Éclipse de la raison*, *op. cit.*, p. 13 et 67-68.
5. *Ibid.*, p. 9.
6. *Ibid.*, p. 13.

l'apparence que tout ce que l'on rencontre ne subsiste qu'en tant qu'il est le fait de l'homme. Cette apparence nourrit à son tour une dernière illusion : il nous semble que partout l'homme ne rencontre plus que lui même »[1]. S'il ne s'agit là que d'une illusion, c'est parce que l'homme moderne est précisément celui qui « ne se rencontre plus lui-même en vérité nulle part, c'est-à-dire qu'il ne rencontre plus nulle part son être (*Wesen*) ». Pour M. Heidegger, la conception courante instrumentaliste et anthropocentrique, selon laquelle la technique serait neutre – un moyen en vue de certaines fins, voire l'une des activités de l'*homo faber* – nous rend aveugles quant à l'essence de la technique. Pas plus que l'essence de l'arbre ne saurait s'identifier à l'arbre lui-même, l'essence de la technique ne se laisse appréhender dans la technique elle-même. La technique se différencie en effet de la fabrication d'outils manipulés dans la perspective de l'utilité, en ce qu'elle relève toujours, au même titre que la *technè* grecque, et même si nous n'en avons plus conscience, de l'*epistémè*, du savoir, *technè* signifiant proprement « s'y connaître dans le fait de produire ». En outre, l'outil s'il est bien un moyen servant une fin, présuppose l'ouverture d'un monde. De même, le *Dasein* humain est-il foncièrement découvrant : la technique moderne, a donc bien, comme la *technè* grecque, affaire au découvrement, à l'*aletheuein*, à cette différence près, qu'aujourd'hui le dévoilement de la technique moderne ne produit pas au sens de *poiesis*, mais agresse, pro-voque (*herausfordern*) la nature, la mettant en demeure de lui livrer toute son énergie pour l'extraire, l'accumuler, la transformer, la stocker, la répartir.

Cette essence pro-voquante de la technique, M. Heidegger la baptise *Gestell* – (où le préfixe *Ge* a valeur de rassemblement, le radical *stellen* indiquant pour sa part le fait de poser, commettre, interpeller) – ce que les traducteurs rendent par « Arraisonnement ». Répondant à l'appel du *Gestell* qui le somme d'aborder l'étant tout entier comme un fonds (*Bestand*) à exploiter, l'homme moderne se caractérise par sa volonté de « s'imposer soi-même à travers tout et contre tout », autrement dit de vouloir commander et réduire toute chose, y compris lui-même, au statut de matériel de production : l'époque moderne ne ferait ainsi que mettre à jour dans le cours de la métaphysique l'essence de la volonté comme être de l'étant, l'homme devenant un « fonctionnaire de la technique »[2]. L'essence de la technique, pour M. Heidegger qui a lu et commenté au cours d'un séminaire de l'hiver 1939-1940, *Le Travailleur* d'Ernst Jünger paru en

1. « La question de la technique », in *Essais et Conférences* (Paris, Gallimard, 1958, trad. A. Préau, préfacé par J. Beaufret), p. 36.

2. « Pourquoi des poètes ? », in *Chemins qui ne mènent nulle part* (Paris, Gallimard, 1962, trad. W. Brokmeier), p. 353.

1932, n'est rien d'autre que l'achèvement de la métaphysique elle-même, l'oubli de l'être porté à son paroxysme, la détresse d'une civilisation désertée par le divin, complètement repliée sur l'étant. E. Jünger prédisait en effet l'époque de la « mobilisation totale » où l'humanité serait réduite à la figure du Travailleur[1] se substituant à toutes les différenciations antérieures, s'affairant à transformer la terre en une gigantesque organisation technologique, et, sous l'influence de Nietzsche, il concevait la technique moderne comme l'ultime manifestation, dissimulée, de la Volonté de Puissance. Toutefois, contrairement à E. Jünger qui estimait que, loin de rejeter la technique, il fallait l'embrasser de bon cœur, en s'attachant à formuler une éthique correspondant au « monde du feu », M. Heidegger alerte sur le péril que l'essence de la technique fait peser sur l'essence de l'homme dans son rapport avec l'être même. Ce péril est infiniment plus dangereux, plus mortel que la bombe atomique elle-même : « Ce n'est pas la bombe atomique dont on discourt tant, qui est mortelle, en tant que machine toute spéciale de mort. Ce qui depuis longtemps déjà menace l'homme de mort, et non pas d'une mort quelconque, mais de celle de son essence humaine, c'est l'inconditionnel du pur vouloir, au sens de l'auto-imposition délibérée en tout et contre tout »[2], la croyance que grâce à la technique, le monde sera « ordonné » sans qu'on s'aperçoive du nivellement, de l'uniformité qu'une telle mise en ordre implique. La technique étant le mode de dévoilement actuel de l'étant, il serait pourtant totalement naïf de prétendre pouvoir la maîtriser, freiner son évolution, car c'est dans l'être lui-même que se trouve dissimulé le péril. Dès lors, croire que l'on pourrait en venir à bout, équivaudrait à affirmer que l'homme, déjà « seigneur de l'étant », est en outre le « maître de l'être ». Si l'essence de la technique est « la nuit du monde », s'ensuit-il qu'il n'y ait point de salut? Cette salvation, ce « revirement » des mortels ne saurait venir que « de là même d'où vient le péril », affirme M. Heidegger en reprenant la parole de Hölderlin[3]. Pour nous sauver du nihilisme, il faut qu'advienne brusquement un « tournant » (*Kehre*), un destin (*Geschick*) autre, incarné non par la figure du travailleur, mais par celle du poète, la technique n'étant en fait qu'une forme dégénérée de l'œuvre d'art, de la *technè* grecque comme mode de dévoilement de l'être. M. Heidegger se refuse donc à tout diagnostic de décadence et à toute prophétie de malheur : prévoir le contour de l'avenir présupposerait en effet d'une part que l'avenir, voilé par définition, ne fût que « la simple rallonge

1. Nous renvoyons à l'entretien avec Ernst Jünger recueilli par F. de Towarnicki, in « Cahiers de l'Herne », *op. cit.*, p. 145-50.

2. *Chemins qui ne mènent nulle part, op. cit.*, p. 353.

3. *Ibid.*

d'un présent à peine pensé », et équivaudrait d'autre part à rester prisonnier des schémas de « la représentation et de ses techniques de calcul ... »[1]

Si les poètes sont bien pour H. Arendt également ceux qui sauvent le monde, comme nous aurons l'occasion de le voir dans notre dernier chapitre, il n'en reste pas moins qu'à ses yeux l'explosion atomique loin de ne représenter comme pour M. Heidegger qu'un « quelconque danger contingent »[2], inaugure bel et bien la date de naissance « politique » du monde moderne[3]. En effet, l'effroi qui s'était emparé du monde après Hiroshima, et la suspicion à l'encontre du progrès technique qu'invoquait H. Arendt, n'étaient plus exclusivement le fait des intellectuels, mais étaient également partagés par l'opinion publique, consciente des menaces qui pèsent sur sa survie. H. Arendt, dans l'article précédemment cité, « L'Europe et l'Amérique », s'irritait de ce que l'Amérique apparût désormais comme « l'incarnation d'une emprise technique destructrice hostile et étrangère à l'Europe »[4], et elle prenait soin de rappeler que de nombreux savants européens, contraints à l'exil par les circonstances politiques, avaient bel et bien contribué à la découverte de l'énergie atomique. Mais qu'en est-il de l'argument selon lequel l'Amérique, pays de la liberté, n'utiliserait cette force que pour se défendre et riposter ? Outre que la liberté « ne saurait être garantie par des lois », car ce serait faire fi de l'imprévisibilité constitutive du concept même de liberté, réplique ici H. Arendt, ce raisonnement présuppose « que la mort est préférable à l'esclavage », que la liberté présuppose les vertus politiques par excellence que sont le courage et le sacrifice, autrement dit que la vie n'a rien de sacré. Or, précisément, ce à quoi nous confronte l'éventualité d'une guerre atomique, c'est au dépassement de toutes nos catégories politiques traditionnelles : dès lors que la guerre vise à l'anéantissement pur et simple, dès lors que ce qui est en jeu dans la politique étrangère, c'est la vie, « c'est-à-dire la survie de l'humanité »[5], les notions mêmes de guerre et de paix ont perdu toute signification, le but de la guerre n'étant plus nécessairement la paix. Il en va de même pour les notions de courage, de sacrifice et, a fortiori, d'immortalisation du héros dans la mémoire des survivants et de la postérité : après une catastrophe nucléaire, quel autre Homère chanterait les louanges d'Hector, quel autre Hérodote relaterait l'histoire des Perses ? Depuis l'Antiquité romaine, la guerre n'était qu'une

1. « Le Tournant », in *Questions IV* (Paris, Gallimard, 1976, trad. J. Lauxerrois et C. Roëls), p. 153.

2. « Pourquoi des poètes ? », *op. cit.*, p. 355.

3. *CHM.*, p. 39.

4. *PE.*, p. 187.

5. *QP. ?*, p. 83.

manière de poursuivre la politique avec d'autres moyens. L'une des deux parties acceptait-elle de négocier, cédait-elle aux exigences de l'autre, que la guerre pouvait être évitée, au prix de la liberté peut-être, mais non pas de l'existence pure et simple de tous. La guerre, dans la mesure où elle est devenue guerre d'anéantissement, n'est plus un instrument de la politique, mais se retourne contre la politique elle-même, pour l'anéantir à son tour. Rétrospectivement, la situation des époques antérieures ne peut nous apparaître que comme un « paradis perdu ». Ce que la spécificité de l'armement atomique a érigé en lieu et place de la vie qui constituait jusqu'à présent la fin suprême de la politique intérieure, et de la liberté, bien suprême de la politique étrangère, c'est la violence, non plus comme un simple moyen pour protéger la liberté, mais comme fin. Pour assurer une vie quotidienne exempte de violence, les pouvoirs publics, l'État, se sont vu confier la totalité des moyens de coercition. Or, comme dans le cas de la découverte du point d'Archimède, comme pour l'*Angelus Novus*, l'État n'a pas su demeurer maître de la violence, d'autant que celle-ci s'alliait à la puissance. Avec l'armement atomique, les moyens de la violence se sont accrus de manière inouïe, au point qu'à l'arrière-plan de toute politique se pose désormais la question de savoir comment interrompre de tels processus.

En 1958, K. Jaspers publia un ouvrage volumineux consacré à la question, *La bombe atomique et l'avenir de l'homme*[1] qui, s'il souleva de nombreuses objections de la part des savants allemands et des opposants à l'Alliance Atlantique, n'en valut pas moins à son auteur le Prix de la Paix des Libraires allemands, à l'occasion duquel H. Arendt prononça d'ailleurs une allocution[2]. K. Jaspers tout en rappelant que la bombe lancée sur Hiroshima le 6 août 1945, fit entre cinquante mille et cent cinquante mille morts, la seconde tombant sur Nagasaki peu de jours après, remarquait toutefois que ces bombes étaient peu de chose, comparées aux bombes à hydrogène qui furent lancées depuis dans des régions désertiques, et dont l'énergie dépassait six cent fois celle de la bombe d'Hiroshima. Dans un premier temps, il semblait avoir été convaincu par les arguments de Hans Jonas, lequel, de retour de la guerre, inclina tout d'abord à ne considérer la bombe atomique que du point de vue du soldat, soit, « comme une nécessité militaire [...] utilisable à des fins pacifiques »[3]. Bientôt pourtant, H. Jonas constatait qu'Hiroshima avait déclenché une réflexion nouvelle, angoissée, sur la technique dans le monde occidental, « la critique

1. Trad. E. Saget, Buchet Chastel, 1963.

2. « Karl Jaspers : Eloge » in *VP.*, p. 83-93.

3. « Die Bereitschaft zur Furcht ist ein sittliches Gebot », in *Dem bösen Ende näher. Gespräche über das Verhältnis des Menschen zur Natur* (Suhrkamp, 1993), p. 85 *sq.*

philosophique de la technique apparaissant ainsi marquée du signe de l'angoisse (par exemple Günther Anders) »[1]. Dans *La condition de l'homme moderne*, H. Arendt évoque elle aussi, l'essai sur la bombe atomique publié en 1956 par son premier mari[2] : le mot « expérience », appliqué aux essais nucléaires des nouvelles bombes n'a plus de sens puisque leurs effets sont si énormes que loin de se dérouler dans un espace isolé du monde extérieur, « leur laboratoire coïncide avec le globe »[3]. À partir du lancement de la bombe atomique sur Hiroshima le 6 août 1945, le thème central qui était jusqu'à présent celui de la pensée de G. Anders, « L'homme sans monde », ainsi que l'avaient illustré ses essais sur F. Kafka et A. Döblin[4], se mua dans celui du « Monde sans l'homme »[5]. L'affirmation « tous les hommes sont mortels » devenant désormais « l'humanité en totalité est tuable », comme l'avaient déjà prouvé les camps de la mort, à cette différence près que la nouvelle *potestas annihilationis* aurait fait prendre conscience aux *morituri* de son unité[6]. Et G. Anders d'invoquer un *devoir d'angoisse*, seul susceptible de mobiliser l'humanité autour de sa survie.

Un état de paix universelle, sans bombes atomiques est-il pensable, s'interrogeait K. Jaspers[7] ? La non-violence peut-elle nous garantir contre la violence ? S'il reconnaissait bien que Ghandi avait su fournir la vraie réponse par son action et sa parole, une réponse couronnée de succès et « prenant pied dans le supra-politique », ce modèle ne lui paraissait pourtant pas pouvoir servir de guide dans l'action politique présente, compte tenu de « la terreur sans restriction que fait régner la force »[8]. H. Arendt admirait, elle aussi Ghandi, tout en estimant qu'il n'était pas confronté à une situation de terreur telle que celle qui a prévalu avec Hitler ou Staline. Non qu'H. Arendt récusât la bonté en tant que telle – les

1. « Philosophie. Regard en arrière et regard en avant à la fin du siècle », in *Pour une éthique du futur* (trad. et présenté par S. Cornille et P. Ivernel, Rivages poche, 1998), p. 50. Anders serait le pseudonyme que choisit Günther Stern lorsque souhaitant multiplier ses contributions au « Börsen-Courier » de Berlin, son directeur lui enjoignit de s'appeler autrement – ce qu'il prit au pied de la lettre, *anders* en allemand signifiant autrement, et n'étant pas l'anagramme d'Arendt comme on a pu le prétendre ! (Voir à ce sujet, F. Volpi, *Su Heidegger. Cinque voci ebraiche*, Donzelli, Rome, p. XI).

2. *De la bombe atomique et de notre aveuglement face à l'Apocalypse* (Paris, Titanic, 1995, trad. P. Charbonneau).

3. *CHM.*, p. 202-03, note.

4. En 1931, G. Stern avait prononcé une conférence sur le roman d'Alfred Döblin, *Berlin Alexanderplatz*, intitulée « Der verwüstete Mensch ».

5. Munich, 1984.

6. *De la bombe et de notre aveuglement face à l'apocalypse*, *op. cit.*, p. 19-20 et 108.

7. *La bombe atomique et l'avenir de l'homme*, p. 83.

8. *Ibid.*

chrétiens peuvent mourir en martyrs dans les camps de morts très saintes, mais aucune main secourable n'évitera jamais les camps – mais il s'agit là d'une vertu morale ou personnelle qui ne saurait prétendre s'ériger sur la scène publico-politique. La bonté, tout comme la pitié, sont des « émotions » et non des « principes » : l'alternative, c'est la solidarité, le vrai principe républicain. Pour H. Arendt, le principe est le quatrième élément constitutif de toute action politique – les trois autres étant respectivement le but, la finalité et le sens. « À la différence de son but, le principe d'une action peut être répété maintes et maintes fois, il est inépuisable, et à la différence de son motif, la validité d'un principe est universelle, elle n'est liée à aucune personne particulière, ni à aucun groupe particulier »[1]. Sur le plan psychologique, le principe, affirme-t-elle, se référant à l'*Esprit des Lois* de Montesquieu, « consiste dans la conviction fondamentale que partage un groupe d'hommes ». Le principe est un « critère directif qui inspire l'action » et qui se manifeste dans le monde aussi longtemps que dure l'action elle-même. Au nombre des principes inspirant l'action, il faut compter l'honneur, la gloire, l'amour de l'égalité ou vertu, la distinction ou excellence, mais aussi la crainte, la méfiance, la haine[2], et après avoir hésité à faire de la peur le principe du totalitarisme, H. Arendt en vint à la conclusion que le totalitarisme se caractérisait plutôt par l'absence de principe.

Nombreux étaient les auteurs qui, à cette époque, soucieux de maintenir le caractère unique d'Auschwitz, refusaient tout parallèle, toute comparaison entre Dresde, Coventry, Hiroshima et Auschwitz. Que l'unicité d'Auschwitz soit pensée comme « l'énigme d'un soleil noir »[3] ou comme l'énigme d'un « triple silence »[4] – silence de la cité concentrationnaire repliée sur elle-même, silence de quelques spectateurs qui ont opté pour la prudence et l'incrédulité, silence de Dieu – sa singularité tiendrait en ce qu'Hiroshima est un événement technique dont on peut rendre compte, intelligible, « bruyant », dont le monde entier a instantanément perçu l'écho, et qui n'impliquerait ni la suppression de Dieu ni le recours à une nouvelle théodicée comme c'est le cas chez H. Jonas par exemple[5]. Mais le discours américain qui justifie Hiroshima comme un « événement préférable » pour prendre Hitler de vitesse, n'élude-t-il pas la possibilité d'en

1. *CC.*, p. 198.

2. *Ibid.*

3. C. Lanzmann, *Au sujet de la Shoah* (Belin, 1990), p. 306.

4. A. Neher, *L'exil de la parole. Du silence biblique au silence d'Auschwitz* (Paris, éd. du Seuil, 1970), p. 154.

5. Voir *Le concept de Dieu après Auschwitz* (Paris, Rivages Poche, 1994, trad. P. Ivernel, Suivi d'un essai de C. Chalier) et « L'immortalité et l'esprit moderne » in *Entre le néant et l'éternité* (Paris, Belin, 1995, traduit et préfacé par S. Courtine-Denamy).

finir avec cette guerre par les armes traditionnelles, la négociation, voire par une démonstration de force sur une île déserte, comme telle était d'ailleurs la condition qu'avait imposée Einstein à la délivrance de sa formule? Autres arguments en faveur de l'unicité d'Auschwitz: le nombre de victimes à Hiroshima ne soutiendrait pas la comparaison avec le génocide de six millions de Juifs, la finalité même de l'événement atomique n'étant pas d'éradiquer le concept d'humanité. À l'inverse, G. Anders soutenait pour sa part le « caractère paradigmatique » d'Auschwitz, qu'Hiroshima n'aurait fait que radicaliser en l'étendant à l'échelle de l'humanité. Dans les deux cas, affirmait-il, on n'avait plus affaire à la guerre mais à l'élimination par un procédé technique [1] se retournant contre son créateur. Mais diaboliser ainsi la technique, ne voir dans Hiroshima ou le National Socialisme que « la rencontre entre la technique déterminée planétairement et l'homme moderne » [2], n'est-ce pas simultanément déculpabiliser et déresponsabiliser complètement l'individu de ses actes? Par opposition au concept de « banalité du mal » et à la personnalité d'Eichmann, G. Anders forgea celui de « coupable innocent », d'« innocence du mal », incarné par Claude Eatherly, l'un des pilotes d'Hiroshima victime de la technique, qui tenta de se suicider et avec lequel il entretint une correspondance [3].

Conviée à une table ronde – dont le lieu et la date exacte n'ont malheureusement pas pu être retrouvés – et dont le thème était formulé sous forme d'une question: « quel est le principal souci actuel? » –, H. Arendt s'indignait que la réponse pût être à la quasi-unanimité: « l'homme », plutôt que le monde. Une telle réponse – caractéristique de la « philosophie traditionnelle » et des sciences sociales – qui consacre la découverte du Soi depuis le début de l'époque moderne, estimait-elle, n'aurait en effet pu se justifier que s'il s'agissait de la prise en compte de la menace palpable que fait peser la menace atomique sur le genre humain, et non pas sur l'essence de l'homme. Une telle réponse qui « place l'homme au centre du souci contemporain et qui prétend devoir le changer et lui porter secours, est profondément non politique », son incongruité tenant en

1. G. Anders, *Die Antiquiertheit des Menschens, über die Seele im Zeitalter der zweiten industriellen Revolution* (C.H. Beck, Munich, 1985). Voir également *Das Günther Anders Lesebuch* (Diogenes, Zürich, 1984).

2. M. Heidegger, *Introduction à la métaphysique* (Paris, Gallimard, 1967, trad. G. Kahn), p. 202.

3. « On pseudo-concreteness of Heidegger's philosophy », in « Philosophy and Phenomenological Research », 1948, n° 9, p. 37-70, cité par E. Traverso, « Auschwitz et Hiroshima. Notes pour un portrait intellectuel de G. Anders » (« Lignes », *op. cit.*). Voir également Daglind Solonet, « La technique est notre destin : à propos de la philosophie de la culture de Günther Anders », in « Raison et Émigration » (Cahiers de Philosophie de l'Université de Caen, P.U. de Caen, 1996, n° 30), p. 14-44.

ce que « au centre de la politique, on trouve toujours le souci pour le monde et non pour l'homme »[1]. Cette attitude lui était déjà apparue, dans *La condition de l'homme moderne*, symptomatique de l'aliénation du monde moderne « de sa double retraite fuyant la Terre pour l'univers et le monde pour le Moi »[2]. Dans son entretien avec G. Gaus de 1964, H. Arendt réitèrera cette constatation amère : « savoir quel est le visage du monde n'importe plus à qui que ce soit »[3], ou encore dans *Vies Politiques :* « Rien n'est à notre époque plus problématique que notre attitude à l'égard du monde »[4]. Et, si elle confiait bien à son époux « Je me sens, comme à l'époque de l'Alyah des jeunes, submergée par le souci et l'angoisse à l'égard des autres hommes »[5], il convient toutefois de souligner le passage au pluriel : *les* hommes, plutôt que *l'*homme. Chez H. Arendt en effet, le passage au pluriel, souligne la dimension publique et non privée de l'être-ensemble, au sein duquel seulement l'homme peut accéder à son identité, à son « Qui ».

Outre le passage au pluriel, remarquons que ce « souci » qui s'exprime chez H. Arendt n'est nullement une reprise du Souci heideggérien, caractéristique, dès *Être et Temps* de l'être originel de l'être-là[6] : « de bonne heure, l'être-là, sitôt qu'il s'exprime à propos de lui-même, s'est explicité, encore que de manière préontologique, en tant que souci (*cura*) »[7]. Pour démontrer que l'interprétation existentiale de l'être-là comme souci n'a rien à voir avec la signification « simplement » ontique de « tracas » ou d'« ennui », autrement dit, avec « un comportement isolé du Moi à l'égard de lui-même », M. Heidegger rappelle la fable d'Hygin que Goethe reprit à Herder pour la seconde partie de son *Faust.* Souci, traversant un fleuve, s'avisa de donner forme à un limon argileux, priant Jupiter de lui insuffler la vie. Mais chacun des deux créateurs se querellant pour lui donner son nom, la Terre intervint pour revendiquer à son tour ce privilège, puisque c'est elle qui avait prêté son corps à la créature. Saturne se fit alors arbitre : « qu'il soit appelé *homo* [« non pas eu égard à son être »], car il est fait d'*humus* (la terre) [« eu égard à ce dont il est formé »]. Tirant l'origine de son être du souci, *homo* ne s'en détacherait jamais[8], éprouvant son

1. *QP. ?*, p. 41.
2. *CHM.*, p. 39.
3. *TC.*, p. 252.
4. p. 12.
5. *HA-KB*, Lettre du 14 avril 1955.
6. Au § 39, Heidegger écrivait en effet « l'être de l'être-là [...] se révèle comme souci (sur lequel se fondent la volonté, le souhait, l'inclination, l'impulsion [...] » (*op. cit.*), p. 224-25.
7. *Ibid.*, p. 225.
8. *Ibid.*, p. 240.

existence comme fardeau. Le « souci » qui s'exprime chez H. Arendt n'est pas davantage lié à la nouvelle accentuation que reçoit ce concept après le « retournement » où, le souci(*Besorgen*), de préoccupation apportée à soi-même dans un monde inauthentique régi par la production où l'être-là se sent étranger [1], deviendrait désormais le « "soin apporté à l'Être" », en sorte que l'homme qui, jusqu'à présent apparaissait comme « le gardien (*Platzhalter*) du Néant [...] devient désormais le pasteur (*Hüter*) ou le berger (*Hirte*) de l'Être ... » [2].

Mais qu'est-ce donc que le « monde » dont il nous faut avoir souci pour H. Arendt ? Ici également, la différence doit être marquée par rapport à M. Heidegger. *La condition de l'homme moderne* n'oppose pas en effet, contrairement à M. Heidegger, un monde prioritairement défini comme factice, inauthentique, le monde public du « On », le monde ambiant de la préoccupation pratique et utilitaire à un monde privé, « propre » (*eigen*), authentique, mais bien plutôt le monde à la terre et à la nature. Pour qu'il y ait monde, il faut assurément des « productions humaines », des « objets fabriqués de main d'homme », soit ce que recouvre la signification ontique du monde chez M. Heidegger : « la totalité des étants qui peuvent subsister à l'intérieur du monde [...] des maisons, des arbres, des hommes, des montagnes, des étoiles » [3]. Mais, outre un grand nombre de choses, naturelles et artificielles, vivantes et mortes, provisoires et éternelles » [4], pour qu'il y ait monde, il faut surtout des « relations qui existent entre les habitants de ce monde fait par l'homme », même la vie de l'ermite au désert ne pouvant se concevoir sans l'existence d'un monde attestant la présence d'autres humains. Monde désignerait donc ici pour H. Arendt ce que M. Heidegger définissait comme « la communauté des êtres humains (notion personnaliste du monde) », mais qu'il récusait comme tout aussi

1. Si le *Dasein* heideggérien comme "souci" et donc comme mortel, était apparu dans un premier temps au jeune H. Jonas plus proche de l'enracinement naturel de notre être que la conscience pure de Husserl, « le prédicat "mortel" renvoyant à l'existence du corps dans toute sa matérialité crue et exigeante », il lui reprocha toutefois de ne pas suffire à rendre compte « du besoin physique, du "j'ai faim" » (« Philosophie. Rétrospective et prospective à la fin du siècle », in « Le Messager européen », 7, 1993, trad. J. Greisch), p. 338.

2. *VE.*, II, p. 209.

3. *S.u Z.*, *op. cit.*, § 14, p. 86. Voir également « L'origine de l'œuvre d'art » in *Chemins qui ne mènent nulle part*, *op. cit.* : « Un monde, ce n'est pas le simple assemblage des choses données, dénombrables et non dénombrables, connues ou inconnues. Un monde, ce n'est pas non plus un cadre figuré qu'on ajouterait à la somme des étants donnés. Un monde s'ordonne en monde (*die Welt weltet*), plus étant que le palpable et que le préhensible où nous nous croyons chez nous. Un monde n'est jamais un objet consistant placé devant nous pour être pris en considération. Un monde est le toujours inobjectif sous la loi duquel nous nous tenons ... » (p. 47).

4. *VE.*, I, p. 33.

fausse que la notion naturaliste du monde (laquelle désigne la totalité des choses de la nature)[1] même si pourtant, à la différence de la pierre ou de l'animal l'homme seul est tel qu'il *constitue* un monde[2]. Autre différence entre les deux auteurs, loin de constituer le propre (*eigen*) de l'homme, d'être authentique, c'est la vie privée qui chez H. Arendt apparaît comme « idiote », par opposition à la vie publique. Le monde, c'est-à-dire pour H. Arendt l'espace dans lequel les choses deviennent publiques, tel est donc le présupposé de la politique, et c'est pourquoi un monde sans hommes est une contradiction dans les termes : « il n'y a d'hommes au sens propre que là où il y a monde », et réciproquement, « il ne peut y avoir de monde au sens propre que là où la pluralité du genre humain ne se réduit pas à la simple multiplication des exemplaires d'une espèce »[3]. C'est pourquoi, « plus il y a de peuples dans le monde [...], plus il se créera de monde entre eux, et plus ce monde sera grand et riche »[4]. Or, si M. Heidegger affirmait bien lui aussi dès *Être et Temps* que « le monde auquel je suis est toujours un monde que je partage avec d'autres, parce que l'être-au-monde est un être-au-monde-avec...Le monde de l'être-là est un *monde commun* »[5], c'était toutefois immédiatemment pour souligner qu'une telle rencontre n'avait lieu que sur fond de préoccupation (*Besorgen*), soit, un monde où « le *Dasein* n'est pas lui-même »[6]. Nulle trace d'un tel dénigrement ni d'une telle opposition entre une ipséité authentique et l'inauthenticité du « On » chez H. Arendt, pour laquelle l'absence d'autrui me prive tout simplement d'existence, c'est-à-dire de la faculté de « paraître » qui dépend de la présence d'êtres vivants, car le fait que j'ai le sentiment de moi-même et puisse donc, en un certain sens, m'apparaître à moi-même, ne suffirait jamais à garantir ma réalité[7]. La réalité de mon existence présuppose, outre la présence d'autrui, la permanence et la durabilité du monde[8], si bien que quand un peuple est détruit, anéanti, c'est « à une échelle réduite, comme si le monde entier

1. « Ce qui fait l'être-essentiel d'un fondement ou "raison" » in *Questions I* (Paris, Gallimard, 1968, trad. H. Corbin), p. 130.

2. « L'origine de l'œuvre d'art, in *Chemins qui ne mènent nulle part, op. cit.* : « Une pierre n'a pas de monde. Les plantes et les animaux, également, n'ont pas de monde [...] la paysanne, au contraire, a un monde parce qu'elle séjourne dans l'ouvert de l'étant », p. 47-48.

3. *QP. ?*, p. 113.

4. *Ibid.*, p. 112.

5. Trad. R. Boehm et A. de Waelhens (Gallimard, 1964), § 26, p. 150.

6. *Ibid.*, p. 158.

7. *VE.*, I, p. 34.

8. *CHM.*, p. 169.

périssait et s'abîmait »[1] : ce qui disparaît ainsi, c'est en effet une perspective unique sur le monde, une partie de la réalité du monde puisque « nous sommes *du* monde et pas seulement *au* monde »[2]. Le monde, pour H. Arendt, c'est donc tout simplement cet espace, que crée tout rassemblement des hommes, un espace qui, simultanément, s'intercale entre eux, les sépare : le monde est un entre-deux, un espace intermédiaire où peuvent se jouer les affaires humaines. Contrairement à l'univers, contrairement à la nature, qui peuvent fort bien exister indépendamment des hommes, le monde ne peut pas exister sans eux. Les catastrophes qui se produisent n'affectent donc pas « l'homme », l'homme au singulier, l'essence de l'homme, que bien plutôt les choses qui constituent le monde que les hommes ont produit et, par contre-coup, elles affectent les hommes, « rejaillissent sur eux, les concernent », et c'est précisément cet « entre » qui est « aujourd'hui l'objet du plus grand souci et du bouleversement le plus manifeste dans presque tous les pays du monde »[3].

H. Arendt fut donc bien de ceux qui, pour reprendre le vocabulaire jonassien, partagèrent cette « heuristique de la peur »[4]. Ici encore, notons que cette peur n'a rien à voir avec sa proche parente toutefois, l'« angoisse » heideggérienne, M. Heidegger ayant soin de préciser que l'angoisse « n'est aucun étant intramondain, [qu'elle] est complètement indéterminée [...] ce qui angoisse l'angoisse est l'être au monde comme tel, [...] l'insignifiance de l'intra-mondain »[5], révélatrice de l'être-là comme *solus ipse*. Chez H. Arendt en revanche, cette peur porte non seulement sur un objet intramondain, mais sur le monde lui-même qui a encore beaucoup à offrir, de même que la coexistence d'autrui. Et elle n'hésite pas à imaginer une catastrophe si monstrueuse, comme une guerre nucléaire, qui détruirait le monde entier, auquel cas, l'homme, s'il en subsistait trace, serait « privé de monde », c'est-à-dire privé de l'apparence, ne pouvant plus être ni vu ni entendu de tous. La formule, à nouveau, n'est pas sans rappeler celle qu'utilise M. Heidegger dans *Les concepts fondamentaux de la métaphysique*. Monde, finitude, solitude, où, à la différence de la pierre par exemple, qui est « sans monde », c'est-à-dire qui n'est qu'un « fragment du monde », et de l'animal qui est, pour M. Heidegger, « pauvre en monde »[6], c'est-à-dire en fait « privé de monde », l'homme en revanche « a » le monde, en ce sens qu'il est à la fois le serviteur et le maître, qu'il est

1. Cicéron, *La République*, III, 23, p. 87, cité in *VE.*, I., p. 182.
2. *VE.*, I, p. 37.
3. *VP.*, p. 12.
4. *Le principe responsabilité. Une éthique pour la civilisation technique* (Paris, Cerf, 1993, trad. J. Greisch), p. 301.
5. *Être et temps, op. cit.*, p. 228-230.
6. Paris, Gallimard, 1922, trad. D. Panis, p. 267.

« configuration de monde »[1]. Pour H. Arendt également, une catastrophe atomique priverait l'homme de monde « au même titre que l'animal »[2]. Ce que la guerre nucléaire anéantirait, c'est la pluralité, la possibilité de parler et d'agir de concert. Avec la bombe atomique, une limite à la violence a été outrepassée. D'une part, en ce que l'énergie nucléaire, issue de processus provenant de l'univers qui entoure la terre, se révèle être « une force surnaturelle »[3], d'autre part en ce qu'aucun pouvoir de produire ne vient plus contrebalancer le pouvoir de destruction de l'atome. H. Arendt n'hésite d'ailleurs pas à utiliser l'expression de « péché capital » pour caractériser ce point de rupture, cette démesure de la violence à notre époque. La spécificité de cette violence tient en effet en ce qu'elle ne s'étend pas qu'aux choses produites, mais « à une réalité historico-politique, abritée dans ce monde produit », laquelle, n'ayant pas été « produite », ne saurait être « restaurée », à savoir, le monde des relations humaines, le monde de la parole et de l'agir[4]. À supposer qu'un seul peuple survécût à une catastrophe nucléaire, ces hommes privés de monde qui subsisteraient n'appartiendraient donc plus à l'humanité. L'effroi qui s'est emparé du monde lorsque les premières bombes atomiques tombèrent sur Hiroshma, provient de ce qu'elles avaient démontré leur capacité à décimer non seulement les peuples, mais à transformer le monde en désert en supprimant l'entre-deux. Le remède à cette *hybris*, le souci du monde, va dès lors passer chez H. Arendt par la prise de conscience de la signification de la « guerre totale », par un cri d'alarme : Ne recommençons pas la guerre de Troie !, l'archétype à ses yeux de la guerre d'anéantissement qui nous menace à nouveau, et qui s'acheva par une destruction si complète de la ville que l'on put croire jusqu'à une époque très récente qu'elle n'avait jamais existé.

Or, le danger le plus grave auquel nous confronte la menace d'une « guerre totale » susceptible d'anéantir toute vie sur terre consiste en ce que les hommes s'interrogeant désormais sur le sens à donner à la politique qui, après n'avoir pas su préserver leur liberté, met leur existence même en danger, ne souscrivent que trop naturellement au préjugé et à l'espoir de se débarasser purement et simplement de la politique, chaque citoyen qui cède à la tentation de se décharger de sa responsabilité face au devenir du monde, engendrant de ce fait « une perte en monde presque démontrable »[5]. Tel est le signe le plus évident du malheur dans lequel a sombré le monde : « Le

1. « Sérénité » in *Questions III* (Paris, Gallimard, 1966, trad. A. Préau), p. 290.
2. *QP. ?*, p. 45.
3. *Ibid.*, p. 95.
4. *Ibid.*, p. 98.
5. *VP.*, p. 13.

fait qu'il y va aujourd'hui en politique de l'existence pure et simple de tous, constitue le signe le plus clair du malheur auquel notre monde est parvenu, malheur qui consiste, entre autres choses, en ce qu'il fait peser la menace d'éliminer la politique de la surface de la terre »[1]. Mais, se débarrasser de la politique c'est faire le « vœu désespéré d'être avant tout débarrassé de la capacité d'agir »[2]. Que resterait-il dès lors à l'homme, une fois débarassé de sa capacité d'accomplir de grandes actions, de proférer de grandes paroles, seules susceptibles d'inscrire le monde dans lequel il vit dans la durée? Il ne lui resterait que le travail, pour survivre, soit ce que H. Arendt dénonce dans sa préface à la *Crise de la culture*, comme « l'idiotie sans poids des affaires personnelles [...] l'épaisseur triste d'une vie privée axée sur rien sinon sur elle-même » à laquelle furent précisément renvoyés les Résistants dès lors que la Libération, c'est-à-dire « le fait d'être libéré de l'action » fut proche[3]. L'abandon du domaine public s'avère celui d'un « trésor sans âge qui, dans les circonstances les plus diverses, apparaît brusquement, à l'improviste, et disparaît de nouveau dans d'autres conditions mystérieuses, comme s'il était une fée Morgane », le nom d'un tel trésor au XVIIIe siècle, étant, ainsi que nous l'avons vu au chapitre III, d'un côté de l'Atlantique « bonheur public », de l'autre « liberté publique »[4]. L'agir pour H. Arendt, est ce don « miraculeux » que possède l'homme en partage et sur lequel elle fonde, sinon sa consolation face au désastre de ce siècle de guerres et de révolutions prédites par Lénine, du moins son espérance.

K. Jaspers lui avait conseillé de compléter son impératif « Il importe d'être pleinement présent » sur la base duquel, comme nous l'avons également vu au chapitre précédent, elle s'était imposée un devoir de vigilance et de résistance, par celui-ci : « Nous ne renoncerons jamais à l'espoir ». Si « la première citation conseille de saisir chaque occasion », la seconde signifie maintenant « de ne jamais abandonner une action lorsqu'elle semble avoir un sens »[5]. H. Arendt retint la leçon lorsqu'elle affirmait que l'homme moderne n'avait pas perdu sa capacité d'agir même si elle était devenue le privilège des hommes de science. Récupérer cette capacité d'action pour l'exercer non plus sur la nature, mais sur le réseau des relations humaines afin de produire des récits et de l'histoire, telle serait la manière de faire jaillir à nouveau le sens qui nous fait défaut. Récupérer la faculté d'agir, penser ce que nous faisons, c'est répondre du

1. *QP. ?*, p. 84.
2. *Ibid.*, p. 37.
3. *CC.*, p. 11-12.
4. *Ibid.*, p. 13.
5. *HA-KJ*, Lettre n° 177 du 31 Janvier 1956.

monde, lequel doit présenter un « visage décent »[1] non seulement pour nous-mêmes, mais pour les nouveaux-venus, les *neoi.*

Une mise en parallèle de la pensée d'H. Arendt et de H. Jonas s'impose ici, et elle est d'autant plus justifiée que les deux penseurs, amis de longue date, puisqu'ils s'étaient rencontrés à l'automne 1924 au séminaire de M. Heidegger, firent une partie de leurs études ensemble, qu'ils publièrent respectivement leurs thèses sur saint Augustin, et ne cessèrent de dialoguer tout au long de leur vie[2]. Contrairement à leur habitude, H. Jonas avait exceptionnellement soumis à H. Arendt un chapitre important de son *Principe Responsabilité.* « Il est clair Hans, reçut-il en guise d'approbation de celle-ci, que c'est Dieu qui t'a inspiré ce livre »[3]. H. Jonas pourtant, par le titre même de son ouvrage, semblait déroger au principe qu'H. Arendt avait décidé de faire sien. Dans un entretien de 1988, il affirmait que le fil conducteur de sa pensée ne consistait plus tant dans le plaisir de la connaissance, que dans la peur de l'avenir, la peur des hommes : « ce que nous avons accompli jusqu'ici, Waldsterben, Tchernobyl, n'était rien encore : il y aura pire... »[4]. Si, dans un premier temps, le titre même de l'ouvrage de H. Jonas semblait délibérément prendre le contre-pied du *Principe Espérance* d'Ernst Bloch[5], il n'en reste pas moins qu'à la question « que pensez-vous aujourd'hui de l'avenir de l'humanité ? », il répondit : « Incertain, très incertain. Un mélange de peur et d'espoir [...] à supposer que nous ne soyions pas précipités vers une fin soudaine par la folie d'une guerre atomique »[6]. Pour opposer le principe Responsabilité et non le principe Crainte, au principe Espérance, ainsi qu'il tint à le préciser, H. Jonas n'en estime pas moins que la crainte fait partie de la responsabilité tout autant que l'espérance, l'essentiel résidant à vrai dire dans un même présupposé à l'œuvre dans les deux cas, à savoir, l'« appel à l'action ». Pour H. Jonas comme pour H. Arendt en effet, la peur qui fait partie intégrante de la responsabilité, loin d'inviter à la quiétude et à l'indifférence, pousse à l'agir; en ce sens, tous deux sont des « obligés du monde » ; tous deux militent en faveur d'une éthique de la conservation, de la préservation, de l'*amor mundi.*

1. *TC.*, p. 252.

2. Nous renvoyons, pour une étude plus complète des rapports entre H. Arendt et H. Jonas, à la préface de notre recueil de traductions de H. Jonas, *Entre le néant et l'éternité*, *op. cit.*, « Hans Jonas-Hannah Arendt, histoire d'une complémentarité ».

3. *Dem bösen Ende näher*, *op. cit.*, p. 57.

4. *Ibid.*, p. 81

5. E. Bloch, *Le Principe espérance* (Paris, éd. du Cerf, 1976, trad. F. Wuilmart) : « Au principe espérance, nous opposons le principe responsabilité, et non le principe crainte » (*P.R.*, p. 300).

6. *Dem bösen Ende näher*, *op. cit.*, p. 83.

Dans un premier temps, H. Jonas avait paru envisager les « avantages » de la doctrine marxiste comme antidote à l'économie libre des sociétés industrielles occidentales dans lesquelles il voyait « le foyer de la dynamique qui dérive vers le danger mortel »[1]. Le marxisme paraissait bien proposer une éthique de l'avenir sacrifiant l'humanité présente à l'humanité à venir, la planification bureaucratique laissait espérer une limitation des excès de la technologie, enfin son « esprit de frugalité » était bien étranger à la société capitaliste[2]. Toutefois, le culte de la technique, « de la maximisation économique » et, en dernier ressort, l'« utopie » en tant qu'elle est « l'âme du marxisme »[3], achevèrent de le discréditer aux yeux de H. Jonas. À défaut du principe espérance, impuissant à nous guider vers la raison[4], l'« heuristique de la peur », même si elle n'est pas exclusivement celle de la bombe atomique, mais aussi celle de l'effet cumulatif inévitable dans ses formes les plus pacifiques, fait partie de la « responsabilité prospective », celle qui prend en vue les répercussions les plus lointaines de l'agir actuel, dans un savoir prévisionnel : l'éthique de l'avenir a besoin d'une « futurologie »[5]. H. Jonas prenant à la lettre la formule heideggérienne – penser la technique comme un phénomène planétaire – loin pour autant de croire que toute éthique est désormais caduque, s'interrogeait sur les possibilités d'une éthique désormais planétaire elle aussi. En effet, si répondre, est bien toujours le fait de quelqu'un, d'un sujet, d'une personne, face à une autre, la responsabilité nouvelle que H. Jonas nous incite à penser ne porte plus exclusivement sur quelque chose de passé : nous devons également répondre devant les générations futures du visage, décent ou non, du monde qui sera le leur. Cette éthique nouvelle de la responsabilité – (*Verantwortungsethik*), pour reprendre la terminologie de M. Weber qui l'opposait à l'éthique de la conviction (*Gesinnungsethik*) du chrétien par exemple, qui, après avoir accompli son devoir s'en remettait toutefois à Dieu quant aux résultats de son action – doit accepter de limiter son pouvoir, être centrée non pas sur l'hostilité à l'égard de la technique, mais sur la *prudentia*, fille de la *phronésis*, sur l'appel au jugement et sur la tâche philosophique nouvelle de repenser les rapports de l'homme et de la nature, comme de l'esprit et de la matière[6].

1. *Le principe responsabilité*, *op. cit.*, p. 194.
2. *Ibid.*, p. 198-201.
3. *Ibid.*, p. 209-212.
4. *Dem bösen Ende näher*, *op. cit.*, p. 83.
5. *Pour une éthique du futur*, *op. cit.*, p. 71.
6. « Philosophie. Rétrospective et prospective à la fin du siècle », in « le Messager européen », 7 (Paris, Gallimard, 1993, trad. J. Greisch), p. 343.

Dès lors que l'humanité est confrontée à l'absence de monde, à la menace non seulement qu'il n'y ait plus rien, mais qu'il n'y ait plus personne, c'est-à-dire au nihilisme, les questions « fondamentales de la métaphysique »[1], « Pourquoi y a-t-il quelque chose plutôt que rien ? », « Pourquoi y a-t-il quelqu'un plutôt que personne ? »[2] ne peuvent manquer de se poser. H. Arendt rappelle dans *La vie de l'esprit* que la première de ces questions se trouvait déjà chez Leibniz, et que Schelling, pour lequel elle constituait la « question la plus désespérante », estima que « la seule réponse entièrement valide à la question [...] n'est pas un quelque chose, mais le Tout ou Dieu »[3]. Toutefois, la modernité ayant résolument rejeté la croyance en Dieu, se peut-il que la seule réponse possible à cette question soit désormais comme en atteste le héros de *La Nausée* sartrienne face à l'opacité de l'existence – « l'absence de sens », le passage de l'Être au Néant, la disparition de l'admiration (*thaumazein*) à l'origine de la philosophie ? H. Arendt rappelle les autres réponses proposées à la question, celle de Spinoza, de Kant, de Hegel, mais surtout celles de Nietzsche et de M. Heidegger qui, par la doctrine de l'Éternel Retour et l'assimilation de *denken* à *danken* sont autant de manières d'acquiescer, de dire oui, de rendre grâce au caractère factuel de l'existence, d'aimer le monde.

Et H. Jonas de son côté, invite l'homme, « ce destructeur potentiel du travail téléologique de la nature, [à] prendre en charge dans son vouloir le "oui" général de celle-ci [...] et à imposer à son pouvoir le "non" opposé au non-être »[4]. Pour que le monde offre un « visage décent », il faut en effet savoir prendre ses responsabilités, répondre de ce monde qui nous préexiste et faire en sorte qu'il nous survive, ce que H. Jonas formulait sous la forme d'un nouvel impératif, censé se substituer à l'impératif catégorique kantien – « Agis de telle sorte que tu puisses également vouloir que ta maxime devienne un loi universelle » –, plus adapté au nouveau type de l'agir humain et au nouveau type de sujets de l'agir. Si l'ancien impératif kantien n'est plus valide, c'est parce que, s'adressant à l'« individu »[5], il en restait à la conduite privée, à une morale de la « vertu » correspondant à un état de la technique pré-moderne ne faisant planer encore aucune menace sur l'intégrité de la nature et l'essence de l'homme. Il est d'autre part caduc compte tenu de la dimension temporelle dans laquelle il est censé s'exercer, à savoir l'« instantanéité ». L'instrumentalisation de la raison se désin-

1. M. Heidegger, « Qu'est-ce que la métaphysique ? », in *Questions I* (Paris, Gallimard, 1968, trad. H. Corbin).

2. *QP. ?*, p. 139.

3. *Werke*, 6, *Ergänzungband* (éd. M. Schröetr, Munich, 1954), p. 7.

4. *Le principe responsabilité, op. cit.*, p. 190.

5. *Ibid.*

téressant de la nature des fins de son action, la transformation de nature de la technique, l'inversion de « la promesse de bonheur pour l'homme en menace », impliquent la mise en œuvre d'une éthique nouvelle, qui ne se cantonne plus au « prochain » mais qui permette d'envisager les répercussions à long terme sur les générations à venir de l'agir actuel[1]. Cette éthique nouvelle, fondée sur la responsabilité pour le lointain, doit inverser la maxime kantienne « Tu dois donc tu peux » en un « Tu peux donc tu dois »[2], notre responsabilité devant être à la mesure de notre puissance : « inouïe ». Le nouvel impératif que propose H. Jonas revêt une quadruple formulation : « Agis de façon que les effets de ton action soient compatibles avec la permanence d'une vie authentiquement humaine sur terre »[3], soit, énoncé négativement, « Agis de façon que les effets de ton action ne soient pas destructeurs pour la possibilité future d'une telle vie »; ou simplement : « Ne compromets pas les conditions pour la survie indéfinie de l'humanité sur terre », ou encore, à nouveau positivement : « Inclus dans ton choix actuel l'intégrité future de l'homme comme objet de ton vouloir »[4]. Contrairement à la morale traditionnelle, cette nouvelle éthique échappe, qui plus est, à la catégorie de la réciprocité[5], la responsabilité politique à laquelle nous invite H. Jonas trouvant à ses yeux sa meilleure illustration dans la responsabilité que les parents ont à l'égard des nouveaux-nés, lesquels, « sans la continuation de l'engendrement par la prévision et la sollicitude devraient périr »[6]. En effet, nonobstant le caractère « naturel » de la responsabilité des parents à l'égard des enfants par opposition au caractère « artificiel » de la responsabilité de l'homme politique vis-à-vis de ses concitoyens, ce dernier n'en reste pas moins, selon H. Jonas, lié par des liens de fraternité et de solidarité à la communauté dont il n'est certes pas le géniteur, mais le fils assurément, assumant « pour eux tous un rôle dont les responsabilités ressemblent à celles d'un père »[7].

H. Arendt n'aurait certes pas souscrit à cette assimilation du gouvernement politique aux relations parents-enfants, qui constitue précisément à ses yeux l'un des « préjugés » ruineux pour la politique, dans la mesure où celle-ci a pour objet la communauté et la réciprocité d'êtres différents : « les

1. *Ibid.*
2. *Ibid.*, p. 171 *sq.*
3. *Ibid.*, p. 30.
4. *Ibid.*, p. 31.
5. *Ibid.*, p. 64. « L'éthique recherchée a à faire à ce qui n'est pas encore et son principe de responsabilité doit être indépendant aussi bien de toute idée d'un droit que de celui d'une réciprocité ».
6. *Ibid.*, p. 65.
7. *Ibid.*, p. 148.

familles sont fondées à l'image de refuges, de solides châteaux forts, dans un monde inhospitalier et étranger dans lequel dominent les affinités fondées sur la parenté. Ce désir d'affinités conduit à la perversion principielle du politique parce qu'il supprime la qualité fondamentale de la pluralité ou plutôt parce qu'il la perd en introduisant le concept d'alliance »[1]. Pas davantage n'aurait-elle pu souscrire à la responsabilité qu'invoque H. Jonas qu'auraient nos actions sur le royaume de Dieu et sur la menace que fait planer la bombe atomique sur l'image de Dieu[2]. Car pour H. Arendt c'est le monde, et non pas Dieu qui risque de se transformer sous l'action de l'irréversible poussée du progrès : le souci du monde remplace chez elle le souci pour Dieu. En revanche, elle aurait fort bien pu adhérer à la première obligation de cette nouvelle formulation de l'impératif éthique jonassien qui « s'adresse beaucoup plus à la politique publique qu'à la conduite privée »[3] : l'imagination du « *malum* qui n'a pas encore été éprouvé », autrement dit, « la représentation du destin des hommes à venir »[4]. Pour H. Arendt en effet, le jugement est la faculté politique par excellence, celle qui doit s'exercer précisément et paradoxalement[5] lorsque les critères moraux sont défaillants, et qui fait appel à la « mentalité élargie » (*erweiteres Denken*). À la question « que fait-on quand on juge ? », la réponse est donc : on imagine, on se représente les autres, ce qui suppose la distance du spectateur par rapport à la scène de l'action, en bref, on invente le sens des situations inédites. De même n'aurait-elle pu que souscrire à la seconde obligation que formule H. Jonas – « préserver l'héritage dans son intention qui vise "l'image et la ressemblance" »[6] – puisqu'elle-même oppose à la mortalité heideggérienne le concept de natalité, comme nous aurons l'occasion d'y revenir au chapitre VII, et, qu'à l'instar de Bertolt Brecht dans son poème « À ceux qui naîtront après nous », elle aurait pu dire :

1. *QP. ?*, p. 32.
2. « L'immortalité », in *Entre le néant et l'éternité, op. cit.*, p. 34.
3. *Le principe responsabilité, op. cit.*, p. 32.
4. *Ibid.*, p. 50 et 301.
5. Voir sur ce point Jacques Derrida : « selon ce qui n'est qu'un paradoxe apparent, cet indécidable-ci ouvre ainsi le champ de la décision, de la décidabilité ... Une décision ne peut advenir qu'au-delà du programme calculable qui détruirait toute responsabilité en la transformant en effet programmable de causes déterminées. Il n'y a pas de responsabilité morale ou politique sans cette épreuve et ce passage par l'indécidable » (*Limited. Inc*, Galilée, 1990, p. 209-10).
6. *Le principe responsabilité, op. cit.*, p. 302.

Vraiment je vis dans de très sombres temps !
...Ah ! nous,
Qui voulions préparer le terrain pour un monde amical,
N'avons pas pu être amicaux.
Mais vous, quand on en sera là,
Que l'homme sera un ami pour l'homme,
Pensez à nous
Avec indulgence[1].

1. *Poèmes*, IV (éd. de l'Arche, 1966, trad. Guillevic), p. 137.

Chapitre V

LA POLITIQUE COMME DEVENIR-MONDE

« Préserver l'héritage », tenter de « préparer le terrain pour un monde amical » suppose donc de tout mettre en œuvre pour éviter une catastrophe nucléaire qui nous condamnerait à la privation de monde, au désert, et nous reconduirait ce faisant à une situation pré-romaine, affirme Hannah Arendt. En effet, si, comme nous l'avons vu, au chapitre précédent, politiquement le monde moderne doit sa naissance aux explosions atomiques, c'est au peuple romain, le peuple politique par excellence dont H. Arendt célèbre dans *La condition de l'homme moderne* le génie qui a consisté dans la législation et la fondation [1], que nous devrions la naissance du monde. Ce sont les Romains, « peuple jumeau » des Grecs, qui ont politiquement parlant, donné naissance au monde : « il y a eu beaucoup de civilisations extraordinairement grandes et riches jusqu'aux Romains, mais ce qui existait entre elles ce n'était pas un monde, mais seulement un désert, à travers lequel, dans le meilleur des cas, des liens s'établissaient comme des fils ténus, comme des sentiers dans un paysage inhabité, et qui, dans le pire des cas, dégénérait en guerres d'anéantissement ruinant le monde existant » [2]. L'avènement du politique est donc, corrélativement, garant de la constitution du monde par opposition à un désert préexistant. Dans une note de *Qu'est-ce que la politique ?,* H. Arendt reconduisait en outre l'essence du politique à trois expériences fondamentales en Occident : la *polis*, la *res publica* (la chose publique), l'exil (Moïse) [3].

Il nous appartiendra donc dans un premier temps d'expliciter cette notion de désert chez H. Arendt, puis de méditer également en quoi ces

1. *CHM.*, p. 254.
2. *QP. ?,* p. 125.
3. *Ibid.*, notes manuscrites, n° 022384.

trois expériences du politique que nomme H. Arendt, Athènes, Rome, Jérusalem, sont susceptibles d'être créditées de l'émergence d'un « monde ». On peut noter ici le parallélisme de la démarche d'H. Arendt et de celle de L. Strauss qui, même s'il ne nomme pas Rome[1], à la différence d'Arendt[2], n'en estime pas moins que « tous les espoirs que nous nourrissons dans les confusions et les dangers du présent reposent [...] sur les expériences du passé [...] la plus large et la plus profonde, en ce qui nous concerne, nous autres Occidentaux, [étant] désignée par les noms des deux cités, Jérusalem et Athènes »[3]. Comprendre les mondes perdus d'Athènes et de Jérusalem, telle est la voie que préconise L. Strauss pour nous comprendre nous-mêmes, pour comprendre ce que l'homme occidental est devenu par la conjonction de la foi et de la raison, mais également « pour éclairer notre chemin non frayé vers l'avenir »[4].

Mais revenons à l'opposition désert/monde. Comment les Romains s'y sont-ils pris pour passer du désert au monde? Et tout d'abord, quelles sont les caractéristiques du désert? H. Arendt utilise cette métaphore pour désigner d'une part la tyrannie dans le *Système Totalitaire*, et elle l'utilise à nouveau pour évoquer l'expérience du totalitarisme. Forte est la tentation d'interpréter le totalitarisme comme une forme moderne de tyrannie, « à savoir comme un régime sans lois, où le pouvoir est monopolisé par un homme »[5]. Et H. Arendt s'emploie à énumérer les autres caractéristiques de la tyrannie qui consistent en l'arbitraire du pouvoir exercé au profit du

1. Sur la genèse du thème de l'opposition Athènes-Jérusalem sous la plume de L. Strauss, et sur la lecture « islamique » des Anciens qui caractériserait la pensée straussienne, nous renvoyons à l'article de R. Brague, « Athènes, Jérusalem, La Mecque », in « Revue de Métaphysique et de Morale », *Leo Strauss historien de la philosophie* (A. Colin, n° 3, 1989).

2. Encore qu'à l'en croire, H. Arendt n'aît jamais aimé l'Antiquité romaine : « J'aime l'antiquité grecque, mais je n'ai jamais aimé l'antiquité romaine ». Le besoin d'y faire quand même retour aurait été motivé par le désir de refaire les lectures des Pères Fondateurs américains en quête d'un modèle républicain : « J'éprouve le même besoin à l'égard de l'Antiquité que les grands révolutionnaires du XVIIIe siècle ». Or, le modèle d'homme dont les Pères Fondateurs auraient été en quête pour fonder leur nouvelle république « était dans une certaine mesure le citoyen de la *polis* athénienne. Après tout, nous avons conservé leur vocabulaire, il continue à résonner à travers les siècles. Le modèle était d'autre part la *res publica*, la chose publique des Romains. Les Romains ont plus immédiatemment fortement impressionné l'esprit de ces hommes. Montesquieu, savez-vous, n'a pas écrit uniquement l'*Esprit des Lois*, mais également la grandeur et la misère de Rome ... » (in H. Arendt, *The Recovery of the Public World*, ed. by Melvyn A. Hill, ST. Martin's Press. New York, 1979), p. 330-31.

3. « Jérusalem et Athènes. Réflexions préliminaires », in *Études de philosophie politique platonicienne* (Paris, Belin, 1993, trad. O. Sedeyn), p. 209.

4. *Ibid.*

5. *ST.*, p. 204.

gouvernant et au détriment des intérêts des gouvernés, et en ce qu'il a la peur pour principe tant du côté du gouvernant que du côté du peuple[1]. Dans sa phase initiale, il est clair que le totalitarisme doit bien se comporter « comme une tyrannie » utilisant le vieux procédé consistant à abolir les barrières des lois entre les hommes et, ce faisant, « supprim[ant] les libertés humaines et détrui[sant] la liberté en tant que réalité politique vivante »[2]. Pourtant, H. Arendt y insiste, le phénomène totalitaire est entièrement nouveau, on ne saurait lui trouver de précédent. Elle semble en fait prendre ici le contrepied de la position de L. Strauss qui estimait pour sa part que l'aveuglement de ses contemporains face à la tyrannie de certains régimes « qui se présentent à nous, en apparence comme des dictatures » provenait de leur méconnaissance du *Hiéron* de Xénophon, de l'oubli de la philosophie politique classique[3]. Pour autant, L. Strauss n'identifiait pas purement et simplement tyrannie ancienne et tyrannie moderne, la grande différence entre elles deux consistant en ce que la tyrannie moderne, du fait qu'elle est fondée sur le progrès illimité de la conquête de la nature, et donc sur la science moderne, représente aujourd'hui une menace perpétuelle et universelle. Mais, à E. Voegelin qui lui objecta que le concept antique de tyrannie était donc trop « étroit » pour englober la tyrannie moderne et ses nouveaux fondements, L. Strauss répliqua que les classiques n'étaient nullement ignorants des possibilités illimitées de la science et de la vulgarisation de cette connaissance scientifique, mais qu'ils « les rejetèrent comme "contraires à la nature", c'est-à-dire comme étant capables de détruire l'humanité [...] les classiques étaient fondés à repousser le progrès technologique illimité aussi bien que la culture universelle »[4]. En revanche, ce qui, aux yeux d'H. Arendt, différencie la terreur totale de la tyrannie, c'est qu'elle ne cède pas place à l'arbitraire de l'anarchie ni à l'arbitraire de la volonté despotique d'un homme. Le désert totalitaire est autre chose que le désert de la tyrannie. Qu'est-ce qui les différencie? L'espace. En effet, « le désert de la tyrannie est encore un espace, non pas vital mais qui laisse place aux mouvements et aux actions qui inspirent la peur et la suspicion de ses habitants. C'est encore un espace, une garantie de la liberté »[5]. En revanche, la terreur totalitaire détruit jusqu'à la condition préalable essentielle à la liberté : l'espace dans lequel se mouvoir. Comment s'y prend-t-elle ? « En écrasant les hommes les uns contre les autres, la terreur totale détruit l'espace entre eux [...]. Elle substitue un

1. *Ibid.*, p. 207.
2. *Ibid.*, p. 211.
3. *De la Tyrannie* (Paris, Gallimard, 1954, trad. H. Kern), p. 283.
4. *Ibid.*, p. 284-85.
5. *ST.*, p. 212.

lien de fer qui les maintient si étroitement ensemble que leur pluralité s'est comme évanouie en un Homme unique aux dimensions gigantesques »[1]. Cette substitution de l'UN à partir du multiple, cette destruction de l'espace entre les hommes en quoi consiste proprement le monde c'est-à-dire le politique, équivaut-elle à renvoyer l'homme à la solitude qui pourrait fournir une clé à l'intelligence du désert? Il faut ici prêter attention aux nuances lexicales qu'introduit H. Arendt. La solitude (*solitude*) en effet, n'implique pas que l'on soit seul : la solitude apparaît lorsqu'on est en compagnie, et H. Arendt se plaît souvent à rappeler comme un leitmotiv le mot de Caton rapporté par Cicéron au livre I du *De Republica : nunquam minus solum esse, quam solus esset* (il n'était jamais moins seul que lorsqu'il était seul, il ne se sentait jamais moins seul que lorsqu'il était dans la solitude). C'est sur cette citation que s'achève *La condition de l'homme moderne*, c'est sur elle que s'ouvre dans *La Pensée* le chapitre consacré au deux-en-un[2], c'est elle qui annonce dans *Le Système Totalitaire*[3] le poème « Sils Maria » qui célèbre la venue de l'ami : « Midi fut, là Un devint Deux [...]. Certain de la victoire unie, nous célébrons la fête des fêtes ; l'ami Zarathoustra vint, l'hôte des hôtes ». Dans la solitude, l'homme est en compagnie de lui-même sans perdre pour autant le contact avec les autres hommes : il n'en a pris que provisoirement congé, tel le philosophe ou l'artiste qui a besoin de moments de solitude, de se retirer du monde, pour pouvoir œuvrer, penser, pour se livrer à la seule activité de la pensée qui « ne requiert et n'implique pas nécessairement d'auditeurs », le dialogue silencieux du moi avec moi. Cette solitude comporte néanmoins ses dangers, qu'H. Arendt ne manque pas de souligner, lorsque le philosophe oublie de redescendre de sa tour d'ivoire, lorsqu'il omet de penser l'événement. La solitude n'est pas non plus l'isolement (*isolation*) lequel, à en croire *Le système totalitaire*, semble être une des priorités des régimes tyranniques qui ont compris que l'on ne peut agir que « de concert », la caractéristique de l'isolement consistant donc dans l'impuissance. Toutefois, dans l'isolement, seules sont brisées les relations politiques entre les hommes : les contacts qui ressortissent de la vie privée demeurent intacts. L'isolement est-il également la priorité des régimes totalitaires ? Il est en tout cas « pré-totalitaire ». En outre, le totalitarisme étendant son emprise jusque sur la sphère privée, l'isolement se transforme en désolation (*loneliness*) : « ce que nous appelons isolement dans la sphère politique, se nomme désolation dans la sphère des relations

1. *Ibid.*, p. 211-12.
2. *VE.*, I, *op. cit.*, p. 204 et sv.
3. *Ibid.*, p. 229.

humaines »[1]. L'isolement peut en outre conduire à la désolation dès lors que l'homme est réduit au statut d'*animal laborans*, dès lors qu'il ne travaille plus que pour assurer sa subsistance et que sa créativité, son pouvoir d'*homo faber* n'est plus reconnu. La solitude elle aussi, comporte le risque de virer à la désolation : tout de même qu'une pluralité de peuples est nécessaire à assurer la réalité du monde, de même le Moi a-t-il besoin de la présence des autres pour lui confirmer son identité, faute de quoi il risque de perdre simultanément non seulement la confiance en lui, mais également la confiance dans le monde, la faculté de penser et d'éprouver. La désolation consiste dans le sentiment d'inutilité, de non appartenance au monde, dans l'abandon par autrui, dans le déracinement, dans le sentiment de se faire défaut à soi-même (le *Ich bleibe mir aus* de Jaspers)[2]. En tant que telle, elle est la condition préliminaire de la superfluité, le fondement de la domination totalitaire, comme l'avaient bien compris les nazis. Dans la désolation, l'homme est privé non seulement de la compagnie des autres, mais de sa propre compagnie potentielle : « ce n'est que dans la désolation que me manque la compagnie d'êtres humains, et seule la conscience aiguë d'une telle privation fait réellement exister l'homme au singulier; de la même façon peut-être, rien en dehors des rêves et de la folie ne fait pleinement comprendre "l'horreur indicible" et insoutenable de cet état »[3]. Avec l'introduction de la notion de désolation comme caractéristique du désert, nous voici reconduits à l'interprétation heideggérienne de la parole de Nietzsche, « le désert croît » : « Ce qui veut dire : la désolation (*Verwüstung*) s'étend. Désolation est plus que destruction (*Zerstörung*). Désolation est plus sinistre (*unheimlicher*) qu'anéantissement (*Vernichtung*). La destruction abolit seulement ce qui a crû et qui a été édifié jusqu'ici. Mais la désolation barre l'avenir à la croissance et empêche toute édification... [l'anéantissement] lui aussi abolit, et même encore le rien, tandis que la désolation cultive précisément et étend tout ce qui garotte et tout ce qui empêche. Le Sahara en Afrique n'est qu'une forme de désert. La désolation de la terre peut s'accompagner du plus haut standing de vie de l'homme, et aussi bien de l'organisation d'un état de bonheur uniforme de tous les hommes. La désolation peut être la même chose dans les deux cas, et tout hanter de la façon la plus sinistre, à savoir en se cachant... »[4]. Du désert de la tyrannie au désert totalitaire, un moyen a été découvert pour « mettre le désert en mouvement », affirme H. Arendt dans

1. *ST.*, p. 225.
2. *VE.*, I, p. 210.
3. *Ibid.*, p. 91 (traduction modifiée).
4. *Qu'appelle-t-on penser ?* (Paris, Gallimard, 1957, trad. A. Becker et G. Granel), p. 36.

Le Système Totalitaire[1]. Ce mouvement se concrétise dans ce qu'elle baptise les « tempêtes de sable » qui menacent nos conditions d'existence politique. Au désert, plusieurs dangers nous guettent. Le premier ne consiste pas tant dans l'édification d'un monde permanent, car la domination totalitaire tout comme la tyrannie, recèlent les germes de leur propre destruction, que bien plutôt dans une dévastation (*Verwüstung*) du monde. Le second danger consiste en ce que nous nous sentions si bien dans des conditions de vie désertique grâce aux moyens d'adaptation que nous fournirait la psychologie moderne, que nous en perdions jusqu'à l'espoir de rendre à nouveau le monde humain. H. Arendt n'est pas tendre à l'égard de la « psychologie des profondeurs », la psychanalyse, dont elle stigmatise « l'uniformité monotone et la laideur envahissante des découvertes »[2]. La psychologie, tout comme la physiologie et la médecine, doit en effet abolir les différences entre les hommes pour pouvoir se constituer en tant que science. Son présupposé est « Ils sont tous semblables ». La psychologie est donc réductrice, elle ne s'intéresse pas à l'apparence, elle gomme la richesse et la variété des manifestations de l'amour par exemple pour ne retenir que la pulsion sexuelle, toujours identique, au niveau des organes reproducteurs. Comment comprendre qu'elle soit la science adaptée aux conditions de vie dans le désert ? Si le désert équivaut aux conditions de vie sous les régimes totalitaires, s'y sentir bien ne pourrait donc signifier qu'y être indifférent, soit, fuir le domaine de la politique, avoir renoncé aux deux facultés en nous susceptibles de transformer le désert (sinon nous-mêmes) : la faculté de pâtir et la faculté d'agir, celle de juger et de condamner. Le danger ici nommé, est celui de la déshumanisation totale : les régimes totalitaires privent non seulement l'homme de la compagnie de ses semblables, donc de sa possibilité d'agir dans le cours du monde, mais ils le dépossèdent également de son « besoin » de penser, témoin, nous l'avons vu, Eichmann dont le procès fut, de l'aveu d'Arendt, le point de départ de *La Vie de l'esprit*. Et quand la pensée est défaillante, du même coup disparaît la faculté de distinguer ce qui est bien de ce qui est mal.

Venons-en maintenant à l'expérience politique fondamentale de la *res publica* et, simultanément, de la *polis*, puisque, pour reprendre la formule de Mommsen, les Grecs et les Romains étaient considérés comme les « peuples jumeaux de l'Antiquité, parce que c'était la même entreprise qui était au commencement de leur existence historique »[3], à savoir la guerre de Troie.

1. p. 231.
2. *VE.*, I, p. 51.
3. *QP. ?*, p. 100.

Rome, pour Hannah Arendt, c'est l'incarnation de la trinité autorité-tradition-religion avec laquelle l'époque moderne a coupé à tout jamais le fil qui ne peut être renoué. Quand bien même la tradition ne se confond elle pas avec le passé, en la perdant nous n'en avons pas moins du même coup perdu « le fil conducteur à travers le passé et la chaîne à laquelle chaque nouvelle génération, sciemment ou non, était attachée dans sa compréhension du monde et dans sa propre expérience »[1]. S'il n'y a nul lieu de déplorer un tel état de fait, dans la mesure où du même coup, nous sommes libres d'écouter avec des oreilles nouvelles ce que nous dit le passé, il n'en reste pas moins que la disparition de la tradition nous place « en danger d'oubli »[2]. En effet, la tradition conservait, préservait le passé en transmettant d'une génération à la suivante le témoignage des ancêtres qui, les premiers, avaient été les témoins et les créateurs de la fondation sacrée et l'avaient ensuite augmentée par leur autorité à travers les siècles ... ». La tradition reposait sur l'autorité de « pères fondateurs » – notons au passage qu'H. Arendt reprendra l'expression, s'agissant de la Révolution américaine – « et d'exemples autoritaires dans les choses de la pensée et dans les idées » : la définition romaine d'un homme cultivé n'est-elle pas d'ailleurs, « celui qui sait choisir ses compagnons parmi les hommes, les choses, les pensées, dans le présent comme dans le passé »[3]. Grâce à ce culte et à cette conservation du passé, les Romains, poursuit H. Arendt, « admiraient les grands "ancêtres grecs" comme leur autorité pour la théorie, la philosophie et la poésie » tant et si bien que c'est entre les mains des Romains et non entre celles des Grecs que les grands auteurs grecs firent autorité[4] : les Romains adoptèrent « la pensée et la culture classiques grecques comme leur propre tradition spirituelle et décidèrent ainsi historiquement que la tradition allait avoir une influence formatrice permanente sur la civilisation européenne »[5]. Nous avons déjà rencontré par deux fois sous la plume d'H. Arendt le terme d'autorité en connexion avec celui de tradition. *Auctoritas*, le mot et le concept sont d'origine romaine, précise-t-elle : « ni la langue grecque ni les diverses expériences politiques de l'histoire grecque ne montrent aucune connaissance de l'autorité et du genre de gouvernement qu'elle implique ... »[6]. Ainsi le traitement que Platon et d'autres avant lui, infligent à Homère, « l'éducateur de toute l'Hellade » n'eut-il pas pu se produire à Rome où

1. *CC.*, p. 38.
2. *Ibid.*, p. 125.
3. *Ibid.*, p. 288.
4. *Ibid.*, p. 164.
5. *Ibid.*, p. 38.
6. *CC.*, p. 138.

« un philosophe romain n'aurait pas "osé lever la main contre son père [spirituel]" comme Platon dit de lui-même (dans le *Sophiste*) quand il rompit avec la doctrine de Parménide »[1]. Le présupposé de l'autorité tient en ce que les ancêtres sont par définition les *majores*, un exemple de grandeur pour la succession des générations.

L'*auctoritas* dérive du verbe *augere*, "augmenter". Ce qu'il s'agit d'augmenter, c'est la fondation de Rome, cet événement unique, inconnu des Grecs qui, au contraire, où qu'ils allassent, formaient toujours une *polis*. La fondation de Rome a un caractère sacré, elle demeure une « obligation pour toute les générations futures », au point que « s'engager dans la politique voulait dire d'abord et avant tout conserver la fondation de la cité de Rome »[2]. Ce pouvoir de la fondation était en lui-même religieux puisque la cité « offrait aussi un foyer permanent aux dieux du peuple contrairement à la Grèce dont les dieux avaient leur propre séjour dans l'Olympe »[3]. Plus concrètement encore, les *auctores*, les détenteurs de l'autorité, les *majores* ou *patres*, étaient opposés aux *artifices*, c'est-à-dire aux constructeurs et fabricateurs : « l'auteur est celui qui a inspiré toute l'entreprise », qui a « augmenté » la cité telle qu'il l'a reçue en héritage de ses ancêtres, et qui ne s'est pas contenté de la « faire »[4]. Autre distinction, l'*auctoritas*, reliée au passé, n'a rien à voir avec la *potestas :* « tandis que le pouvoir réside dans le peuple, l'autorité appartient au Sénat »[5].

Enfin, dernier élément de cette trinité romaine, « la force liante de cette autorité est en rapport étroit avec la force religieusement liante des auspices [...] qui révèlent l'approbation ou la désapprobation des dieux quant aux décisions prises par les hommes »[6]. *Religio*, *religare*, veut dire « être lié en arrière [...] être religieux voulait dire être lié au passé ». Ainsi s'explique que « l'activité religieuse et l'activité politique pouvaient être considérées comme presque identiques, et Cicéron pouvait dire "En aucun autre domaine l'excellence humaine n'approche d'aussi près les voies des dieux (*numen*) que dans la fondation des communauté nouvelles et dans la conservation de communautés déjà fondées »[7]. Ainsi s'explique également que partout où l'un des éléments de la trinité romaine, « religion, autorité ou tradition a été mis en doute ou éliminé, les deux qui restaient ont perdu leur solidité »[8]. Pour autant, il ne faudrait pas en conclure hâtivement

1. *Ibid.*, p. 164.
2. *Ibid.*, p. 159.
3. *Ibid.*, p. 160.
4. *Ibid.*, p. 161.
5. *Ibid.*
6. *CC.*, p. 162.
7. *Ibid.*, p. 160.
8. *Ibid.*, p. 168.

qu'H. Arendt souscrive, comme nous le verrons dans le chapitre suivant, à l'assimilation de religion et politique, même sous la forme des prétendues « religions séculières », pour reprendre la terminologie de Raymond Aron ou des « religions politiques », pour adopter celle qu'Eric Voegelin fut le premier à utiliser.

Si les Romains sont le peuple politique par excellence, force est de se demander comment ils s'y sont pris pour transformer le désert en monde ? Grâce d'une part à la conception d'une politique étrangère, c'est-à-dire d'un ordre politique extérieur aux limites du corps propre d'un peuple ou d'une cité, la politique romaine inaugurant même le monde occidental en ce qu'elle politise l'espace entre les peuples. La politique étrangère des Romains consistait en une politique d'alliance, de pactes qui transformaient les ennemis d'hier en alliés de demain : « le pacte et l'alliance [...] sont étroitement liés à la guerre entre les peuples et représentent, d'après les Romains, le prolongement pour ainsi dire naturel de toute guerre ». C'est dire que même le combat, « la rencontre la plus inimicale entre les hommes laisse subsister quelque chose qui leur est désormais commun »[1], à savoir la création d'un nouveau monde, d'un nouvel entre-deux à l'issue de l'agir et du pâtir. C'est dans la formulation de l'inviolabilité des accords et des traités, *pacta sunt servanda*, qu'H. Arendt voit l'origine de la promesse, concept si important dans son œuvre, puisqu'il permet de remédier à l'imprévisibilité des affaires humaines, d'assurer la stabilité du futur : or, « la variété des théories du contrat depuis les Romains atteste que le pouvoir de promettre est resté de siècle en siècle au centre de la pensée politique »[2]. De même, l'origine du pardon qui permet de défaire l'action pour prendre un nouveau départ peut-elle se retrouver dans le principe romain d'épargner les vaincus – *parcere subjectis* – voire de commuer la peine de mort. Loin de contredire le concept de promesse et la clémence romaine, l'anéantissement de Carthage se laisserait interpréter comme celui d'« “un gouvernement qui ne tient jamais parole et qui ne pardonne jamais”, qui incarnerait aussi effectivement le principe politique proprement antiromain [...] et qui aurait pu détruire Rome si Rome ne l'avait pas détruit »[3]. La valeur de cet exemple tient donc en ce que Carthage constitue une exception à la politique d'alliance et de contrat caractéristique de la *lex* romaine résultant du *consensus omnium*, contractuelle et garantissant l'intérêt commun aux patriciens et aux plébéiens. Pour être fidèle à son propre principe, Rome, suggère H. Arendt, aurait donc dû « laisser subsister comme rivale la ville ennemie », non par

1. *QP. ?*, p. 113.
2. *CHM.*, p. 310.
3. *QP. ?*, p. 120.

miséricorde, mais « dans l'espoir d'agrandir la ville qui, à partir de ce moment là, aurait également pu inclure au sein d'une nouvelle alliance cet élément complètement étranger »[1]. Cette même capacité, extensible à l'infini de conclure des alliances, si elle valut bien aux Romains une expansion de l'Empire, entraîna aussi « la perte de la ville et de l'Italie qu'elle dominait ». L'échec des Romains tiendrait donc en ce qu'ils n'ont pas su laisser coexister, au sens moderne du terme, Carthage. Incapables de reconnaître la diversité dans l'égalité, les Romains perdirent du même coup semble-t-il l'impartialité homérique, l'histoire romaine, contrairement à l'historiographie et à la poésie grecques, se contentant en effet d'enregistrer l'histoire de la ville, de sa fondation et de son expansion[2]. H. Arendt n'a de cesse de glorifier l'impartialité qui consiste pour Homère à envisager la guerre ausi bien avec les yeux des Troyens qu'avec ceux des Grecs : « ce qui est de première importance, c'est que l'épopée d'Homère n'omet pas de mentionner l'homme vaincu, qu'elle témoigne en faveur non moins d'Hector que d'Achille et que, dans la mesure où la victoire des Grecs et la défaite troyenne ont été décidées et établies à l'avance par les dieux, cette victoire n'élève pas plus Achille qu'elle ne diminue Hector, ne rend pas la cause des Grecs plus juste, pas plus qu'elle ne rend plus injuste la défaite des Troyens »[3]. Chantant la guerre d'anéantissement, Homère effacerait en un certain sens l'anéantissement. Est-ce à dire qu'il suffise de commémorer pour anéantir également l'anéantissement des victimes de l'Holocauste ? Il semble qu'H. Arendt nous ait répondu par avance puisque, s'agissant de « l'effort des Grecs pour transformer la guerre d'anéantissement en une guerre politique », elle soutient qu'il « n'a jamais été au-delà de ce sauvetage posthume poétique et historico-commémoratif des vaincus et des vainqueurs inauguré par Homère, et cette incapacité a finalement causé la perte des cités-États grecques »[4]. Plus important encore pour notre propos, cette impartialité, qui consiste pour Homère à envisager la guerre aussi bien avec les yeux des Troyens qu'avec ceux des Grecs, cette multiplicité de points de vue est garante de l'apparition de la réalité : l'une de ces perspectives vient-elle à être détruite, c'est une partie du monde – non pas le monde produit des choses, et qui peut toujours être reconstruit, qui disparaît – mais le monde des relations humaines. C'est pourquoi, « plus il y a de peuples, plus il y a de monde » : la destruction d'un peuple équivaut à la destruction d'une partie du monde, d'une perspective unique

1. *Ibid.*
2. *Ibid.*, p. 123.
3. *Ibid.*, p. 100-101.
4. *Ibid.*, p. 101.

sur le monde, d'une partie de la réalité du monde, puisque « nous sommes du monde et pas seulement au monde »[1].

Les Romains sont également des « pères fondateurs » grâce à l'instauration de la loi, constitutive du monde. Pour les Grecs en revanche, la politique étrangère ne faisait pas véritablement partie de la politique, et la loi fermait l'espace plus qu'elle ne l'ouvrait. Ils concevaient en effet la loi comme une frontière, un rempart, et H. Arendt rappelle dans *La Condition de l'homme moderne* l'étymologie de *nomos*, *nemein* signifiant répartir, résider, tandis que la *lex* romaine est proprement relation entre les hommes, issue d'un accord, d'une parole donnée. H. Arendt s'étend longuement sur la *lex* romaine, toute différente du *nomos* grec, lequel est destiné à lutter contre l'*hybris* inhérente aux relations infinies qui résultent de l'action, et est donc conçue comme un rempart sacré qui délimite les frontières d'un espace, celui de la *polis*, hors de laquelle le *nomos* ne vaut plus. À Athènes, soutient H. Arendt, l'activité législatrice était prépolitique, et elle était même « si séparée des activités proprement politiques et des occupations des citoyens à l'intérieur de la *polis*, que le législateur n'avait nullement besoin d'être citoyen de la ville et que, venu du dehors, il pouvait se voir confier sa tâche tout comme on pouvait commander ce dont on avait besoin pour la ville à un sculpteur ou à un architecte »[2]. En revanche, à Rome, la loi des douze tables n'est pas l'œuvre d'un unique individu, mais le résultat d'un *consensus omnium*, les patriciens et les plébéiens, et crée de « nouvelles relations entre les hommes [...] qui les relie [...] au sens d'un accord entre les contractants ... » et qui garantit leur intérêt commun[3]. Le monde peut donc être défini comme un espace entre les hommes, dont les lois garantissent la stabilité sans cesse menacée par la naissance d'hommes nouveaux : « les barrières des lois positives sont à l'existence politique de l'homme ce que la mémoire est à son existence historique : elles garantissent la pré-existence d'un monde commun, la réalité d'une certaine continuité, qui transcende la durée individuelle de chaque génération, absorbe tous les nouveaux commencements, et se nourrit d'eux »[4]. Sans loi, toute relation est supprimée, c'est le désert et rien ne montre mieux l'opposition de la Grèce et de Rome que leurs attitudes respectives à l'égard du territoire et de la loi, toutes les entreprises tirant dans la conception romaine leur validité et leur légitimité de l'acte fondateur de la ville et de l'établissement des lois qu'elles ne font qu'« augmenter ». Chez Montesquieu, rappelle H. Arendt, la loi est également rapport entre les

1. *VE.*, *I*, p. 37.
2. *QP.* ?, p. 115.
3. *Ibid.*, p. 116.
4. *ST.*, p. 211.

êtres, du fait même qu'il s'intéressait moins à la nature du gouvernement qu'à son « principe », c'est-à-dire « à la conviction fondamentale que partage un groupe d'hommes »[1]. Ce qui est privé de loi est donc privé de relation, de rapport, privé de monde. C'est le désert. Et tel est le danger que nous font courir les régimes totalitaires et les guerres d'anéantissement qui leur correspondent lorsqu'ils ravagent le monde des relations humaines.

Remarquons ici l'accord d'H. Arendt et de L. Strauss pour lequel la « science politique » au sens classique doit être entendue comme l'habileté du politique ou de l'homme d'État non seulement à maîtriser convenablement des situations conflictuelles en exprimant commandements, décrets ou conseils, mais, en recherchant, à un niveau plus élevé, à produire des lois et des institutions visant la permanence : « L'habileté législative est [...] l'habileté politique la plus “architectonique” que l'on connaisse dans la vie politique »[2]. Quiconque est capable de légiférer au sein d'une communauté individuelle, est par là même amené à soulever des questions de législation d'ordre général. Le but de la philosophie politique est la science politique en tant que « connaissance permettant à un homme d'enseigner à des législateurs [...] » et c'est en élaborant « le prototype de la meilleure constitution » que le philosophe politique devient le maître des législateurs, « l'arbitre par excellence »[3].

L'autre grande vertu politique célébrée par H. Arendt, s'agissant des Grecs comme des Romains, est le courage, l'*arête*, la *virtus*, et qui consistait dans la *polis* athénienne à oser s'affranchir du foyer domestique, à se priver de l'« idiotie » de la vie privée[4], en prenant le risque de s'avancer sur la place publique, cette seconde vie où l'on rivalise (*aristeuein*) avec pour seules armes la parole et l'action, la persuasion (*peithein*) plutôt que la force et la violence[5]. La *polis* est espace d'amitié entre égaux : nul ne gouverne ni n'est gouverné. Elle est *philia politikè*, un espace qui, au contraire de la chaleur fusionnelle de l'amour qui supprime l'entre-deux, fait surgir un monde de relations où la distance est respectée : « le respect, comparable à la *philia politikè* d'Aristote, est une sorte d'amitié sans intimité, sans proximité ; c'est une considération pour la personne à travers la distance que l'espace du monde met entre nous »[6].

Le fil de la trinité tradition-religion-autorité garant de la stabilité du monde ayant été rompu à tout jamais, sur quoi fonder désormais la capacité

1. *QP. ?*, p. 130.
2. *Qu'est-ce que la philosophie politique ?* (Paris, PUF, 1992, trad. O. Seyden), p. 84.
3. *Ibid.*, p. 84 et 87.
4. *CC.*, p. 96.
5. *CHM.*, p. 64 et 68.
6. *Ibid.*, p. 309.

des hommes à bâtir et à conserver le monde ? « La perte de la permanence et de la solidité du monde qui, politiquement, est identique à la perte de l'autorité, n'entraîne pas, du moins pas nécessairement, la perte de la capacité humaine de construire, préserver et prendre à cœur un monde qui puisse nous survivre et demeurer un lieu vivable pour ceux qui viennent après nous »[1]. Car, en l'absence de toute tradition, c'est, comme nous l'avons précédemment vu, dans la capacité de penser et de juger de concert que le monde commun peut être préservé : « la manifestation du vent de la pensée [...] est l'aptitude à distinguer le bien du mal, le beau du la*id*. Aptitude qui, aux rares moments où l'enjeu est connu, peut très bien détourner les catastrophes, pour le moi tout au moins »[2]. L'idéal ici revendiqué par H. Arendt ne correspond à rien moins qu'à celui des « hommes bons » de la philosophie politique classique, susceptibles de privilégier l'intérêt commun par rapport à leurs intérêts privés, et capables de distinguer en toute situation quelle est l'action juste ou noble qui convient.

La politique consistant dans l'institution d'un monde commun, d'un espace public, et l'organisation d'un peuple consistant quant à elle, en un agir et un parler ensemble, ce dont les Romains furent au plus haut point conscients en employant « comme synonymes les mots “vivre” et “être parmi les hommes” (*inter homines esse*), ou “mourir” et “cesser d'être parmi les hommes” (*inter homines esse desinere*) »[3], venons en au troisième exemple d'expérience politique fondamentale que privilégie H. Arendt : « Moïse. L'exil et le retour de l'exil du peuple juif ». Il est rare qu'H. Arendt fasse allusion au Pentateuque. Dans un passage de *La Condition de l'homme moderne*, elle se contente de mettre l'accent sur le fait que dans l'Ancien Testament, contrairement à l'Antiquité classique, la vie était sacrée, ni le travail ni la mort n'étant considérés comme des maux, les patriarches ne se préoccupant donc nullement de l'immortalité terrestre individuelle, ou de l'immortalité de l'âme[4]. Un peu plus loin, elle remarque combien la mélancolique sagesse de l'Ecclésiaste – « Vanité des vanités, tout est vanité [...] Il n'y a rien de nouveau sous le soleil [...] Il ne reste pas de souvenir d'autrefois ; pas plus qu'après il n'y aura de mémoire pour l'avenir » – témoigne d'une défiance à l'égard du monde comme « lieu convenant à l'apparence humaine, à la parole et à l'action », seules susceptibles de renouveler le monde[5]. La parole et l'action sont les modes fondamentaux sous lesquels s'apparaissent les hommes les uns aux autres,

1. *CC.*, p. 126.
2. *VE.*, I, p. 219.
3. *CHM.*, p. 42.
4. *Ibid.*, p. 154.
5. *Ibid.*, p. 265.

les modes de révélation du sujet, être et paraître ne faisant qu'un chez H. Arendt, et l'espace politique est espace de l'apparence. En reconnaissant que c'est Jésus de Nazareth qui découvrit le rôle de la promesse, et en notant également qu'on « peut remonter à Abraham, l'homme d'Ur en Chaldée, dont toute l'histoire telle que la conte la Bible témoigne d'une telle passion pour les alliances qu'on le croirait sorti de son pays dans le seul but d'essayer dans le vaste monde le pouvoir de la promesse mutuelle, tant et si bien qu'à la fin Dieu lui-même convint de faire alliance avec lui »[1], ne nous suggère-t-elle pas que pour être des expériences politiques, la promesse et le pardon gardent trace de ce qui n'est pas de ce monde, de ce qui ne peut apparaître sous peine de disparaître aussitôt, « et qui relèverait de l'articulation de l'éthique et du religieux »[2] ?

Qu'est-ce qui, dans la figure de Moïse – cet « immigré » qui en mémoire de sa naissance en terre étrangère » prénommera son premier fils Gershom – pouvait bien retenir H. Arendt? Peut-être le fait que dès sa jeunesse, Moïse est présenté comme un justicier des Hébreux : ainsi intervient-il lorsque ceux-ci sont aux prises avec les Égyptiens[3] ou lorsque les sept filles de Madiân sont en bute à des bergers[4]. Moïse est celui auquel l'Ange de YHWH s'est manifesté sous la forme d'un buisson ardent, lui confiant la mission de délivrer le peuple d'Israël du joug de Pharaon où il était étranger et esclave, pour fonder au pays de Canaan une communauté exemplaire et « juste », et propager dans le monde entier l'idéal de justice sociale et politique. Comme le rappelle Martin Buber, « il est le guide de sortie, le chef et le combattant d'avant-garde, le prince du peuple, le législateur et le dépêcheur d'un grand message »[5]. Mais Moïse se récuse, il doute de lui : « Qui suis-je, pour aller trouver Pharaon et pour faire sortir d'Égypte les enfants d'Israël[6] ? Il invoque par avance l'incrédulité de ses coréligionnaires, son élocution défectueuse. Dieu accomplit alors devant lui trois prodiges censés triompher de l'incrédulité des Hébreux. C'est à Moïse et Aaron qui supplée son frère bègue, que YHWH donne les prescriptions de la Pâque et des Azymes, sacrifice en l'honneur de YHWH à la veille d'envoyer sa dixième plaie sur l'Égypte, la mort de tous les premiers-nés. Pourtant, le code des lois ne se borne pas aux prescriptions

1. *Ibid.*, p. 310.

2. Telle est l'hypothèse que développe J. Colleony dans son article, « L'éthique, le politique et la question du monde », où il confronte éthique lévinassienne et politique arendtienne, in « Les Cahiers de Philosophie », « Le Monde de la phénoménologie et la politique » (15/16. Hiver 1992/93).

3. *Exode*, 2, 12.

4. *Exode*, 2, 17.

5. *Moïse* (Paris, PUF, 1957, trad. A. Khon), p. 5.

6. *Exode*, 3, 11.

concernant la croyance et l'observance religieuses, toute la vie privée et sociale dérivant aussi de la « Loi » qui transforme les tribus errantes en une nation véritable. Législateur, Moïse l'est encore lorsqu'il siège pour rendre la justice au peuple, lui enseignant les lois de Dieu et ses décisions, transmettant au peuple les prescriptions de YHWH au Sinaï : « Désormais, si vous m'obéissez et respectez mon alliance, je vous tiendrai pour miens parmi tous les peuples : car toute la terre est mon domaine. Je vous tiendrai pour un royaume de prêtres et une nation consacrée ». C'est à Moïse que YHWH révèle les préparatifs de l'Alliance sur la montagne du Sinaï où il va apparaître au peuple et lui donner les dix commandements que Moïse mit par écrit. Moïse encore, qui s'efforce d'apaiser la colère de YHWH contre ce « peuple à la nuque raide » qui s'est fabriqué un veau d'or devant lequel il se prosterne. En bref, le privilège de Moïse tient en ce qu'il est l'intermédiaire entre YHWH et son peuple, en ce qu'il converse avec lui face à face, « comme un homme converse avec un ami »[1]. Contrairement à son successeur Josué, qui ne fera qu'assumer la fonction pour laquelle il a été élu, Moïse, le serviteur de YHWH « est à demeure dans [sa] maison. [Il] lui parle de bouche à bouche, dans l'évidence, non en énigmes, et il voit la forme de YHWH »[2]. Pourtant, Moïse, prophète et législateur qui fit sortir le peuple hébreu d'Égypte pour le mener aux frontières de la Terre promise, ne sera pas autorisé à y pénétrer, Dieu sanctionnant ainsi sa désobéissance à Mara où, au lieu de parler au rocher pour en obtenir de l'eau comme Dieu le lui avait ordonné, Moïse le frappa de son bâton. Peut-être est-ce cette condamnation de Moïse qui, après avoir mené à bien sa mission, demeura néanmoins à tout jamais étranger au pays de Canaan qui retient aussi H. Arendt.

Mais, de façon plus décisive, il faut relever la mise en parallèle qu'effectue H. Arendt entre ces deux « légendes » fondatrices que constituent à ses yeux le récit biblique des souffrances endurées au cours de la marche des tribus juives dans le désert après l'Exode, et le récit par Virgile de l'exil d'Énée et de ses compagnons loin de Troie. Le point commun de ces deux récits consiste en effet en ce que tous deux commencent par un acte de « libération », manifestent la volonté de conquérir une nouvelle liberté, « une "terre promise" vierge qui a mieux à offrir que les stupres d'Égypte et la fondation d'une cité nouvelle, préparée par une guerre faite pour annuler la guerre de Troie »[3]. Les deux légendes mettent en scène le hiatus entre un ordre ancien, le « ne plus », et l'ordre nouveau, le « pas encore », autrement dit, l'interruption d'un enchaînement temporel continu, ce que le XVIIIe

1. *Exode*, 34, 11.
2. *Nombres*, 12, 7.
3. *VE.*, II, p. 233.

siècle désignera sous le nom de « révolution ». Et ce n'est pas un hasard si les « Pères fondateurs » de la République d'Amérique, conscients de se confronter à l'inédit, à un commencement radicalement nouveau, qui, par sa nature même est porteur d'arbitraire, se tournèrent vers l'histoire antique susceptible de leur fournir un modèle pour sortir de l'embarras de la *creatio ex nihilo*, de la pensée d'un commencement absolu [1]. Pour conjurer l'abîme de néant auquel est confrontée toute action qui n'est plus intriquée dans le réseau des causes et des effets, force est en effet de recourir, soit, à l'instar de la tradition judéo-chrétienne, à un législateur humain qui imite le Dieu créateur en fondant une société humaine, des hommes aussi « éclairés » que Jefferson, John Adams ou Robespierre continuant à utiliser un langage pseudo-religieux lorsqu'ils invoquaient « le grand Législateur de l'univers », le « législateur immortel » ou « l'Être suprême ». Ni les Grecs ni les Romains n'ayant pour leur part la notion d'un Dieu créateur, il n'en reste toutefois pas moins vrai, qu'à leurs yeux la fondation faisait appel à un principe supra-terrestre car, si les fondateurs de nouvelles cités n'étaient pas des dieux, ils étaient néanmoins des hommes d'essence divine, témoin l'affirmation de Cicéron : « il n'est en effet aucune activité où l'énergie humaine soit plus proche de la puissance divine que celle qui consiste à fonder de nouvelles cités et à conserver celles qui ont déjà été fondées »[2]. Que le commencement absolu demeure à jamais un mystère, c'est ce dont les Romains ont porté témoignage, lorsqu'ils décidèrent de se donner pour ancêtre non pas Romulus et la fondation de Rome en 753, mais bien plutôt Énée, l'homme venu de Troie : « selon Virgile, c'était le réveil de Troie et le rétablissement d'un État-cité qui avait précédé Rome », la fondation de Rome apparaissant ainsi comme la re-naissance de Troie[3], ce concept de renaissance jouant un rôle décisif à partir de Machiavel pour tous les penseurs qui prirent en charge le domaine public sans recourir à un Dieu transcendant. H. Arendt va en tirer la conclusion que la capacité de commencement « s'enracine dans la naissance et aucunement dans la créativité, non pas dans un don, mais dans le fait que des êtres humains, de nouveaux hommes, viennent au monde, sans cesse, en naissant »[4], ainsi que nous aurons l'occasion d'y revenir plus en détails au chapitre VII.

Aucune des trois « expériences antiques fondamentales, la *polis* – la fondation – l'exil et le retour de l'exil »[5] ne peut être répétée, affirme H. Arendt. « Les Juifs ont pourtant essayé – mais c'est seulement en ce qui

1. *Ibid.*, p. 236.
2. *La République*, I, 7, t. I, cité in *VE.*, II, p. 238.
3. *Ibid.*, p. 241.
4. *Ibid.*, p. 247.
5. *QP. ?*, notes manuscrites, n° 022382.

les concerne qu'il est possible de trouver matière à réflexion »[1]. Dans son autobiographie, G. Steiner, après avoir lui aussi fait l'éloge de la Grèce et de Rome, constatait néanmoins qu'« aucun descendant direct ne subsiste de ces éminentes nations. Leurs langues sont des fantômes pour les instruits. [Alors que] les Juifs existent : en Israël et dans la Diaspora. On écrit, on parle, on rêve en hébreu [...] Après deux millénaires de persécution systématique et irrégulière, d'éparpillement dans l'exil, de suffocation dans le ghetto, après l'Holocauste, les Juifs s'obstinent à exister *contra* la norme et la logique de l'Histoire qui, même en exceptant le génocide, sont celles de la fusion, de l'assimilation, du mélange et de l'effacement progressifs de l'identité originelle »[2]. Rêver en hébreu ne fut pourtant pas chose aisée si l'on se souvient d'une part de l'opposition des orthodoxes hostiles à l'usage profane de l'hébreu qu'ils considéraient comme blasphématoire, d'autre part si l'ont tient compte de la méthode pédagogique, « *rak ivrit* » (l'hébreu exclusivement) qu'imposa Eliézer Ben-Yéhouda, celui qui ressuscita l'hébreu, à son propre fils Ithamar Ben-Avi qui accusa de ce fait, un retard considérable à parler[3].

Or, si le retour de l'exil du peuple juif constitue ainsi que l'affirme H. Arendt, « matière à réflexion », c'est effectivement dans la mesure où les sionistes à l'époque moderne, empruntèrent à nouveau, à l'instar d'Esdras le scribe, obéissant aux injonctions du roi Cyrus, non plus la voie de la rédemption miraculeuse d'Israël, mais la voie naturelle. L'épopée sioniste marquait-elle pour H. Arendt par opposition à l'assimilation, la « fin de l'époque des marranes et la renaissance de celle des Maccabées », selon la formule d'Israël Zangwill[4] ? Elle reconnaît en tout cas qu'en vingt siècles de Diaspora, le sionisme constitue la seconde tentative des Juifs, complètement sécularisée cette fois-ci, pour changer leur condition en ayant recours à l'action politique directe, la première étant celle de Sabbataï Zvi qui marqua la fin du Moyen Age juif[5]. Force est toutefois de reconnaître que le mot « Sionisme » recouvre une pluralité de doctrines et d'interprétations du vieux rêve messianique depuis que les grandes lignes en eurent été formulées vers 1882 par les Amants de Sion en Russie. Retenons

1. *Ibid.*, notes manuscrites, n° 022384.

2. G. Steiner, *Errata*, *op. cit.*, p. 72.

3. E. Ben-Yéhouda, *Le rêve traversé*, suivi de Ithamar Ben-Avi, *Mémoires du premier enfant hébreu* (Paris, Desclée de Brouwer, 1998, trad. G. Haddad et C. Neuve Église).

4. In *Sionismes. Textes fondamentaux* (Textes réunis et présentés par D. Charbit, Paris, Albin Michel, 1998), p. 130. En 1955 en revanche, K. Blumenfeld estimait plutôt que si « dans les commencements du sionisme, faire de la question juive une question de portée universelle, c'était la grande affaire [...] la véritable question juive de notre temps est en quelque sorte un problème de marranes » (*HA-KB*, Lettre du 11 juillet 1955).

5. « Le cinquantenaire de l'État Juif » in *P.E*, p. 124.

pour l'instant la ligne politique et diplomatique pour laquelle opta Theodor Herzl et qui, dès le second Congrès sioniste suscita des réserves, même au sein de ses adhérents. Témoin B. Lazare qui, dans une lettre qu'il adressa à T. Herzl le 4 février 1899, lui présentait sa démission. Il reprochait au dirigeant sioniste qu'il qualifiait de « bourgeois », de prétendre guider un peuple pauvre, malheureux, « prolétaire » qu'il s'agissait d'abord d'écarter de la superstition en l'éveillant à la pensée rationnelle. Comparant l'entreprise de T. Herzl à celle d'Esras, Néhémie et Zorobabel, qui avaient laissé les riches à Babylone pour ne prêter main-forte qu'aux pauvres, il lui reprochait en outre de faire dépendre le sort des Juifs en Palestine des capitaux d'une banque, voire du Sultan de l'Empire ottoman, responsable du massacre des Arméniens. Comme nous l'avons vu au chapitre II, H. Arendt admirait B. Lazare dont elle reprit nombre de concepts et d'engagements. C'est donc très naturellement qu'elle exprime sa préférence pour ce dernier, reprenant son argumentation contre T. Herzl et le mépris des masses dont il aurait fait preuve, dénonçant la conception archaïque selon laquelle un pays peut s'acheter avec de l'argent, des Lords acceptant de le vendre[1]. Elle le crédite bien du désir louable d'agir à tout prix et de vouloir résoudre le problème juif en termes politiques, de même que d'avoir placé dès le départ la question juive sur le plan politique en réclamant pour les Juifs « une nation comme les autres », et enfin d'avoir proposé une alternative réaliste et « relativement sain[e] » à l'utopie de l'internationalisme révolutionnaire, en prenant acte d'une réalité historique présente mettant fin à l'errance éternelle des Juifs. Elle lui reproche néanmoins d'avoir cru que la solution à la question juive, et donc à l'antisémitisme prétendûment éternel des nations, résidait dans la « fuite hors du monde » : « Un peuple sans terre se réfugierait dans une terre sans peuple où les Juifs, sans interférence avec les autres nations, pourraient développer leur propre organisme isolé »[2]. Cette solution imaginée par T. Herzl se révèle celle d'un *Luftmensch* inconscient de ce qu'un tel pays ne peut pas exister, méconnaissant d'une part qu'une nation ne peut historiquement se développer qu'au sein de la pluralité des autres nations, méconnaissant la réalité arabe donc, mais également l'élément de racisme désormais contenu dans l'antisémitisme moderne, et face auquel aucun lieu n'est assez sûr sur cette terre. En définitive, il semblerait que la conception de T. Herzl de la solution à la question juive se résumât à une simple affaire de « transport »[3] !

1. « La crise du sionisme », in *A J.*, p. 54.
2. « Le cinquantenaire de l'État juif », *in PE.*, p. 129.
3. « La crise du sionisme », in *AJ.*, p. 47.

Cette critique de T. Herzl ne remet pourtant nullement en cause, aux yeux d'H. Arendt, l'existence ou la nécessité de la Palestine pour le peuple juif, et elle est donc bien éloignée du pessimisme de Stefan Zweig : « Plus le rêve menace de se réaliser, ce dangereux rêve d'un État juif avec canons, drapeaux et médailles, plus je suis déterminé à aimer l'idée douloureuse de la Diaspora »[1]. Pour H. Arendt en effet, « la Palestine et l'existence d'un foyer national juif constituent aujourd'hui le grand espoir et la grande fierté des Juifs dans le monde entier ». Ce qui est en jeu avec la Palestine, c'est le droit de fonder non pas seulement une cité, mais véritablement un monde, de mettre un terme à la séparation d'avec les autres nations, fût-elle pensée comme élection ou comme insouciante acosmie, caractéristique du paria. Avec cette exigence de la naissance d'un monde apparaît simultanément le devoir d'en assumer la responsabilité et la permanence, d'avoir souci de son ouverture à l'autre, et c'est pourquoi H. Arendt exprime sa peur, une fois encore, face à l'éventualité d'une nouvelle catastrophe : « ce qui arriverait aux Juifs, individuellement et collectivement, si cet espoir et cette fierté devaient disparaître dans une nouvelle catastrophe, est presque inimaginable. Mais il est certain que cela deviendrait le fait central de l'histoire juive, et il est possible que cela devienne le commencement de l'auto-dissolution du peuple juif »[2]. Nonobstant la référence à Moïse, est-il besoin de souligner que le droit des Juifs sur la Palestine pour H. Arendt ne repose nullement sur le passé, mais qu'il doit être reformulé en fonction du droit de celui que possède tout homme sur le fruit de son travail : « les Arabes ont bénéficié de mille cinq cents ans pour bâtir un pays fertile, alors que les Juifs ne s'y sont mis que depuis quarante ans, et la différence est tout à fait considérable »[3]. Sur ce point là du moins, H. Arendt semblait d'acord avec Ben Gurion – « Si un peuple a le droit de dire "Ceci est mon pays, ma patrie", ce n'est que parce que ce peuple a construit ce pays »[4] – ainsi qu'avec Martin Buber[5]. Si le retour de l'exil du peuple juif offre « matière à réflexion », c'est parce qu'un immense espoir aurait été déçu – « je préfère même une tragique déception à une dégénérescence [l'existence en diaspora] qui n'a rien de tragique mais à laquelle on ne peut espérer échapper », répliquait M. Buber à S. Zweig[6] – et tel sera le thème de l'article intitulé « Réexamen du sionisme » publié en 1944, qui marquera

1. Stefan Zweig à Martin Buber, lettre non datée, in *Une terre et deux peuples* (Paris, Lieu Commun, 1985. Textes réunis et présentés par P. Mendes-Flohr, traduits par D. Miermont et B. Vergne), p. 53.

2. « Pour sauver le foyer national juif, il est encore temps » (1948), in *PE.*, p. 145-46.

3. « La crise du sionisme », in *AJ.*, p. 54.

4. « Le don du pays » (1956), in *Sionismes. Textes fondamentaux, op. cit.*, p. 181-82.

5. *Une terre et deux peuples, op. cit.*, p. 115.

6. Lettre du 4 février 1918, in *ibid.*, p. 54.

la rupture définitive d'H. Arendt avec le sionisme, texte que récuseront tant G. Scholem[1] que Kurt Blumenfeld. Si H. Arendt est assez critique à l'égard de G. Scholem qu'elle estime imbu de lui-même, et lui réplique volontiers dans les termes de l'attaque[2], en revanche elle est beaucoup plus humble et craintive vis-à-vis de K. Blumenfeld qu'elle avait connu alors qu'elle était encore enfant à Königsberg, et aux côtés duquel elle avait milité avant son départ d'Allemagne. Ainsi, redoutant tout particulièrement l'accueil qu'il réserverait à son article, elle tenta par avance de se disculper à ses yeux : « Veuille s'il y a moyen, ne pas t'irriter [...] Peut-être vas-tu comprendre qu'il n'est pas dû à la désinvolture mais à une profonde angoisse [...] j'ai vraiment peur pour la Palestine. Je crains que le *Yishuv* ne sache pas de quoi sont capables, à l'époque moderne de grandes puissances »[3].

À la question fondamentale dont dépendait l'évolution du mouvement sioniste – quelle sorte de corps politique les Juifs de Palestine allaient-ils former ? – la convention d'Atlantic City en octobre 1944, allant plus loin encore que le programme du Biltmore de mai 1942, qui déjà répliquait au Livre Blanc de 1939, avait en effet apporté une réponse : « un Commonwealth juif, libre et démocratique comprenant toute l'étendue de la Palestine sans division ni diminution »[4]. Si cette solution, adoptée à l'unanimité par les sionistes, qui condamnait les Arabes, est taxée de « révisionniste » par H. Arendt, c'est d'une part parce qu'elle portait un coup fatal à ceux qui militaient en faveur de l'entente entre Juifs et Arabes, condamnant ces derniers à l'émigration ou au statut de citoyen de seconde classe, et d'autre part en ce qu'elle renforçait la majorité nationaliste de David Ben Gurion. La revendication d'un Foyer National juif – ce « radeau de sauvetage ... ce pays du salut », ainsi que le baptisait P. Levi[5] – n'est en effet nullement identique à celle d'une nation juive souveraine et, ainsi que le rappelait M. Buber, elle était fondée sur trois postulats : la liberté d'acquérir des terres, l'arrivée de colons, et l'autodétermination de la communauté quant à son mode de vie et à ses institutions[6]. Or, pas plus que le Foyer National juif ne saurait s'identifier au concept de nation,

1. Lettre du 28 janvier 1946, *Briefe, Band* I, 1914-1947, citée in *Sionismes. Textes fondamentaux, op. cit.*, p. 665-68.

2. Voir notamment Lettre du 9 janvier 1957 in *HA-KB*.

3. *Ibid.*, Lettre du 14 janvier 1946.

4. « Réexamen du sionisme », in *AJ.*, p. 97.

5. *Conversations avec P. Levi, op. cit.*, p. 60.

6. M. Buber, *Une terre, deux peuples, op. cit*, p. 243.

l'autodétermination du peuple n'équivaut à une prétendue « majorité » à venir juive, que dénoncent tant M. Buber qu'H. Arendt[1].

Deux idéologies, affirme H. Arendt, ont présidé au sionisme, le socialisme et le nationalisme, hérité de T. Herzl qui ne pouvait évidemment pas avoir encore pris conscience à son époque de la faillitte de l'État-nation, désormais incapable d'assurer la sécurité de ses ressortissants et de contrôler l'afflux d'étrangers indésirables à l'intérieur de ses frontières, et qui plus est, incapable de garantir la souveraineté du peuple. C'est contre ce nationalisme, « venin de notre temps » que s'élève lui aussi G. Steiner : « Le programme sioniste d'Herzl portait les stigmates visibles du nationalisme montant de la fin du XIXe siècle. Surgi de l'inhumain et de l'imminence du massacre, Israël a dû se dresser comme un poing fermé. Personne plus qu'un Israëlien n'est pétri de patriotisme. Il doit en être ainsi s'il veut que sa langue de terre contienne les assauts de ses voisins. Le sursaut national est la condition *sine qua non* de sa vie », et il justifiait ce faisant le choix de son existence en Diaspora : « Ainsi certains d'entre nous préfèrent-ils rester dans le froid, hors de ce sanctuaire du nationalisme, même s'il leur appartient enfin. Nul n'a besoin d'être enterré en Israël »[2]. En affirmant qu'« une nation est un groupe d'individus [...] liés par un ennemi commun », T. Herzl, séparait l'humanité en Juifs et *Goyim*, tout comme les Grecs divisaient le monde en Grecs et Barbares, se satisfaisant ainsi d'une explication non politique et non historique de l'hostilité – prétendument éternelle – à l'égard des Juifs. Si M. Buber reconnaissait bien que le sionisme moderne avait été suscité par le développement de l'antisémitisme, ce dernier n'en était pas pour autant à ses yeux la « cause », celle-ci résidant bien plutôt dans « le lien absolument unique qui existe entre un peuple et une terre »[3] tandis que G. Scholem pour sa part, dans sa réplique à H. Arendt[4] se déclarait convaincu par la thèse de T. Herzl de la durée « éternelle de l'antisémitisme », et donc « nationaliste ». En outre, cette définition du concept de nation par T. Herzl, ne faisait que reprendre un nationalisme d'inspiration allemande, selon lequel « une nation est un corps organique éternel, le produit de la croissance naturelle et

1. Alors que dès 1935, ainsi que nous l'avons vu au chapitre I, H. Arendt faisait l'éloge de Martin Buber, dans sa Correspondance avec Kurt Blumenfeld, elle décrète de façon abrupte : « Je ne l'aime pas » (*HA-KB*, Lettre du 29 mars 1953), pour se raviser quelques années plus tard : « j'ai appris à mieux connaître Buber, il a tout de même fini par me plaire ... » (*Ibid.*, Lettre du 19 mai 1957). Quelle que soit la nature de ces revirements successifs, il n'en reste pas moins que leurs vues sur la politique sioniste paraissent souvent très proches.

2. *Langage et silence*, *op. cit.*, p. 156.

3. *Une terre et deux peuples*, *op. cit.*, p. 241.

4. *Briefe*, Band I, 1914-1947, in *Sionismes*, *op. cit.*, p. 665.

inévitable de qualités inhérentes ; et il explique les peuples non pas en termes d'organisations politiques, mais de personnalités biologiques suprahumaines »[1]. Une telle conception méconnaît ce faisant « la grande idée française de la souveraineté du peuple »[2] – quand bien même ce symbole du libre développement national est-il devenu « le plus grand danger pour la survie nationale des petites nations »[3] – condition pourtant indispensable à la formation d'une nation : « les sionistes proposent de résoudre la question juive au moyen d'un État-nation, et pourtant ils n'espèrent même pas la souveraineté qui en est la caractéristique essentielle »[4]. Dès 1918, M. Buber pour sa part, semblait parfaitement conscient de ce que « la plupart des sionistes à la tête du mouvement [...] sont aujourd'hui des nationalistes effrénés (sur le modèle européen), des impérialistes, voire des gens qui, sans même le savoir, sont des esprits mercantiles assoiffés de réussite. Ils parlent de renaissance et pensent en termes d'entreprise »[5], et trente ans plus tard il dénonçait toujours comme une profanation du nom de Sion ces « mouvements nationalistes grossiers ...pour qui l'autorité suprême est l'intérêt – supposé ! – de la nation [...] » de même que le remplacement du concept vital d'« autonomie » par un concept de puissance, celui de « souveraineté », et l'inversion de la devise de la paix en une devise de guerre[6].

L'État-nation à la manière de Herzl, n'est donc pas la solution au problème de la coexistence de deux populations aussi hétérogènes que celle des Juifs et celle des Arabes, ces derniers étant qui plus est, hostiles dès le départ à toute solution dès lors qu'elle était liée à l'immigration. L'idéologie socialiste révolutionnaire jaillie des masses d'Europe de l'Est, pour laquelle la Palestine représentait une expérience de normalisation de la vie sociale juive et qui a, elle aussi, présidé à la naissance du sionisme, n'a elle non plus guère été inspirée. Et H. Arendt se prend à regretter que les *challoutzim* et les *kibboutznim* qui réussirent bien à créer des « ilôts de perfection », trop absorbés par l'engendrement de nouvelles valeurs sur le plan social, aient toutefois renoncé, de peur de se salir les mains, à prendre la direction des affaires politiques, laissant ainsi le champ libre « aux fanatiques du mouvement ...les sionistes politiques »[7]. Une fois de plus,

1. « Réexamen du sionisme », *AJ.*, p. 125.
2. *Ibid.*
3. « La paix ou l'armistice au Proche Orient ? » in *A J.*, p. 201.
4. « Réexamen du sionisme », *AJ.*, p. 130.
5. M. Buber, *Une terre et deux peuples, op. cit.*, p. 55.
6. *Ibid.*, p. 289-90.
7. « Réexamen du sionisme », *in AJ.*, p. 107.

ainsi que le lui reprochait d'ailleurs K. Blumenfeld[1], H. Arendt invoque la figure de B. Lazare, le seul homme de l'Organisation sioniste à avoir imaginé l'organisation du peuple juif sur la base d'un grand mouvement révolutionnaire s'alliant avec les forces progressistes d'Europe, ce qui lui vaudra d'être taxée de « trotskiste antisioniste » par G. Scholem, lui qui était pour sa part persuadé que le renouvellement du peuple juif dépendait précisément bien plutôt de son organisation sociale que de la question de son organisation politique. Reprenant le texte de Renan « Qu'est-ce qu'une nation ? »[2], B. Lazare s'interrogeait, comme de nombreux sionistes sur l'identité juive, et le sens de cette unité lui semblait pouvoir être dérivé du passé, d'une histoire commune que l'antisémitisme n'aurait fait que renforcer. S'il appelait bien lui aussi, au nom de ses idéaux socialistes, les Juifs persécutés à la résistance, à se défendre les armes à la main, il n'en estimait pas moins que seule la constitution des Juifs en une nation, soit, « la conquête de leur liberté collective, c'est-à-dire la renaissance de leur nationalité » pouvait garantir leur « liberté individuelle », compte tenu de la tendance inéluctable des peuples à éliminer les éléments hétérogènes[3]. D'autres sionistes estimaient en revanche que le peuple juif dispersé parmi les nations du monde, n'avait pu survivre aussi longtemps, privé de terre et de langue, que grâce à sa Loi et à son Alliance : l'identité juive ne pouvait dès lors consister qu'en une persévérance dans cette voie sacrée, voire, pour des sionistes moins attachés à la foi, en une reconquête de la terre et de la langue hébraïque jouant le rôle de substitut de la religion. À la différence de B. Lazare toutefois, H. Arendt n'était nullement convaincue que la structure politique dépendît de l'homogénéité de la population et du fait de partager un passé commun, et elle citait en exemple la Constitution américaine[4] où la citoyenneté ne s'identifie nullement – comme nous l'avons vu au chapitre II – à la nationalité, où la démocratie est indépendante de toute dimension ethnique, ainsi que le proclamait avec

1. « Sur un des plateaux de la balance, B. Lazare plane sur les hauteurs, et sur l'autre, tout en bas, il y a l'abjecte populace juive », *HA-KB*, Lettre du 2 juillet 1951.

2. Dans sa Conférence prononcée en Sorbonne le 11 mars 1882, E. Renan remarquait d'abord que le concept de nation était un concept politique moderne, inconnu de l'Antiquité, et il s'efforçait ensuite de dissiper la confusion régnant entre la race et la nation. Pas plus la race, que la langue, les intérêts, la religion, la géographie ou les nécessités militaires ne suffisent à expliquer le concept de nation. Celui-ci doit bien plutôt être compris comme « une âme, un principe spirituel » composé de deux éléments : « l'un est la possession en commun d'un riche legs de souvenirs ; l'autre est le consentement actuel, le désir de vivre ensemble, la volonté de continuer à faire valoir l'héritage qu'on a reçu indivis ... » (*Qu'est-ce qu'une nation ? et autres essais politiques*. Textes choisis et présentés par Joël Roman, Press Pocket, 1992, p. 53-54).

3. « Le nationalisme juif » in *Sionismes. Textes fondamentaux, op. cit.*, p. 192-97.

4. *HA-KJ*, Lettre du 29 janvier 1946.

emphase George Washington : « Le sein de l'Amérique s'ouvre pour accueillir les persécutés et les opprimés de tous les pays et de toutes les religions ».

Le nouveau corps politique qu'aussi bien H. Arendt que M. Buber appelaient de leurs vœux pour la Palestine, seul susceptible de garantir une entente judéo-arabe, était donc une fédération sur le modèle des États-Unis. Dès 1942, H. Arendt considérait en effet que la fédération offrait l'avantage de pouvoir résoudre les conflits nationaux en faisant disparaître le problème insoluble majorité-minorité : « les États-Unis d'Amérique furent le premier exemple d'une telle fédération. Dans ce type d'union, aucun État n'a de suprématie par rapport à un autre, et tous les États gouvernent le pays ensemble »[1]. Et elle rappelait le vœu émis par Judah L. Magnes : « quel bienfait pour l'espèce humaine si les Juifs et les Arabes de Palestine se liaient d'amitié et coopéraient pour faire de cette Terre Sainte une Suisse florissante et pacifique au cœur de cette ancienne voie à mi-chemin entre l'Orient et l'Occident. Cela aurait une influence politique et spirituelle inestimable dans le Proche Orient et bien au-delà... »[2]. En 1948 à nouveau, après l'acceptation de la partition de la Palestine par les Nations Unies et l'institution d'un État juif, elle évoque l'alternative que représente la forme fédérative, « première pierre d'une plus vaste structure fédérative au Proche-Orient et dans la région méditerranéenne »[3] et, deux ans plus tard encore, elle réaffirme : « La meilleure chance pour que cette fédération voie rapidement le jour, tiendrait toujours en une confédération de la Palestine [...] Le terme même de confédération indique l'existence de deux entités politiques indépendantes par opposition à un système fédéral généralement conçu comme "un gouvernement multiple dans un État unique" »[4]. De même M. Buber, pour lutter contre la corruption qui avait ouvert la voie au nationalisme, préconisait-il la même année dans la préface pour un livre prévu sur l'entente judéo-arabe, « une fédération dont la loi devrait être une sorte de Magna Charta internationale [...] étendue à toute la région du Proche Orient »[5].

Après avoir évoqué la figure de Moïse, l'élu de YHWH, H. Arendt nous incite ainsi à réfléchir sur une version sécularisée du retour de l'exil, qui passe par un reconquête de la Palestine fondée sur le labeur et le partage de la terre avec ses autres occupants, par l'apprentissage de la langue, fondamental pour la constitution d'un peuple, mais surtout par l'invention

1. « La crise du sionisme », in *AJ.*, p. 62.
2. « La paix ou l'armistice au Proche Orient ? », in *A J.*, p. 190.
3. « Pour sauver le Foyer national juif », in *PE.*, p. 152.
4. « La paix ou l'armistice au Proche Orient », *A J.*, p. 197.
5. *Une terre et deux peuples, op. cit.*, p. 339.

de nouvelles formes politiques tirant la leçon de l'échec de l'État-nation et du concept de souveraineté, et prenant pour modèle les États-Unis d'Amérique : « L'abolition uniforme de la souveraineté à l'intérieur du corps politique de la république, l'intuition que dans le domaine des affaires humaines, souveraineté et tyrannie sont une seule et même chose, est la plus grande innovation des Américains dans le domaine politique »[1]. Les expériences fondamentales que l'Occident a faites de la politique, « la *polis*, la *res publica*, l'exil (Moïse) »[2] ont promu, rappelons-le, un certain nombre de vertus politiques fondamentales. La distinction entre espace public et espace privé, le principe de l'État de droit, la *polis* étant gouvernée par les lois et non par les hommes, la liberté et l'égalité, fondements de la démocratie moderne, la notion de sujet de droit, celle de contrat, le principe d'épargner les vaincus et de commuer la peine de mort, celui de citoyenneté universelle – quand bien même demeura-t-il oligarchique dans sa pratique romaine –, la résistance, la tentative de créer de nouvelles valeurs sociales fondées sur la justice, et la normalisation d'un peuple dispersé et opprimé en un État indépendant.

Aucune de ces expériences ne peut toutefois être répétée, a d'emblée prévenu H. Arendt. Pour L. Strauss en revanche, l'éventualité qu'une philosophie politique apparue il y a de nombreux siècles soit, aujourd'hui encore, « la vraie philosophie politique », n'est nullement à exclure. La caducité d'une philosophie politique ne découle pas du fait que le contexte historique et politique auquel elle était liée a disparu : « la philosophie politique classique n'est pas réfutée, comme certains semblent le croire, du seul fait que la cité, qui est apparemment le sujet central de la philosophie politique classique, a été remplacée par l'État moderne »[3], même si L. Strauss reconnaît par ailleurs combien la connaissance politique est d'une part plus difficile à acquérir aujourd'hui, d'autre part devient plus rapidement obsolète, du fait que « nous vivons dans des "sociétés dynamiques de masse", caractérisées aussi bien par une complexité énorme que par des changements rapides »[4]. Du seul fait qu'H. Arendt ait évoqué ces expériences politiques, il semble d'une part qu'elle réduise l'histoire universelle à celle de l'Antiquité occidentale, comme si elle ne s'était pas avisée de « l'étrangeté » des civilisations grecque et romaine, de ce que, pour reprendre la formule de C. Meier, « les Grecs et les Romains étaient

1. *ER.*, p. 224.
2. *QP. ?*, notes manuscrites, n° 022384.
3. *Qu'est-ce que la philosophie politique ?*, *op. cit.*, p. 67.
4. *Ibid.*, p. 21.

des peuples exotiques »[1]. Ou, en empruntant cette fois-ci à E. Voegelin, qui constatait que l'organisation de la représentation s'exprimant à travers le symbole du « peuple » n'est nullement universelle, mais spécifique aux sociétés occidentales, nous pourrions formuler autrement notre objection : « Or, l'Orient constitue la plus grande partie de l'humanité »[2].

Si d'autre part, comme H. Arendt l'affirme bien légèrement aussi, « nous avons désormais résolu les problèmes vitaux », la question qui se pose dès lors est la suivante : « Que faire maintenant ? ». Sa réponse est : « aujourd'hui pour la première fois nous pouvons construire ensemble un monde contre la mort »[3], soit, fonder un monde où nous soyons libres d'agir et de penser. « Un monde nouveau a besoin d'une nouvelle politique », disait déjà Tocqueville, qu'H. Arendt aime à citer.

1. *La politique et la grâce. Anthropologie politique de la beauté grecque* (Seuil, 1987, trad. P. Veyne), p. 28.

2. *The New Science of Politics. An Introduction* (The University of Chicago Press, 1952/1987), p. 41 (trad. française S. Courtine-Denamy, à paraître, éd. du Seuil, 2000).

3. *QP. ?*, notes manuscrites, n° 022384.

CHAPITRE VI

UNE POLITIQUE NOUVELLE POUR UN MONDE NOUVEAU

Pour mettre en œuvre cette politique nouvelle, c'est aux philosophes qu'en appelle H. Arendt dans un texte de 1954, « L'intérêt pour la politique dans la pensée philosophique européenne récente », car, même s'ils ne sont pas particulièrement « bien équipés » pour une telle tâche, « qui d'autre pourrait réussir s'ils nous faisaient défaut ? »[1]. On ne peut manquer de rapprocher ici encore la pensée d'H. Arendt de celle de L. Strauss[2], qui constatait le discrédit dans lequel était tombé la philosophie politique depuis deux générations, son état de délabrement, voire sa putréfaction[3], d'une part depuis que les deux grandes puissances du monde moderne, la Science et l'Histoire, en ont détruit jusqu'à la possibilité même, et d'autre part, « à mesure que la politique est devenue en un sens plus philosophique que jamais »[4].

1. « L'intérêt pour la politique dans la pensée philosophique européenne récente » (1954), in *Cahiers de Philosophie*, 4, Confrontations (trad. J. Roman, A. Scala, E. Tassin, p. 26. On retrouve ce même pis-aller dans *Qu'est-ce que la politique ? :* « La maladie professionnelle des philosophes. Ils sont victimes d'un préjugé, et nous ne pouvons pas plus leur faire aveuglément confiance que croire qu'ils font effectivement de leur mieux. D'autre part, qui, à défaut des philosophes, est susceptible de nous instruire ? » (notes manuscrites, n° 022380).

2. Même si H. Arendt, ainsi qu'il ressort tant de sa Correspondance avec Karl Jaspers que de celle avec Kurt Blumenfeld, supportait mal l'ignorance dans laquelle L. Strauss la tenait, elle n'en reconnut pas moins qu'il faisait un travail très utile à Chicago : « je lui fais systématiquement de la publicité auprès des étudiants. Son savoir est vaste et au moins donne-t-il le goût de la lecture à la jeune classe ... », *Correspondance HA-KB, op. cit.*, Lettre 54 du 31 juillet1956.

3. *Qu'est-ce que la philosophie politique ?, op. cit.*, p. 22.

4. « La philosophie comme science rigoureuse et la philosophie politique » in *Études de philosophie politique platonicienne, op. cit.*

L'intérêt nouveau que manifestent les philosophes contemporains, toutes obédiences confondues, pour la politique – intérêt qui est loin d'aller de soi depuis le procès et la mort de Socrate, soit depuis la condamnation du philosophe par la *polis* – semble un gage d'espoir pour la pérennité du monde. Qu'un tel renouveau résulte pour partie d'un « doute sur la viabilité de la philosophie » elle-même, si bien que la question du politique apparaît comme une question de vie ou de mort pour cette discipline, importe peu. Il n'en reste pas moins qu'il a jailli sur cet arrière-fond que constitue « l'expérience bouleversante des deux guerres mondiales, des régimes totalitaires et de l'effrayante perspective de la guerre totale »[1]. C'est parce que les philosophes « non académiques », précise H. Arendt, avaient pris conscience d'une crise radicale de la civilisation occidentale avant même que celle-ci n'ait acquis une réalité politique, qu'ils surent reconnaître l'aspect nihiliste de la formule « tout est possible » des mouvements totalitaires, leurs catégories théoriques revêtant ainsi « une réalité tangible dans le monde moderne »[2]. Cette prise de conscience de la corrélation entre pensée et événement aurait jeté le philosophe, abandonnant la « position de "l'homme sage" », hors de la solitude de sa chère tour d'ivoire, ouvrant ainsi la voie à un « réexamen du domaine politique ». En reconnaissant que les affaires humaines posent d'authentiques problèmes philosophiques, les penseurs contemporains feraient naitre l'espoir d'une « nouvelle science du politique », soutient H. Arendt qui reprend, ce faisant, le titre d'un ouvrage d'E. Voegelin qui venait de paraître à l'époque, *The New Science of Politics. An Introduction*[3], et sur lequel nous aurons l'occasion de revenir.

Pourtant, ce lien entre pensée et événement est caractéristique d'une perspective historiciste qui, pour être proche du domaine politique, n'en atteint pas le cœur. Fascinés par les problèmes actuels historiques comme « la technicisation du monde, l'émergence d'Un monde unifié à l'échelle planétaire, les pressions croissantes de la société sur l'individu et l'atomisation concomittante de cette société etc… »[4], voire la description phénoménologique de la vie ordinaire telle qu'elle se déploie dans *Être et Temps*, les philosophes contemporains en auraient oublié les questions permanentes de la science politique, à savoir : « Qu'est-ce que la politique ? Qui est l'homme pris comme un être politique ? Qu'est-ce que la liberté ? ». Si ces questions sont précisément celles que pose H. Arendt elle-même dans *Qu'est-ce que la politique ?*, force est toutefois de remarquer qu'elle

1. *Ibid.*, p. 24 et 9.
2. *Ibid.*, p. 10.
3. *Op. cit.*
4. *« L'intérêt … »*, p. 12.

n'en a pas moins, elle aussi, longuement procédé à l'analyse de *La condition de l'homme moderne*, articulée autour des trois volets du Travail, de l'Œuvre et de l'Action, ainsi qu'à *La crise de la culture*, cédant ainsi elle-même, pour reprendre ses propres termes, à la tentation de l'« historicisme ». Ici encore la pensée d'H. Arendt semble très proche de celle de L. Strauss pour lequel la définition de l'existentialisme consisterait en ce que « tous les principes d'intelligibilité et tous les principes d'action sont historiques, c'est-à-dire n'ont pas d'autre fondement qu'une décision humaine ou encore le décret du destin »[1]. L'opposition entre philosophie politique et politique, se laisserait ainsi appréhender comme celle de l'universel et du particulier : « La philosophie politique se souciait de l'ordre social le meilleur ou de l'ordre social juste, qui est meilleur ou juste par nature et partout et toujours », la politique quant à elle se soucie « de l'être et du bien-être de telle ou telle société particulière (une *polis*, une nation, un empire) laquelle existe en un lieu et en un temps déterminés »[2]. L'historicisme typique du XXe siècle consiste à avoir remplacé les questions concernant « L'État comme tel et la bonne manière de vivre comme telle », c'est-à-dire les questions proprement philosophiques, en questions historiques « au caractère "futuriste" [relatives à] l'État moderne, le gouvernement moderne, les idéals de la civilisation occidentale et ainsi de suite »[3]. Or, et sur ce point, H. Arendt ne pouvait qu'être d'accord avec L. Strauss, « le plus grand événement de l'année 1933 semblerait avoir prouvé que l'homme ne peut pas abandonner la question de la bonne société, et qu'il ne peut pas se délivrer de la responsabilité d'y répondre en faisant appel à l'Histoire ou à tout autre pouvoir que celui de sa propre raison »[4]. Les deux penseurs sont encore d'accord pour constater qu'à notre époque, en fait « la politique est devenue universelle », toute agitation en un endroit du monde entraînant des répercussions ailleurs[5], encore que, plus que d'universalité, il conviendrait ici de parler de « mondialisation » de la politique au sens où on l'entend aujourd'hui.

Il nous faut également remarquer les divergences de L. Strauss et d'E. Voegelin, qui entretinrent une correspondance d'une trentaine d'années, sur cette même question de l'historicité, même si tous deux s'accordent pour reconnaître que la réflexion historique est une exigence de la philosophie moderne née de l'opacité des symboles auxquels il faut

1. L. Strauss, *Études de philosophie politique platonicienne*, *op. cit.*, p. 42.

2. *Ibid.*, p. 41.

3. L. Strauss, *Qu'est-ce que la philosophie politique ? op. cit.*, p. 61.

4. *Ibid.*, p. 32.

5. « Tous les problèmes prennent de plus en plus des dimensions internationales : quand quelqu'un tousse au pôle Sud, un habitant du pôle Nord attrape aussitôt un rhume », écrivait H. Arendt à K. Jaspers le 17 février 1957.

restituer leur pouvoir d'illumination en restaurant les expériences qu'ils expriment. E. Voegelin se risque même à dater le moment où s'est produite la rupture décisive avec l'approche « non historique » qui prévalait dans toute la philosophie antérieure, à savoir le gnosticisme du Moyen-Age et la tentative de donner une « signification » au cours immanent de l'histoire comme par exemple dans l'œuvre de Joachim de Flore. Mais L. Strauss pour sa part, n'était absolument pas convaincu par cette hypothèse dont Jacob Taubes et Karl Löwith s'étaient également fait l'écho dans leurs ouvrages respectifs[1], et il s'insurgeait également contre l'affirmation d'E. Voegelin selon laquelle l'homme platonicien et aristotélicien étant l'homme de la *polis*, une science politique universelle serait radicalement impossible, la croyance dans l'universalité de l'image hellénique de l'homme n'étant qu'un produit de la Renaissance[2]. Si la philosophie politique classique est bien anhistorique, aux yeux de L. Strauss, c'est dans la mesure où elle est « recherche de l'*aei on* [...] des questions décisives de l'*arche* ou des *archai*, la question de la juste vie ou *ariste politeia* ... », en sorte qu'historiciser apparaît comme un phénomène de rejet à l'égard de la philosophie de système, et surtout comme un « oubli de l'éternité »[3]. Sur ce point, L. Strauss semble donc plus proche de la conception qu'exprimait H. Arendt.

Mais demandons-nous au profit de quelles politiques philosophiques la philosophie politique aurait disparu. Si H. Arendt sait bien gré aux philosophes catholiques, en l'occurence Jacques Maritain et Étienne Gilson en France, Romano Guardini et Joseph Pieper en Allemagne, d'avoir su réveiller l'attention pour les problèmes cruciaux de la philosophie politique – en ranimant et en reformulant la vieille question "qu'est-ce que la politique en fin de compte ?" – leur faiblesse consiste cependant à ses yeux en ce qu'ils n'ont pas su offrir de réponse nouvelle, se contentant de réaffirmer de « vieilles vérités » inadéquates dans un monde nouveau, quand bien même, dans la confusion contemporaine, ces vieilles réponses auraient-elles clarifié les esprits. L'entreprise de faire renaître un quelconque monde ancien, ainsi que nous l'avons vu au chapitre précédent, étant par définition vouée à l'échec, quelle philosophie pourrait bien être

1. *Correspondence between Leo Strauss and Eric Voegelin 1934-1964. Faith and Political Philosophy* (translated and edited by Peter Emberley and Barry Cooper, 1993), Lettre 22 du 12 mars 1949 et Lettres 34 et 35 respectivement du 4 décembre 1950 et du 10 décembre 1950. L'ouvrage de Jacob Taubes que cite L. Strauss est *Abendländische Eschatologie* (Berne, Franke, 1947), celui de Karl Löwith, *Meaning in history* (Chicago, University of Chicago Press, 1949).

2. *Ibid.*, lettre 4 du 9 décembre 1942.

3. *Ibid.*, Lettre 35 du 10 décembre 1950.

susceptible d'apporter une réponse nouvelle au monde nouveau qui est le nôtre ?

À l'extrême opposé de la renaissance thomiste, H. Arendt envisage la position des existentialistes français qui, contrairement aux philosophes catholiques, ne se sont pas efforcés de trouver des réponses philosophiques aux problèmes politiques, mais qui ont au contraire cherché « dans la politique la solution des problèmes philosophiques qui, à leur avis, résistent à toute solution ou même à toute formulation correcte en termes purement philosophiques »[1]. Dans un précédent article[2], H. Arendt avait déjà souligné l'accord des existentialistes français sur deux thèmes de révolte : d'une part la répudiation de l'« esprit de sérieux », c'est-à-dire de la « respectabilité » qui consiste à s'identifier à la fonction arbitraire que la société vous a conférée, d'autre part le refus du monde tel qu'il est, comme milieu naturel et prédestiné de l'homme, c'est-à-dire l'affirmation du dépaysement fondamental de l'homme dans le monde tel qu'il est illustré par exemple dans *Le mythe de Sisyphe. Essai sur l'absurde*, de Camus. Ainsi Albert Camus, Jean-Paul Sartre, Maurice Merleau-Ponty, et avant eux André Malraux, privilégiant la vie politique active, « l'action vraie, à savoir le commencement de quelque chose de nouveau [qui] ne semble possible que dans les révolutions »[3] soit, la révolution, auraient-ils déserté la philosophie pour l'engagement dans la politique, dans l'action, préférant s'exprimer à travers des pièces et des romans qu'écrire une philosophie morale. Autrement dit, si « la rebellion du philosophe contre la philosophie » est aussi vieille que l'histoire de la philosophie et de la métaphysique occidentale, la nouveauté de l'existentialisme consiste dans la prise de conscience que « l'esprit humain avait cessé, pour des raisons mystérieuses, de remplir sa fonction propre », l'action semblant offrir l'espoir sinon de résoudre les problèmes, du moins « de vivre avec eux sans devenir, selon l'expression de Sartre, un salaud, un hypocrite »[4]. Mais, pour apprécier chez les existentialistes le fait qu'ils ne souffrent pas de la nostalgie du passé, H. Arendt n'en détecte pas moins dans leur œuvre des éléments de nihilisme qui proviennent de très vieilles idées et qu'il faudra bien dénoncer un jour ou l'autre, nonobstant leurs protestations. Si la démarche des existentialistes français, qu'elle qualifie d'« humanisme activiste ou radical », ne trouve pas complètement grâce à ses yeux, c'est

1. « *L'intérêt pour la politique* ... », p. 16.

2. En 1946, H. Arendt avait consacré un bref article aux existentialistes français : « L'existentialisme français vu de New York » (« Deucalion, Cahiers de Philosophie », n° 2. Édition de la Revue Fontaine, Paris 1947, trad. J. Wahl).

3. « L'intérêt pour la politique ... », p. 17.

4. *CC., op. cit.*, p. 18.

parce qu'elle serait victime de l'utopie selon laquelle on pourrait sauver son âme par l'action politique, la révolution jouant à leurs yeux le même rôle salvateur que la vie éternelle autrefois, en d'autres termes parce qu'ils seraient victimes de la même illusion sur laquelle reposent les régimes totalitaires, savoir : la tentation de vouloir changer « la nature humaine en changeant radicalement les conditions traditionnelles ». Or, une telle tentative méconnaît tout simplement l'essentielle imprévisibilité de la nature humaine, laquelle, au contraire des autres choses, ne saurait être définie[1]. Cette question de la nature humaine fera d'ailleurs l'objet d'une polémique, apparemment fondée sur un malentendu entre E. Voegelin et H. Arendt. En effet, celui-ci lors de la recension qu'il fit *des Origines du Totalitarisme*[2], reprochait à H. Arendt son affirmation : « c'est la nature humaine qui est en jeu » comme si elle avait pris au sérieux cette prétention du totalitarisme dans laquelle il ne voyait qu'« un symptôme de l'effondrement intellectuel de la civilisation occidentale ». À quoi elle répliqua : « j'ai à peine plus proposé que le Professeur Voegelin un changement de nature, dans son livre *The New Science of Politics ;* discutant la théorie platonico-aristotélicienne de l'âme, il affirme : "on pourrait presque dire qu'avant la découverte de la *psyche*, l'homme n'avait pas d'âme » (p. 67). Dans les termes de Voegelin, j'aurais pu dire qu'après les découvertes de la domination totalitaire et ses expériences, nous avons raison de craindre que l'homme ne perde son âme »[3].

L. Strauss pour sa part se refusait absolument à prendre en considération la version française de l'existentialisme qui lui apparaissait comme « périphérie sans consistance » – de même E. Voegelin qualifiait-il l'existentialisme d'« échappatoire pour ceux qui sont désemparés [...] devenue internationalement à la mode ces dernières années grâce à l'œuvre de Sartre »[4] – le noyau dur étant bien plutôt représenté par la pensée de M. Heidegger : « c'est seulement à cette pensée que l'existentialisme doit son importance ou sa respectabilité intellectuelle »[5]. Or, si H. Arendt envisage, elle aussi, les existentialistes allemands, c'est pour constater aussitôt que, compte tenu de leur absence d'intérêt pour la politique, comme de leurs convictions politiques, c'est bien plutôt « dans leurs philosophies elles-mêmes qu'il faut chercher une philosophie politique ». L. Strauss est à la fois plus sévère et plus restrictif qu'H. Arendt en ce qui

1. « L'intérêt pour la politique ... », p. 19.

2. « The Review of Politics », janvier 1954. Seule la réplique d'H. Arendt a été reprise dans le volume *Essays in Understanding, op. cit.*, p. 401-408.

3. *Ibid.*

4. *The New Science of Politics, op. cit.*, p. 15.

5. L. Straus, *op. cit.*, p. 42.

concerne M. Heidegger : si la politique n'était pas étrangère à M. Heidegger[1], il se pourrait bien que l'absence de philosophie politique dans son œuvre s'expliquât d'une part précisément du fait qu'il avait tiré jusqu'au bout la leçon de son engagement en 1933, et d'autre part, du fait que « la place en question est occupée par des dieux ou par les dieux »[2]. Pour retrouver la *Bodenständigkeit* – l'enracinement dans le sol – en péril dès l'époque de la Grèce classique, M. Heidegger aurait délaissé l'action au profit d'un dialogue « entre les penseurs les plus profonds de l'Occident et de l'Orient, accompagné ou suivi par un retour des dieux ». Or, quelle que soit l'admiration de L. Strauss pour la pensée heideggérienne[3], il n'en estime pas moins qu'il s'agit là d'« espoirs fantastiques » à mettre au compte des visionnaires plutôt que des philosophes[4]. Si M. Heidegger soutenait bien dans l'entretien accordé au « Spiegel » en 1966 que « seul un Dieu pourrait nous sauver » de l'oubli de l'Être accompli dans l'achèvement technique de la modernité, il n'en énonçait pas moins pourtant : « C'est pour moi aujourd'hui une question décisive, de savoir comment on peut faire correspondre en général un système politique à l'âge technique et quel système ce pourrait être. Je ne sais pas de réponse à cette question. Je ne suis pas persuadé que ce soit la démocratie »[5].

L'autre représentant de l'existentialisme allemand nommé par H. Arendt, est K. Jaspers. Pour être « le seul disciple convaincu de Kant » et pour avoir tenté – à l'instar de Kant qui avait assigné leur future tâche aux historiens : écrire une histoire d'un point de vue cosmopolitique – de présenter « une histoire mondiale de la philosophie comme la fondation

1. Encore que celui-ci dans sa correspondance avec H. Arendt avouât : « Je ne suis ni versé ni doué pour la politique », ou encore, « Contrairement à toi, je ne porte que peu d'intérêt à la politique. Pour l'essentiel la situation mondiale est tout à fait claire » (*HA-MH*, Lettres du 12 avril 1950 et du 14 mars 1974).

2. L. Strauss, *op. cit.*

3. On se reportera ici avec intérêt à la biographie de G. Steiner, *Errata, op. cit.*, et plus particulièrement au chapitre IV où il retrace l'ambiance de l'Université de Chicago à la fin des années quarante alors qu'il assitait pour la première fois au séminaire de L. Strauss : « Entre Leo Strauss : "Mesdames et messieurs, bonjour. Dans cette salle de cours le nom de …qui est, bien entendu, strictement incomparable, ne sera pas mentionné. Nous pouvons passer à la *République* de Platon" […] Je n'avais pas saisi le nom […] À la fin du cours, un licencié eut la bienveillance de me griffoner le nom sur un bout de papier : un certain Martin Heidegger … », p. 67-68. Si « le plus grand des philosophes modernes, celui qui s'efforça d'échapper à la spirale du langage », est bien aux yeux de G. Steiner Ludwig Wittgenstein (*Langage et silence, op. cit.*, p. 38), il n'en consacra pas moins un ouvrage à Martin Heidegger en qui il voyait « le grand maître de l'étonnement, l'homme dont la stupeur devant le fait brut que nous sommes au lieu de ne pas être, a dressé un obstacle rayonnant sur le chemin de l'évident » (*Martin Heidegger*, A. Michel, 1981, trad. D. de Caprona, p. 202).

4. *Ibid.*, p. 48.

5. In « Le Messager européen », n° 1, p. 41-42.

adéquate d'un corps politique mondial», elle-même centrée sur une « période axiale » à l'origine de toutes les grandes civilisations mondiales; pour avoir vu que la « communication sans limites » est essentielle dans la nouvelle situation planétaire qui est la nôtre, que cette communication est l'acte même de penser en commun, « une pratique entre hommes plutôt que la performance d'un seul dans la solitude » [1], et que, proche en cela de la double définition aristotélicienne de l'homme, la raison est un lien universel, H. Arendt n'en souligne pas moins les limites de sa philosophie. C'est parce que « la "communication" [...] a ses racines non dans la sphère politico-publique mais dans la rencontre personnelle entre Je et Tu [...] cette relation de pur dialogue [étant] plus proche de l'expérience originelle du dialogue de la pensée dans la solitude que d'aucune autre »[2], que K. Jaspers retomberait à son tour dans la vieille ornière des philosophes omettant de penser la pluralité, sans laquelle la politique ne saurait être conçue. Revenant sur M. Heidegger, H. Arendt semble voir dans son concept de « monde » un correctif possible aux déficiences de la philosophie de K. Jaspers dans la mesure d'une part où, même s'il n'y insiste pas et n'en tire pas lui-même les conséquences, M. Heidegger, dans ses derniers essais, emprunterait aux Grecs le pluriel « les mortels » de préférence au terme « homme » qu'il évite soigneusement, et dans la mesure surtout où, définissant « l'existence comme être-dans-le-monde, il s'efforce de donner une signification philosophique aux structures de la vie quotidienne qui restent complètement incompréhensibles si l'homme n'est pas avant tout compris comme un être lié aux autres... »[3]. Il semble qu'H. Arendt ait quelque peu révisé son appréciation de M. Heidegger sur ce point par rapport à un précédent article de 1946, « Qu'est-ce que la philosophie de l'existence ? » [4] où elle critiquait précisément son entreprise de fonder une nouvelle ontologie. La caractéristique la plus essentielle du Soi heideggérien lui apparaissait alors son absolu égoïsme[5], « sa

1. « L'intérêt pour la politique ... », p. 21.

2. *Ibid.*, p. 23.

3. *Ibid.*

4. Paru dans « Nation », le 23 février 1946, repris dans *Essays in Understanding, op. cit.* (trad. fr. de C. Mendelssohn in « Deucalion. Cahiers de Philosophie n° 2 », Édition de la Revue Fontaine, Paris 1947).

5. Dans « L'être essentiel d'un fondement ou "raison" », M. Heidegger précisait pourtant : « L'énoncé de cette thèse que *la réalité humaine exsiste à dessein de soi* ne renferme aucun but égoïste d'ordre ontique, proposé à l'aveugle amour de soi que professerait tel ou tel être humain existant en fait. Par conséquent, toute "réfutation" porterait à faux, qui allèguerait que beaucoup d'hommes se sacrifient *pour les autres* et que, d'une façon générale, les humains n'existent pas seulement chacun pour soi, mais en communauté. On n'a le droit de voir dans la thèse énoncée plus haut ni un isolement solipsiste de la réalité-humaine, ni son exaltation égoïste. Tout au contraire, elle fournit la condition à

séparation de tous ses semblables », seule la mort accomplissant le *principium individuationis* absolu en l'arrachant au contexte de ses semblables qui, l'érigeant en « personne » publique (le On), l'empêchent d'être un Soi. « À la question du sens de l'Être, il a donné la réponse provisoire, inintelligible en elle-même, que le sens de l'être est la temporalité. Ce faisant, et par son analyse de l'être-là (c'est-à-dire de l'Être de l'Homme) qui est déterminé par la mort, il a implicitement établi que la signification de l'Être est le Néant ». Au tome II de son dernier ouvrage, *La vie de l'esprit*, donc le volume consacré au « Vouloir », H. Arendt, constatait que le terme de Vouloir n'apparaissait dans l'œuvre de M. Heidegger qu'après « le soi-disant retournement (*Kehre*) [...] devenu événement autobiographique concret », c'est-à-dire après que Heidegger eût pris conscience de ce que la volonté de régir et de dominer est une sorte de péché originel dont il s'est attribué la culpabilité au moment où il essayait de s'accommoder de son bref passé dans le mouvement nazi »[1]. La volonté présentant des similitudes avec le Souci, du moins avant le retournement, H. Arendt se livre à l'examen des trois termes-clé d'*Être et Temps* ayant subi des modifications dans l'œuvre de M. Heidegger après les années Quarante, à savoir, le Souci, la Mort et le Soi. Et c'est le concept de Soi qui lui paraît avoir subi la modification à la fois la plus inédite et la plus importante[2].

Nonobstant toutes les critiques qu'H. Arendt adresse à ces philosophes, elle n'en constate pas moins qu'à défaut de nouveaux fondements pour une nouvelle science du politique, ils ont néanmoins su mettre en place ses prémisses : « parmi elles, la reformulation de la vérité par Jaspers, l'analyse de la vie quotidienne ordinaire par M. Heidegger, tout comme l'insistance des existentialistes français sur l'action »[3]. Étrangement, cette énumération ne tient pas compte de *La nouvelle science du politique* d'E. Voegelin, auquel H. Arendt fait pourtant par deux fois allusion dans l'article, livre dont elle annonçait par ailleurs l'envoi à Gertrud Jaspers en ces termes : « Voulez vous demander à votre mari s'il a reçu le nouveau livre de Voegelin, *The New Science of Politics*, avec une dédicace très détaillée de

laquelle il est possible que l'être humain puisse se comporter, *ou bien* "de façon égoïste", *ou bien* "de façon altruiste". C'est uniquement parce que la réalité-humaine en tant que telle prend la forme déterminée d'un "soi-même", d'une ipséité, qu'un rapport peut s'établir entre un "Moi-même" et un "Toi-même". L'*ipséité* est la présupposition exigée pour que soit possible une égoïté qui, à son tour, ne se révèle jamais que par Toi. Mais jamais l'ipséité n'a exclusivement trait à Toi ; c'est elle au contraire qui rend tout cela possible (à savoir qu'il y ait Moi, qu'il y ait Toi), aussi est-elle neutre à l'égard d'être-moi et d'être-toi ... », *Questions I*, *op. cit.*, p. 134.

1. *VE.*, II, p. 109-110.
2. *Ibid.*, p. 210.
3. « L'intérêt pour la politique ... », p. 25.

Max Weber. Il y est cité plusieurs fois. Sinon, je le lui enverrai tout de suite. À mon avis il se trompe, mais c'est tout de même un livre important. Le premier débat d'importance sur les problèmes réels depuis Max Weber »[1].

Nous nous interrogerons donc sur l'importance de ce livre qui tient en partie à la nouvelle position qu'adopte son auteur par rapport à M. Weber, puis sur l'erreur que commettrait E. Voegelin aux yeux d'H. Arendt.

Dès janvier 1933 E. Voegelin, né à Cologne mais qui avait fait ses études de droit à Vienne, avait publié *Rasse und Staat*[2] et *Die Rassenidee in der Geistesgeschichte vom Ray bis Carus*[3], ouvrages dans lesquels il réfutait le biologisme prétendument scientifique des Nazis, et qui furent saisis et détruits dès la fin de la même année par les autorités du Troisième Reich. En avril 1938, parut *Les Religions politiques* où il s'en prenait à toutes les idéologies de l'époque moderne : l'ouvrage, confisqué par la Gestapo, son auteur se retrouvant quant à lui inscrit sur la liste noire, fut néanmoins réédité en 1939 à Stockholm. Interdit d'enseigner à Vienne, E. Voegelin qui n'était pourtant ni communiste, ni catholique ni Juif – ainsi qu'il en fut pourtant à plusieurs reprises « accusé » – mais dont tout le monde connaissait l'opposition au nazisme, se réfugia alors aux États-Unis où il enseigna, notamment à Baton Rouge en Louisiane. Cet exil américain fut pour lui, comme pour beaucoup d'autres émigrés européens, l'occasion de méditer sur les idées de progrès et d'humanité véhiculées par les Lumières, censées avoir mis fin à la barbarie et à l'obscurantisme du Moyen Age. Ainsi, dès la préface aux *Religions Politiques*, E. Voegelin constatait-il amèrement que le national-socialisme, loin d'être une régression vers la barbarie, était bien plutôt le produit de « cette sécularisation de la vie, qui amena avec elle l'idée d'humanité, qui se trouve être le sol même sur lequel des mouvements religieux antichrétiens comme le national-socialisme ont pu naître et grandir »[4]. Dès lors, il s'assigna la tâche qui devait rester la sienne dans *La nouvelle science du politique*, à savoir, découvrir l'origine de l'émergence des idéaux modernes en retrouvant les expériences humaines du passé.

1. *HA-KJ*, Lettre du 1er novembre 1952.
2. *Race et État* (Tübingen, J.C.B. Mohr, 1933).
3. *L'idée de race dans l'histoire des idées depuis Ray jusqu'à Carus* (Berlin, Junker et Duenhaupt, 1933).
4. *Les religions politiques*, *op. cit.*, p. 26.

H. Arendt connaissait *Les religions politiques*, comme en atteste son article de 1953 « Religion et Politique »[1], où elle constatait que l'un des résultats surprenants de la lutte entre le monde libre et le totalitarisme a consisté dans sa propension à interpréter le conflit en catégories religieuses : « Le communisme, nous dit-on, est une nouvelle "religion séculière" vis-à-vis de laquelle le monde libre défend son propre "sytème religieux" transcendant », ce qui équivaut à faire revenir la religion dans la sphère des affaires publiques d'où elle était exclue depuis la séparation de l'Église et de l'État. La sécularisation est le résultat de l'approche scientifique fondée sur le doute, et non plus sur l'étonnement : se débarrasser de la sécularisation supposerait donc de se débarrasser du même coup de la science moderne. S'interrogeant sur l'apparition de l'expression « religions politiques », H. Arendt en assigne la paternité à l'ouvrage d'E. Voegelin qui cite lui-même comme son unique prédécesseur Alexander Ular dans son livre *Die Politik*. « Ular soutenait que toute autorité politique a une origine et un caractère religieux, et que la politique elle-même est nécessairement religieuse. Il effectue sa démonstration essentiellement à partir des religions des sociétés primitives, et toute son argumentation peut se résumer dans cette phrase : "Le dieu médiéval des Chrétiens n'est en réalité rien d'autre qu'un totem aux dimensions monstrueuses [...]. Le Chrétien est son enfant tout comme l'aborigène australien est celui du kangourou". Dans son ouvrage déjà ancien, E. Voegelin lui-même utilise des exemples tirés des religions tibétaines à l'appui de son argumentation »[2].

À dire vrai, c'est à Akhenaton, c'est-à-dire au culte du soleil des Égyptiens, plutôt qu'aux religions tibétaines, qu'E. Voegelin renvoie comme à la plus ancienne religion polititique d'une grande civilisation. Mais, plus essentiellement, dans ses *Réflexions autobiographiques*[3] datant de la fin de sa vie, l'auteur procédait à son autocritique en ce qui concerne l'utilisation de l'expression « religions politiques » : « Je n'utiliserai plus aujourd'hui le terme de religions, trop vague et qui déforme le problème réel des expériences en les mêlant avec le problème du dogme ou de la doctrine ». Dès *Les religions politiques* d'ailleurs, il avait pris soin de préciser que « parler de religions politiques et interpréter les mouvements de notre temps non seulement comme politiques, mais

1. L'article, qui devait servir à une conférence à l'université de Harvard sur le thème « Is the struggle between the free world and communism basically religious ? » fut publié dans *Confluence*, II/3, 1953. (trad. fr. M. I. B. de Launay in *La nature du totalitarisme*, Paris, Payot, 1990).

2. *Ibid.*, p. 371 et 387.

3. *Autobiographical Reflections*, *op. cit.*, p. 51.

encore et surtout comme religieux, ne va pas encore de soi [...], la raison de cette résistance résid[ant] dans l'usage symbolique de la langue, tel qu'il s'est établi durant les derniers siècles avec la dissolution de l'unité de l'empire d'Occident et la constitution du monde des États modernes »[1]. En conséquence, E. Voegelin préconisait d'« élargir le concept du religieux de manière à pouvoir rendre compte non seulement des religions rédemptrices, mais aussi d'autres apparitions que nous croyons percevoir comme religieuses dans le développement des États ; et nous devrons après cela examiner le concept d'État, afin de savoir si celui-ci ne concerne vraiment rien d'autre que des rapports d'organisation mondains et humains, sans relation avec le domaine du religieux »[2]. E. Voegelin proposait alors de distinguer entre les « religions supra-mondaines » celles qui trouvent le *Realissimum* dans le fondement du monde, et les « religions intramondaines », celles qui trouvent le divin dans des éléments partiels du monde[3].

Les plus prompts à s'enticher de cette expression furent certains sympathisants libéraux américains qui ne comprenaient pas ce qui se passait dans la « grande expérience nouvelle » tentée en Union Soviétique, puis, un peu plus tard, certains communistes déçus, auxquels la sacralisation du cadavre de Lénine par Staline ou la rigidité de la théorie bolchévique rappelaient les pratiques de la « scolastique médiévale ». Enfin, plus récemment encore, l'expression aurait été adoptée par deux différents courants de pensée. Tout d'abord la perspective historique selon laquelle « une religion séculière est de manière tout à fait littérale, une religion issue de la sécularisation que connaît le monde actuel, de sorte que le communisme n'est que la variante la plus radicale de l'"hérésie immanentiste", et dont on trouve « l'analyse la plus brillante et la plus circonspecte précisément dans *La nouvelle science du politique* d'E. Voegelin ». Ensuite, la perspective adoptée par les sciences sociales pour lesquelles idéologie et religion ont une « fonction » équivalente, ce qui équivaut à identifier Jésus et Hitler, sans nullement prêter attention à la différence de leurs discours, et ce, au nom d'une prétendue « objectivité ». Or, si l'approche historique a bien le mérite de reconnaître que la domination totalitaire n'est pas un simple accident regrettable survenu dans l'histoire occidentale, et qu'il convient d'analyser les idéologies en fonction de leur propre auto-compréhension, elle pèche néanmoins par la confusion qu'elle introduit quant à la nature de la sécularisation : le fait qu'il y ait crise de l'autorité et rupture du fil de la tradition n'implique en effet pas pour autant que cette crise soit de nature religieuse. La question

1. *Les religions politiques, op. cit.*, p. 29.
2. *Ibid.*, p. 30-31.
3. *Ibid.*, p. 38.

doit bien plutôt être reposée dans les termes suivants : « Quel était l'événement religieux qui revêtait autrefois une telle importance politique que sa disparition a eu un impact immédiat sur notre vie politique ? Ou, quelle était la composante spécifiquement politique de la religion traditionnelle ? »[1]. Cette composante, c'est la croyance en l'Enfer, utilisée comme un instrument à des fins politiques pour persuader les citoyens de se comporter comme s'ils connaissaient la vérité, laquelle n'est accessible qu'au petit nombre seulement. Pourtant cette croyance en l'au-delà s'est propagée à travers les dialogues platoniciens, qu'il s'agisse de *La République*, du *Phédon* ou du *Gorgias :* « C'est Platon, et non pas Jésus ni la tradition juive qui fut le précurseur de Dante »[2]. Cette disparition de la croyance en une récompense et un châtiment après la mort engendre un danger encore plus grave que celui qui consistait à instrumentaliser la religion au service du politique, « vouloir y riposter par une idéologie de notre propre cru, [...] c'est-à-dire transformer et pervertir la religion en idéologie et entacher la lutte que nous menons contre le totalitarisme par un fanatisme étranger à l'essence de la liberté »[3], tant il demeure vrai que la multitude aveugle a besoin de croire n'importe quoi.

Dès *Les religions politiques* E. Voegelin soutenait la thèse selon laquelle la grave crise que traverse le monde occidental trouve sa source dans « la sécularisation de l'esprit, dans la séparation d'un esprit devenu seulement mondain de ses racines ancrées dans la religiosité »[4]. Par conséquent, toute tentative pour appréhender une situation politique qui méconnaîtrait les forces religieuses à l'œuvre dans la communauté politique, et les symboles dans lesquels elle s'exprime, demeurerait nécessairement insuffisante. Et c'est dès ce livre qu'E. Voegelin eut donc à cœur de mettre à jour la continuité des traits fondamentaux de la symbolique politico-religieuse européenne : « Hiérarchie et ordre, *ecclesia* universelle et particulière, royaume de Dieu et royaume du diable, prophétisme et apocalypse continuent à être le langage des formes de la religion communautaire jusqu'à aujourd'hui »[5], quand bien même les contenus se seraient-ils lentement transformés, du fait de l'emprise de la science sur le monde, au détriment de la révélation. E. Voegelin passe alors en revue les différentes formes d'« apocalypse » qu'à l'instar de l'*ecclesia*

1. « Religion et Politique », *op. cit.*, p. 156.

2. *Ibid.*, p. 160. On comparera à ce sujet l'analyse d'H. Arendt avec les notations de G. Steiner : « L'univers concentrationnaire est l'homologue de l'enfer [...] On a beaucoup écrit sur les camps. Mais rien n'égale la force des observations de Dante » (*Dans le château de Barbe bleue*, *op. cit.*, p. 65 et *sq.*).

3. *Ibid.*, p. 162.

4. *Les religions politiques*, *op. cit.*, p. 25.

5. *Ibid.*, p. 85.

chrétienne, la communauté intramondaine a connues. Il discerne une continuité entre le règne final d'une humanité douée de raison s'élevant à des stades toujours plus élevés de perfection, telle que Kant en avait proposé l'esquisse dans *L'idée d'une histoire universelle au point de vue cosmopolitique*, le règne terrestre et divin de Fichte que seul le peuple allemand est susceptible de réaliser, ou la loi des trois états d'Auguste Comte, pour lequel seuls les Français sont porteurs de l'esprit positif, Marx organisant pour sa part l'histoire selon les périodes du communisme primitif, de l'état de classe et du communisme final, le prolétariat étant le porteur du règne final, et les théoriciens de la race interprétant quant à eux l'histoire mondiale comme le combat des races. Le symbolisme de l'apocalypse perdurerait dans le symbolisme des trois stades de la philosophie de l'histoire de Marx et d'Engels, dans le *Troisième Reich* du National-Socialisme, dans la Troisième Rome fasciste, après la Rome antique et la Rome chrétienne. De la même manière, les déterminations quant au contenu du Troisième Règne se seraient-elles maintenues : « croyance à la dissolution de l'institution ecclésiastique mondaine dans la spiritualisation d'ordres religieux de la vie accomplie dans le Saint Esprit, qui se retrouve dans la croyance au dépérissement de l'État et à la libre association fraternelle des hommes dans le troisième règne communiste ; la croyance à la venue de celui qui inaugurera le "cinq cent, cinq et dix" de Dante (DVX), est présente dans les figures et les mythes du *Führer* de notre temps ; et les ordres du nouveau règne prennent la forme des associations et des élites communistes, fascistes ou national-socialistes qui deviennent ainsi le noyau de la nouvelle organisation »[1]. Chacune de ces apocalypses, remarquait en outre E. Voegelin, disposait de sa symbolique du diable, incarné par l'Église catholique pour le Léviathan, par l'instinctivité humaine pour Kant, par Napoléon aux yeux de Fichte, la religion et la métaphysique représentant le mal pour le positivisme, les bourgeois opposés aux prolétaires pour Marx, et enfin la race inférieure des Juifs pour les théoriciens du racisme, par opposition à la race élue germanique[2]. Signalons également les analyses que le Père Henri de Lubac a consacrées, dans son ouvrage *La postérité spirituelle de Joachim de Flore*, à ces doctrines qui, pour se prétendre des adversaires du christianisme de leur époque, n'en revendiquaient pas moins simultanément son héritage, en le parachevant, et dans lesquelles il voit « l'un des principaux relais

1. *Ibid.*, p. 73.
2. *Ibid.*, p. 88-89.

conduisant sur la voie de la sécularisation c'est-à-dire la dénaturation de la foi, de la pensée, et de l'action chrétienne »[1].

Dans *La nouvelle science du politique*, dont les Walgreen Lectures de Chicago en 1951, prononcées sous l'intitulé « Vérité et Représentation » lui fournirent l'occasion, E. Voegelin devait reprendre ces thèses en les approfondissant, l'essence de la modernité lui apparaissant comme un accroissement du gnosticisme relié au gnosticisme médiéval[2]. C'est entre 1940 et 1950 qu'E. Voegelin prit conscience de l'importance du gnosticisme et de son application possible aux phénomènes idéologiques modernes. Henri Charles Puech le confirma dans ce qui pour lui était une « évidence », Gilles Quipsel lui signalant pour sa part le gnosticisme de Jung[3]. Le gnosticisme prendrait naissance au IXe siècle chez Scot Erigène dont les œuvres, au même titre que celles de Denys l'Aéropagite dont il fut le traducteur, exercèrent une influence continue dans les sectes gnostiques clandestines avant d'émerger à la surface aux XIIe et XIIIe siècles, notamment en la personne et dans l'œuvre de Joachim de Flore (1130-1202), auteur de l'*Expositio in Apocalypsim*. Dès *Les Religions politiques*, E. Voegelin s'était intéressé à la personnalité de ce moine franciscain calabrais qui avait proclamé pour 1200 le troisième règne, lequel devait succéder au règne divin de l'Ancienne Alliance et au deuxième règne du christianisme, en faisant advenir le Saint Esprit auquel succèderait l'éternel sabbat du règne final[4].

Par gnosticisme, E. Voegelin entend, à l'instar de H. Jonas auquel lui-même renvoie pour l'interprétation du terme, ces tentatives d'immanentisation qui, désireuses de surmonter les incertitudes de la foi, abandonnèrent la transcendance pour conférer à l'homme et à son action dans le monde la signification d'un accomplissement eschatologique, et prétendant accomplir le paradis terrestre. Dès lors que l'histoire n'était plus conçue en termes cycliques comme dans l'Antiquité, mais qu'elle avait acquis une direction et un but, comme ce fut le cas dans la philosophie chrétienne, la fin de l'histoire se laissait interpréter en termes d'accomplissement transcendantal. Or, la spéculation joachimite s'opposait, ainsi que le montre E. Voegelin, à celle de saint Augustin, lequel distinguait la sphère profane où se faisaient et se défaisaient les empires, de la sphère sacrée, lieu d'apparition du Christ et de la fondation de l'Église, cette sphère sacrée étant elle-même insérée dans l'histoire transcendantale de la

1. (Paris, P. Lethieleux, 1978), Tome I : *De Joachim à Schellling*, Tome II : *De Saint-Simon à nos jours*, T. 1, p. 11.

2. *The New Science of Politics.*, p. 125.

3. *Autobiographical Reflections, op. cit.*, p. 64-66.

4. *Les religions politiques, op. cit.*, p. 71-72.

civitas Dei, seule susceptible d'être orientée vers son épanouissement eschatologique, au lieu que la sphère profane se contentait d'attendre la fin [1]. Cette dépréciation de la sphère mondaine était difficilement acceptable pour une époque en pleine expansion comme l'était la culture occidentale, et ce serait la raison pour laquelle la spéculation joachimite en s'efforçant de doter de signification le cours immanent de l'histoire, aurait lentement fini par s'imposer au cours d'un processus qui prend son point de départ dans l'humanisme pour aboutir aux Lumières avec l'idée de « progrès ». La gnose serait à l'origine de la première étape du processus d'immanentisation, Joachim de Flore se contentant de reprendre la signification de l'histoire transcendantale pour la transférer à la sphère profane, mais ce n'est qu'au XVIIIe siècle, avec l'idée de progrès, que l'accroissement de signification dans l'histoire devint un phénomène complètement intra-mondain, deuxième étape du processus d'immanentisation qu'E. Voegelin choisit de baptiser « sécularisation » [2]. L'immanentisation joachimite aurait fait surgir un problème théorique inédit, à savoir, celui d'un *eidos* de l'histoire, véritable erreur sur le plan théorique aux yeux d'E. Voegelin : « Le cours de l'histoire dans son ensemble n'est pas un objet d'expérience; l'histoire n'a pas d'*eidos* car le cours de l'histoire s'étend jusqu'au futur inconnu ... » [3]. À vrai dire, la gnose ne conduit à la construction erronée de l'histoire, qu'à condition que vienne s'y ajouter une seconde composante, à savoir « l'essor culturel de la société occidentale du Moyen Age » qui devait atteindre son point culminant dans le scientisme : « le scientisme est demeuré jusqu'à nos jours l'un des mouvements gnostiques les plus forts de la société occidentale » [4]. E. Voegelin n'aura de cesse d'en dénoncer le danger : « la mort de l'esprit est le prix du progrès » [5]. S'interrogeant sur l'impulsion qui a bien pu entraîner de nombreux penseurs à céder à cette immanentisation erronée de l'eschaton chrétien, E. Voegelin y discerne une volonté de surmonter l'incertitude du christianisme et de parvenir à la certitude en ce qui concerne la signification de l'histoire et la place qu'ils y occupaient, une volonté de se rendre maîtres d'une expérience, dès lors que la foi au sens d'Hébreux 11. 1 – « Or la foi est la garantie des biens que nous espérons, la preuve des réalités que nous ne voyons pas » – est devenu un fardeau trop lourd [6]. La gnose offrirait une prise plus ferme que la *cognitio fidei* et elle peut

1. *The New Science of Politics*, p. 118.
2. *Ibid.*, p. 119.
3. *Ibid.*, p. 120.
4. *Ibid.*, p. 127.
5. *Ibid.*, p. 131.
6. *Ibid.*, p. 121.

prendre, précise E. Voegelin, différentes formes. Lorsqu'elle fait essentiellement appel aux facultés intellectuelles de l'homme, on a alors affaire à la spéculation sur le mystère de la création et de l'existence comme chez Hegel et Schelling. Mais ce peuvent être également les facultés émotionnelles qui entrent en jeu, comme dans le cas des chefs paraclétiques, ou bien encore la volonté comme dans le cas des activistes révolutionnaires, dont Comte, Marx et Hitler offriraient autant d'exemples : « de telles expériences gnostiques [...] constituent le noyau de la redivinisation de la société car les hommes qui s'engagent dans de telles expériences se divinisent eux-mêmes en substituant à la foi au sens chrétien des modes de participation plus massifs à la divinité »[1].

En proposant une division de l'histoire de l'humanité en trois périodes, chacune d'elles correspondant aux trois personnes de la Trinité, Joachim de Flore aurait créé, à en croire E. Voegelin, « l'ensemble des symboles qui a présidé à l'auto-interprétation de la société politique moderne jusqu'à nos jours »[2]. Le premier de ces symboles est la conception de l'histoire comme séquence de trois époques, la troisième représentant clairement le Troisième et dernier Règne, ainsi que nous l'avons déjà vu. Le second symbole est celui du guide, saint François pour les mouvements spiritualistes franciscains, le *Dux* de Dante, les *homines spirituales* et *homines novi* de la fin du Moyen Age, de la Renaissance et de la Réforme, le Prince de Machiavel, les surhommes de Condorcet, Comte et Marx et, pour l'époque contemporaine, les chefs paraclétiques des nouveaux royaumes. Le troisième symbole serait le prophète de la nouvelle époque, et le quatrième la communauté des personnes autonomes. E. Voegelin reprendra cette interprétation des mouvements politiques modernes en termes de gnosticisme en 1959 dans *Wissenschaft, Politik und Gnosis*, le plus grand danger du gnosticisme étant qu'il repose sur un monde rêvé censé remplacer le monde réel dont les activistes hâtent la venue par le recours à la violence. Pour caractériser la politique moderne, il recourra par la suite à d'autres concepts : l'*apocalypse métastatique* en provenance directe des prophètes d'Israël – la transfiguration de la réalité par un acte de foi – et, pour rendre compte du processus d'immanentisation, à celui de *révolte egophanique*, la focalisation sur l'épiphanie de l'*ego*, éclipsant celle de Dieu.

Revenons maintenant au jugement que porte H. Arendt sur le livre d'E. Voegelin : « un livre important ». Sur ce point, elle ne fait que confirmer l'accueil qu'avait reçu le livre à sa parution – nonobstant l'insistance, erronée aux yeux de Voegelin, sur sa prétendue critique de la modernité – et qui révéla son auteur comme un philosophe politique

1. *Ibid.*, p. 124.
2. *Ibid.*, p. 111.

d'importance Outre-Manche. S'il s'agit bien d'« un livre important », c'est tout d'abord dans la mesure où celui-ci, au même titre que les autres philosophes nommés dans l'article « L'intérêt pour la politique dans la philosophie européenne récente », atteste bien, ne serait-ce que dans son titre qui fait écho à la *Nuova Scienza* de Vico, d'un tel souci pour la politique, pour la préservation du monde, souci se manifestant, comme nous l'avons vu, sur l'arrière-fond des expériences contemporaines de tentatives de destruction du monde et dont, tout comme H. Arendt, E. Voegelin sut prendre la mesure en choisissant l'exil. Important en second lieu en ce que le choix d'auteurs qu'E. Voegelin nous suggère de méditer dans ce livre – saint Augustin, Joachim de Flore, mais également Hobbes et surtout Platon – témoigne bien du fait que le renouveau de la tradition doit son impetus à l'historicisme « qui apprend à l'homme à lire comme il n'avait jamais lu auparavant », entreprise qui porte la marque de l'influence de M. Heidegger, « l'un des premiers à lire les vieux textes avec des yeux nouveaux »[1], quel que soit par ailleurs l'accord ou le rejet des penseurs concernés avec les principes propres à la philosophie heideggérienne. Un livre important peut-être également du fait de la nostalgie des mondes perdus d'Athènes et de Jérusalem qui s'en dégage, et dont H. Arendt est souvent créditée elle aussi, même si les deux penseurs ne perdent ce faisant jamais de vue la réalité présente. Un livre important en ce qu'E. Voegelin, à l'instar de L. Strauss, en appelle à un renouvellement de la culture du discernement politique face à la confusion actuelle, la compréhension des cultures disparues étant susceptibles de dissiper la confusion présente et d'éclairer l'avenir. Un livre important décidément en ce qu'il répudie l'interprétation de l'histoire à la manière hégélienne, c'est-à-dire qu'il se refuse à accorder une signification positive à l'héritage du passé charrié dans le présent, soit, à « réconcilier » l'esprit et la réalité. Or, pour H. Arendt également, l'effort de Hegel, si « grandiose » soit-il, ne reste « valable qu'aussi longtemps que le “mal radical” [...] ne s'est pas réalisé. Qui oserait se réconcilier avec la réalité des camps d'extermination ou jouer à thèse-antithèse-synthèse jusqu'à ce que sa dialectique ait découvert la “signification” du travail servile ? »[2]. Il est d'autres passages dans son œuvre pourtant, où H. Arendt en appelle, par-delà l'effort pour résister « dans la mesure du possible à l'irréalité inquiétante de la pure humanité » à se « réconcilier en pensée » avec un monde où de tels événements effroyables se sont produits et dans lequel il nous faut bien néanmoins continuer de vivre, et c'est la raison pour laquelle elle s'attellera, elle aussi, à la tâche de « comprendre » ce qui s'est passé, soit, à analyser les

1. « L'intérêt pour la politique ... », *op. cit.*, p. 13.
2. *Ibid.*, p. 24.

fondements du totalitarisme, à répondre désormais du monde. Un livre important enfin, en ce qu'il constituerait, selon H. Arendt « le premier débat d'importance avec les problèmes réels depuis Max Weber ».

Ce n'est pourtant pas chez elle que nous trouvons matière à expliciter la nouveauté de la position d'E. Voegelin par rapport à celle de M. Weber, mais bien plutôt chez L. Strauss auquel E. Voegelin écrivait d'ailleurs, pour le remercier de l'envoi de ses tirés à part « On the Spirit of Hobbe's Political Philosophy » et « The Social Science of Max Weber » : « Merci pour tout, et en particulier pour le Max Weber. Il m'est parvenu au moment même où je travaillais à mon "Introduction aux Walgreen Lectures", où j'analyse sur quelques pages la science axiologiquement neutre de Weber, et je constate que nous sommes largement d'accord dans nos analyses »[1]. Le titre même choisi par E. Voegelin, *La nouvelle science du politique*, aurait pu pourtant être récusé par L. Strauss, dans la mesure où il laisse supposer qu'on a affaire à une recherche sur les choses politiques prenant pour fondement le modèle de la science naturelle, laquelle n'est, aux yeux de L. Strauss nullement philosophique : « la science politique "scientifique" est en fait incompatible avec la philosophie politique »[2]. Tout comme la crise du monde occidental, « la nouvelle science du politique », en opposition avec la philosophie politique libérale de Platon et d'Aristote, née avant la Première Guerre mondiale et qui atteint sa maturité pendant et après la Seconde Guerre mondiale, « est un phénomène de masse » aux yeux de L. Strauss[3]. Prenant pour modèle la science naturelle, elle privilégie la méthode au détriment de la pertinence, et prétend vouloir débarrasser la science des valeurs pour ne retenir que les faits, la rendre « axiologiquement neutre ». Or, pour L. Strauss comme pour E. Voegelin, l'étude des phénomènes sociaux, qui ne ferait pas intervenir de jugements de valeur, c'est-à-dire des principes de préférence, est tout simplement impossible, d'une part parce qu'une fois chassés, ils font leur réapparition par la porte de service, d'autre part parce que n'importe quel concept prétendument descriptif est travaillé de l'intérieur par des jugements de valeur invisibles. Et L. Strauss montre l'impossibilité d'une science politique dénuée de tout jugement de valeur : « La science politique présuppose une distinction entre les choses politiques et celles qui ne le sont pas [...] donc une réponse à la question "qu'est-ce qui est politique ?" [...] Mais il

1. *Briefwechsel über Die Neue Wissenschaft der Politik*, E. Voegelin, A. Schütz, L. Strauss, A. Gurwitsch (Herausgegeben von Peter J. Opitz, Verlag Karl Alber Freiburg/München, 1993), Lettre du 22 Avril 1951, p. 32.

2. *Qu'est-ce que la philosophie politique ?, op. cit.*, p. 20.

3. *Le libéralisme antique et moderne* (Paris, PUF, 1990, trad. O. Berrichon-Seyden), p. 293.

est impossible de définir la politique, c'est-à-dire ce qui est lié d'une manière pertinente à la *polis*, au "pays", ou à l'"État", sans répondre à la question de ce qui constitue ce genre de société. Or, une société ne peut pas être définie sans référence à la fin qui est la sienne [...] on reconnaît l'existence d'un critère à la lumière duquel on doit juger les actions et les institutions politiques : la fin de la société civile joue nécessairement le rôle d'un critère pour juger les sociétés civiles »[1]. Ainsi, en refusant d'admettre les jugements de valeur, la nouvelle science du politique s'est mise hors d'état de reconnaître la « tyrannie » moderne, « qualifier un régime de tyrannique équiv[alant] à prononcer un "jugement de valeur" », et, enseignant l'équivalence de toutes les valeurs, elle a contribué « involontairement à la victoire de ce qu'il y a de plus bas »[2]. Par rapport au plus grand représentant du positivisme de la science sociale, M. Weber, E. Voegelin aurait donc eu le mérite de ne pas évacuer « un débat sérieux sur des questions sérieuses simplement en les faisant passer pour des problèmes de valeurs » prétendûment insolubles, de ne pas « encourager la tendance aux affirmations irresponsables à propos du juste et de l'injuste ou du bien et du mal »[3], en un mot, de ne pas céder au « conformisme » ni au « philistinisme »[4]. L. Strauss n'était en outre nullement convaincu de l'argument selon lequel la situation dans laquelle se trouvait le monde occidental, fût si inédite qu'elle requît pour autant une nouvelle science politique. D'une part, remarquait-il, « une situation politique purement inédite serait une situation sans intérêt politique, autrement dit elle ne serait pas une situation politique »[5], d'autre part il raillait cette « sorte de science politique nucléaire » qui, à la manière dont la physique nucléaire s'est substituée à la physique classique, prétendrait remplacer la philosophie politique classique tout en s'avouant « aussi incapable de prédire le résultat du conflit sans précédent particulier à notre époque que le devin le plus grossier de la tribu la plus arriérée [...] le destin de l'homme [dépendant en effet] maintenant plus que jamais de la science ou de la technique, donc de découvertes ou d'inventions, et partant, d'événements dont le surgissement exact est de par leur nature même imprévisible »[6].

De son côté, en dépit des éloges qu'H. Arendt lui a prodigués, elle n'en estime pas moins qu'E. Voegelin « se trompe ». Elle n'était en effet nullement encline à voir dans le totalitarisme l'aboutissement du processus

1. *Briefwechsel über Die Neue Wissenschaft der Politik*, *op. cit.*, p. 27.
2. *Le libéralisme antique et moderne*, *op. cit.*, p. 321.
3. *Briefwechsel über Die Neue Wissenschaft der Politik*, *op. cit.*, p. 28.
4. *Ibid.*, p. 26.
5. *Le libéralisme antique et moderne*, *op. cit.*, p. 302.
6. *Ibid.*, p. 301-02.

d'immanentisation mis en œuvre par les diverses formes de gnosticisme, ainsi que l'exprimait E. Voegelin : « Le totalitarisme, défini comme le gouvernement existentiel des activistes gnostiques [apparaît ainsi comme] la forme ultime du progrès de la civilisation »[1], l'ultime étape de « la quête gnostique d'une théologie civile »[2], et les « froides atrocités commises par les gouvernements totalitaires dans le traitement des êtres humains individuels » auraient pour origine la répression de la vérité de l'âme dans les civilisations gnostiques[3]. Une telle interprétation, qui dérive le règne national-socialiste et « la prophétie millénariste d'Hitler de la spéculation joachimite » ne rend absolument pas justice du caractère sans précédent, inédit, du totalitarisme selon la conception d'H. Arendt, et les défenseurs de la tradition minimiseraient ainsi les expériences qui ont pourtant motivé leur intérêt pour la politique : « la réalité de la domination totalitaire y est décrite presque exclusivement sous son aspect idéologique et les idéologies sont comprises comme des "religions séculières" nées de "l'hérésie" de la sécularisation et de l'immanentisme ou supposées répondre au prétendu besoin éternel de religion qu'éprouverait l'homme. Dans les deux cas, un simple retour à la bonne religion apparaît comme le remède adéquat »[4]. De fait, E. Voegelin affirmait bien dès *Les Religions politiques :* qu'on ne pouvait triompher du Mal dans le monde, lequel doit être compris non pas seulement comme un mode déficient de l'être, comme un négatif, mais comme une force effective, que grâce à « un renouvellement du religieux, que ce soit dans le cadre des Églises historiques ou en dehors d'elles »[5]. Ainsi qu'il le rappelle lui-même, c'est au cours des années 1890 que l'étude du socialisme en tant que mouvement religieux vit le jour, relayée par celle des mouvements totalitaires en tant que nouveau mythe ou religion. Et E. Voegelin concluait *La nouvelle science du politique* sur cet espoir qu'incarnaient à ses yeux les démocraties américaines et anglaises, dont les institutions représentent la vérité de l'âme, et sont simultanément les puissances les plus fortes sur le plan existentiel : « entretenir la flamme de cet espoir implique que nous décidions d'organiser la répression de la corruption gnostique en restaurant les forces de la civilisations »[6]. Si cette idée est également irrecevable pour H. Arendt, c'est parce que prétendant en appeler à des arguments plus efficaces que les arguments simplement moraux et humanistes, elle diabolise le totalitarisme, cette « force

1. *The New Science of Politics*, *op. cit.*, p. 132.
2. *Ibid.*, p. 163.
3. *Ibid.*, p. 164.
4. « L'intérêt pour la politique ... », p. 14. Voir sur ce point également *EU.*, *op. cit.*, p. 405-406.
5. *Les religions politiques*, p. 26.
6. *The New Science of Politics*, *op. cit.*, p. 189.

satanique » selon E. Voegelin, au lieu qu'H. Arendt, même si elle cède parfois à la tentation de recourir à de semblables métaphores[1], forgea pour sa part, à l'occasion du procès Eichmann l'expression « banalité du mal » qui fit couler tant d'encre. Outre qu'une telle interprétation minimise le traumatisme des crimes effectivement commis, elle éluderait d'après H. Arendt, une tendance moderne très apparente, notamment dans le totalitarisme, à professer un athéïsme fait de la plus totale indifférence à l'égard de la religion. C'est cet indifférentisme, ce laïcisme et cet athéisme caractéristiques d'une nouvelle image du monde, qui s'est partout imposée depuis que Nietzsche a annoncé la mort de Dieu, depuis que l'esprit est mort sacrifié sur l'autel du progrès et de la civilisation, qu'E. Voegelin pourfendait précisément. Pour avoir cessé de croire au Jugement Dernier à la fin des temps, la majorité des individus, nous l'avons vu, n'en sont pas moins « enclins à croire n'importe quoi ». L'idée d'utiliser la religion non seulement comme une arme contre le totalitarisme mais comme « un garde du corps de la tradition civilisée », lui apparaît non seulement comme « totalement délirante », mais qui plus est vouée à l'échec : « l'histoire récente a démontré combien la religion organisée est faible et démunie lorsqu'elle est confrontée aux nouvelles formes de gouvernement totalitaristes – et ce, en dépit de la bonne volonté et souvent de l'héroïsme de grandes parties du clergé, quelle que soit la confession »[2].

En définitive, nonobstant l'éloge du livre d'E. Voegelin, il semblerait qu'H. Arendt n'y voit guère plus qu'une de ces « bouffées du *Zeitgeist* » qui réapparaissent tous les vingt ans, comme la conséquence d'une attitude « naturaliste », « positiviste », « dialectico-matérialiste » ou « pragmatique ». Et H. Arendt exposait très clairement ce qui la séparait d'E. Voegelin : « je procède à partir des faits et des événements et non pas à partir d'affinités et d'influences. [...] C'est la raison pour laquelle je ne parle que d'"éléments" qui, en fin de compte, se sont cristallisés dans le totalitarisme, et qu'on peut faire remonter pour certains au XVIIIe siècle, voire pour d'autres encore plus tôt (encore que je récuse la théorie de Voegelin selon lequel l'"émergence du sectarisme immanent" depuis la fin

1. *EU., op. cit.*, p. 404 : « Lorsque j'ai utilisé l'image de l'enfer, c'était non pas de façon allégorique, mais littéralement : s'il semble plutôt évident que des hommes ayant perdu foi dans le paradis ne pourront pas l'instaurer sur terre, en revanche, il n'est pas certain que ceux qui ont cessé de croire à l'enfer dans l'au-delà ne soient pas désireux ni capables de reproduire sur terre une imitation exacte de ce que les gens avaient l'habitude d'y voir. En ce sens il me semble qu'une descritpion des camps en termes d'enfer sur la terre est plus "objective", c'est-à-dire plus adéquate à leur essence que des affirmations de nature purement sociologique ou psychologique ».

2. « Religion and Intellectuals », « Partisan Review », XVIII / 2, Février 1950, repris in *Essays in Understanding, op. cit.*, p. 229.

du Moyen Age ait pu aboutir au totalitarisme). Mais je ne dirais en aucun cas d'aucun de ces éléments qu'ils sont totalitaires »[1]. En bref, ce qu'H. Arendt reproche à E. Voegelin, c'est de ne pas s'en être tenu au principe qu'il appelait pourtant lui aussi de ses vœux pour lutter contre la confusion régant dans les sciences historiques et politiques, savoir, distinguer soigneusement des termes comme nationalisme, impérialisme, totalitarisme, faute de quoi, employés indistinctement pour décrire toutes sortes de phénomènes politiques, ils perdent leur signification : « Cette sorte de confusion – où tout ce qui est distinct disparaît et où tout ce qui est nouveau et révoltant est (non pas expliqué), mais soit reconduit à quelque analogie, soit réduit à une chaîne de causes et d'influences déjà connue – me paraît la caractéristique des sciences modernes historiques et politiques »[2]. Entre également en jeu dans la critique de H. Arendt, l'interprétation du nihilisme que proposerait E. Voegelin, à savoir, « ce qui est arrivé à l'homme lorsque l'époque moderne s'est égarée hors du "droit chemin", s'est écartée de la route tracée par la tradition antique et chrétienne ». E. Voegelin lui-même confirme d'ailleurs dans son Autobiographie sa proximité avec la pensée des philosophes chrétiens : « Après que la résistance autrichienne de 1933 au national-socialisme ait conduit à la situation de guerre civile de 1934 et à l'établissement de l'état autoritaire [...] proche des idées du Quadrogesimo anno, ainsi que des encycliques papales, je m'engageai dans cette direction, ce qui impliquait de s'engager dans la philosophie thomiste. Entre 1933 et 1936, je lus A.D. Sertillanges, Jacques Maritain, Etienne Gilson, Hans Urs von Balthasar et Henri de Lubac »[3]. H. Arendt nomme implicitement E. Voegelin lorsqu'elle écrit : « Face au "pire chaos philosophique que le monde ait jamais vu", on réclame "une science de l'ordre" dont l'essence est le rétablissement de la subordination du domaine politico-temporel à la sphère du spirituel, le spirituel pouvant être représenté par l'Église catholique ou la foi chrétienne en général, comme il peut l'être par toutes sortes de retours au platonisme [...] Voegelin est un bon exemple d'une combinaison qui n'est associée à aucune Église ou École particulière. À ses yeux, les idées de Platon conçues comme les mesures invisibles du monde visible sont ensuite "confirmées au moyen de la révélation de la mesure elle-même" ... »[4]. Il faut en effet se souvenir qu'E. Voegelin est aussi l'auteur des cinq volumes d'*Order and History*[5] publiés entre 1956 et 1987. Par ordre, il entend la

1. *Ibid.*, p. 405-406.
2. *Ibid.*, p. 407.
3. *Autobiographical Reflections, op. cit.*, p. 25.
4. « L'intérêt pour la politique », p. 13 et 27.
5. Baton Rouge, Louisiana State University Press.

structure de la réalité telle qu'elle est expérimentée, c'est-à-dire l'ordre cosmique, les Stoïciens ayant, quant à eux, inventé le concept d'aliénation (*allotriosis*) – un état de retrait par rapport à soi-même, constitué par la tension vers le fondement divin de l'existence – pour rendre compte du désordre. Comme dans le cas de la gnose, cette catégorie stoïcienne serait susceptible de s'appliquer aux phénomènes idéologiques modernes dans lesquels l'état d'aliénation est utilisé comme le fondement expérimental pour comprendre la réalité. En fait, il semblerait qu'H. Arendt formule à l'encontre d'E. Voegelin le même reproche que L. Strauss ne cessa de lui adresser alors même qu'il avait assisté à Chicago à ses conférences sur « Vérité et Représentation » : « J'ai trouvé vos conférences très intéressantes. Nos chemins divergent, vous vous en doutez, sur un point… »[1]. Si L. Strauss ne s'explique pas sur ce point dans cette lettre, il s'agit néanmoins vraisemblablement de l'argument qu'il oppose fréquemment à E. Voegelin dans leur correspondance, concernant la distinction entre *nœin* et *pistis*[2], autrement dit, le fait que « toute synthèse est en fait un choix en faveur de Jérusalem ou d'Athènes »[3], personne ne pouvant revendiquer simultanément l'appellation de philosophe et de théologien, puisque chacun prétend détenir la sagesse véritable.

Il ne semble pourtant pas qu'H. Arendt rende entièrement justice à E. Voegelin, car il était lui même bien conscient de ce qu'aucun « retour » à une philosophie politique antérieure n'était possible, ainsi qu'il s'en est expliqué au début de l'introduction de *La nouvelle science du politique*. Par « restauration de la science politique – précisait-il en effet, il faut entendre un retour à la conscience des principes et non pas un retour au contenu spécifique d'une précédente tentative. La science politique ne saurait être restaurée aujourd'hui au moyen du platonisme, de l'augustinisme ou de l'hégélianisme, même si les philosophes qui nous ont précédés ont beaucoup à nous apprendre en ce qui concerne l'étendue des problèmes et la manière dont ils les ont appréhendés sur le plan théorique ; mais l'historicité même de l'existence humaine, c'est-à-dire le déploiement de ce qui est typique sous son aspect concret significatif, exclut qu'on puisse valablement reformuler des principes en revenant à un aspect concret antérieur. Par conséquent, on ne peut pas redonner à la science politique la dignité d'une science théorique au sens strict, par l'intermédiaire d'une renaissance littéraire des œuvres philosophiques du passé ; il faut reconqué-

1. *Briefwechsel über Die Neue Wissenschaft der Politik*, *op. cit.*, Lettre du 25 Février 1951, p. 29.

2. *Correspondence Leo Strauss-Eric Voegelin. Faith and Political Philosophy*, *op. cit.*, Lettre 35 du 10 décembre 1950.

3. *Ibid.*, Lettre 37 du 25 février 1951.

rir ces principes par un travail de théorisation qui prend son point de départ dans la situation concrète, historique de l'époque, et qui envisage toute l'étendue de notre savoir empirique »[1].

Qu'il s'agisse de la philosophie catholique moderne ou de la nouvelle science politique d'E. Voegelin, dans tous les cas, estime H. Arendt, la subordination du politique est justifiée en termes traditionnels comme celle de « la supériorité inhérente de la fin envers les moyens, de l'éternel sur le temporel. Le motif dominant est toujours d'apporter de l'ordre dans les choses du monde qui ne peuvent être ni saisies ni jugées sans être soumises à la règle de quelque principe transcendant ». Que la politique ne saurait en aucun cas être un moyen au service d'une fin supérieure, c'est ce que soutient avec force H. Arendt dans *Qu'est-ce que la politique ?* par exemple, l'ouverture de l'âme sur un principe transcendant, seul garant de l'ordre chez E. Voegelin étant remplacée chez elle par l'ouverture à la pluralité. En définitive, ce qui aurait manqué à E. Voegelin comme aux autres tentatives qui ont esquissé les prémisses d'une nouvelle science du politique, sans que ses nouveaux fondements en aient pour autant été établis, c'est une analyse de l'arrière-fond des expériences qui ont pourtant motivé l'intérêt nouveau pour la politique. C'est parce que ces philosophes se sont refusés à avouer l'expérience de l'horreur, à la prendre au sérieux, parce qu'il leur a manqué ce qui, pour les philosophes grecs est le commencement de la sagesse, « ce *thaumadzein*, cet étonnement devant ce qui est tel qu'il est », qu'à l'instar de Platon et d'Aristote, qui eux aussi avaient déjà refusé de le reconnaître comme la condition préalable de la philosophie politique, que la découverte d'une authentique philosophie politique leur aurait été refusée : « Car l'horreur sans voix vis-à-vis de ce que l'homme peut faire et de ce que le monde peut devenir, est à beaucoup d'égards lié à l'étonnement sans voix de la reconnaissance d'où surgissent les questions philosophiques »[2]. La philosophie politique, au même titre que les autres branches de la philosophie, procède en effet de cette « puissance d'émerveillement et de questionnement qui doit cette fois-ci (c'est-à-dire contrairement aux enseignements des Anciens) saisir directement le domaine des affaires et des actions humaines »[3], c'est-à-dire reconnaître l'existence factuelle « du manque d'harmonie, de la laideur et finalement du mal »[4].

L'histoire intellectuelle de notre siècle se laissant caractériser par le cercle que l'esprit a été contraint de parcourir par deux fois, « la première

1. *The New Science of Politics*, *op. cit.*, p. 2.
2. « L'intérêt pour la politique ... », *op. cit.*, p. 25.
3. *Ibid.*
4. *VE.*, I, p. 173.

quand il s'est échappé de la pensée en se jetant dans l'action, la seconde quand l'action, ou plutôt le fait d'avoir agi, le rejeta dans la pensée »[1], H. Arendt énonce la tâche cruciale à laquelle doit désormais s'atteler une nouvelle philosophie politique : « entreprendre une enquête sur la signification de la pensée, ce qui veut dire : sur la signification et les conditions de l'activité de penser pour un être qui n'existe jamais au singulier, mais dont la pluralité est loin d'être explorée lorsqu'on a simplement ajouté la relation Je-Tu à la compréhension traditionnelle de l'homme et de la nature humaine »[2]. Or, cette formulation de la tâche de la philosophie politique, savoir, comprendre les relations humaines en termes de Je, de Tu ou même de Nous, semblait à L. Strauss tout à fait caractéristique de son caractère « dérivé » et « abstrait » par rapport à la philosophie politique classique : « Aujourd'hui, on soutient dans certains cercles que la tâche fondamentale de la science politique ou sociale est de comprendre la relation humaine la plus concrète, celle entre le Je, le Tu et le Nous [...]. Le phénomène [...] était connu des classiques sous le nom d'amitié. [...] Lorsque je parle de quelqu'un avec qui j'ai une relation étroite, je l'appelle mon ami. Je ne l'appelle pas mon Tu. [...] je ne rends pas justice aux phénomènes ; je ne suis pas fidèle aux phénomènes ; je rate le concret »[3]. Il n'en reste pas moins qu'il aurait été d'accord, par-delà sa formulation, sur l'assignation de la tâche elle-même, puisque la signification la plus profonde de l'expression « philosophie politique » lui paraît désigner non pas tant le traitement philosophique de la politique, que « le traitement politique, ou populaire, de la philosophie, ou l'introduction politique à la philosophie, la tentative de conduire les citoyens bien doués, ou plutôt leurs fils bien doués, de la vie politique à la vie philosophique »[4]. Car si les choses humaines n'apparaissent pas d'emblée comme prioritaires par rapport aux choses divines ou aux choses naturelles, et si, laissés à eux mêmes, les philosophes préfèreraient séjourner dans « les îles des bienheureux » plutôt que de redescendre dans la caverne, la sphère politique est néanmoins vouée à accéder au rang de préoccupation première « dès là que la philosophie commence à réfléchir à sa propre pratique. Afin de comprendre pleinement sa propre fin et sa nature, la philosophie doit comprendre son point de départ essentiel, et donc la nature des choses politiques »[5]. Cette politique nouvelle de l'amitié dont le monde nouveau est en attente, requiert donc des hommes nouveaux, capables de penser ce que nous faisons, de

1. *CC., op. cit.*, p. 19.
2. « L'intérêt pour la politique ... », p. 26.
3. *Qu'est-ce que la philosophie politique ?, op. cit.*, p. 33-34.
4. *Ibid.*, p. 94.
5. *Ibid.*, p. 92.

s'enraciner dans le concret, et auxquels revient la mission ardue de se situer dans cet entre-temps déterminé par des choses qui ne sont plus et par des choses qui ne sont pas encore. L'émergence de ces hommes nouveaux présuppose la mise en place d'une éducation, et même de « la plus haute forme d'éducation », qui leur permette d'accéder à « l'art politique véritable, celui qui permet à un homme non seulement d'obéir aux lois, mais encore d'en faire ... »[1].

1. L. Strauss, *Le libéralisme antique et moderne*, *op. cit.*, p. 28.

CHAPITRE VII

POUR L'AMOUR DU MONDE

Aucune des expériences politiques fondamentales à l'origine du monde occidental, Athènes, Rome, Jérusalem, ne peut être, ainsi que nous l'avons vu au chapitre V, répétée, et la nouvelle politique qu'H. Arendt, à la suite de Tocqueville, appelle de ses vœux, exige à son tour des hommes, des philosophes nouveaux. C'est pourquoi, *La crise de la culture* était placée sous le sceau de René Char : « Notre héritage n'est précédé d'aucun testament », c'est-à-dire d'aucune tradition, d'aucun passé. Cette perte de la mémoire, cet oubli dont on sait qu'il constitue pour H. Arendt « peut-être l'une des fautes les plus graves dans les rapports humains »[1], atteint non seulement les héritiers que nous sommes, mais également ceux qui avaient tenu le trésor entre leurs mains, fugitivement : « le sens de l'événement leur ayant échappé, ils n'eurent plus rien à raconter », plus rien à nous transmettre. En définitive, la métaphore de René Char se laisserait ramener à la phrase de Tocqueville qu'H. Arendt affectionne tout particulièrement, et dont elle ne serait qu'une variation plus moderne : « Le passé n'éclairant plus l'avenir, l'esprit marche dans les ténèbres »[2].

À la lumière de la parabole de F. Kafka dans *Description d'un combat*, « Il », H. Arendt analyse la position intermédiaire qui est celle de l'homme moderne, la nôtre, tiraillé entre deux forces antagonistes de même intensité, « le poids mort du passé qui le pousse de l'avant, aiguillonné par l'espoir, et la peur du futur (dont la seule certitude est la mort) »[3], la tradition ne comblant plus comme autrefois cet entre-deux : « Il a deux

1. *VP.*, p. 112.

2. A. de Tocqueville, *De la démocratie en Amérique* (Première éd. historico-critique revue et augmentée par E. Nolla, Paris, Vrin, 1990), t. 2, quatrième partie, chap. VIII, p. 279.

3. *VE.*, I., p. 230.

antagonistes : le premier le pousse de derrière, depuis l'origine. Le second barre la route devant lui. Il se bat avec les deux. Certes, le premier le soutient dans son combat contre le second car il veut le pousser en avant et de même le second le soutient dans son combat contre le premier, car il le pousse en arrière. Mais il n'en est ainsi que théoriquement. Car il n'y a pas seulement les deux antagonistes en présence, mais aussi, encore lui-même, et qui connaît réellement ses intentions ? Son rêve, cependant, est qu'une fois, dans un moment d'inadvertance – et il y faudrait assurément une nuit plus sombre qu'il n'y en eut jamais – il quitte d'un saut la ligne de combat et soit élevé, à cause de son expérience du combat, à la position d'arbitre sur ses antagonistes dans leur combat l'un contre l'autre »[1]. H. Arendt avait d'ailleurs envoyé ce texte à M. Heidegger avec ce commentaire : « Je ne t'ai envoyé ce texte de Kafka qu'à cause du concept de futur – le futur vient vers nous. La dernière phrase – avec le saut – renvoie naturellement à la tradition, il s'agit du saut de Parménide et de la parabole de la caverne, même si c'est exprimé dans la tonalité dramatique du désespoir moderne. Mais il faut toutefois remarquer que les paraboles demeurent les mêmes, car il me semble impossible que Kafka ait pu connaître Parménide ou Platon ... »[2].

La brèche entre le passé et le futur étant devenue un problème pour tous, un problème politique, l'objet des « Huit exercices de pensée » dans *La crise de la culture*, que nous propose H. Arendt n'est pas de renouer le fil à tout jamais rompu de la tradition, mais plutôt d'apprendre comment on peut se mouvoir dans cette situation inédite, dans cet entre-deux entre passé et futur, comment on peut encore innover, instaurer de nouveaux commencements puisque « l'histoire est une histoire qui a de nombreux commencements mais pas de fin ». Ces exercices forment une unité, s'appellent l'un l'autre. La première partie rend compte de la rupture moderne dans la tradition et du concept d'histoire censé remplacer les concepts de la métaphysique traditionnelle ; la seconde s'interroge sur ce que sont l'Autorité et la Liberté, ce qui présuppose qu'aucune des réponses fournies par la tradition ne soit plus valable ; quant à la troisième, elle met en lumière les tentatives pour appliquer ce mode de penser aux problèmes immédiats. Penser en effet, pour H. Arendt, c'est penser l'actualité, l'événement, ce qui nous arrive, ce que nous faisons. Le problème qui nous intéressera plus particulièrement dans ce chapitre est celui posé par « La crise de l'éducation », car c'est à l'éducation que revient la tâche cruciale de former ces hommes nouveaux, susceptibles d'innover radicalement par leur action, d'inaugurer un nouveau commencement dont le monde nouveau est

1. *CC.*, p. 16.
2. *HA-MH*, Lettres du 30 octobre 1967 et du 27 novembre 1967.

précisément en attente, dès lors que les vieilles solutions ne peuvent plus faire recette. « Le nouveau dépend uniquement encore de la volonté des hommes ... » écrivait M. Horkheimer[1], T.W. Adorno estimant pour sa part que la tâche de l'éducation – quand bien même se refusait-il à en esquisser le plan – consistait à exiger qu'Auschwitz ne se reproduise pas[2], comme s'il était convaincu que le mal pouvait être éradiqué du monde. Après avoir constaté que la culture libérale de l'Europe occidentale du XIXe siècle ne s'était nullement avérée une garantie contre la barbarie, que « civilisation ne veut pas dire civisme, ni humanisme humanité »[3], G. Steiner s'interrogeant à son tour sur l'opportunité ou non d'agiter le problème d'une définition de la culture au siècle des chambres à gaz, des camps de Sibérie ou du napalm, semblait, à l'instar de T. W. Adorno[4], n'entretenir aucun espoir quant à une redéfinition de la culture : « quel poème immortel a jamais enrayé ou tempéré le règne de la terreur »[5] ? H. Arendt, qui avait décidé de faire sien l'impératif « nous ne renoncerons jamais à l'espoir », serait-elle plus optimiste ?

H. Arendt part d'un constat : l'éducation est en crise, et cette crise de l'éducation depuis dix ans est devenue un problème politique capital[6] qui concerne tout le monde, même ceux qui ne sont pas « éducateurs par profession » car « l'essence de l'éducation est la natalité, le fait que des êtres humains *naissent* dans le monde »[7], des hommes nouveaux qui représentent l'espoir pour un monde nouveau. Cette crise de l'éducation est en outre le symptôme d'un mal plus général, qu'H. Arendt énonce et dénonce ainsi que nous l'avons déjà analysé, sous la forme de la perte de l'autorité, elle aussi d'origine et de nature politique, et qui a fini par gagner des sphères pré-politiques comme l'éducation et l'instruction des enfants[8].

Si cette crise de l'éducation se manifeste de façon plus aiguë en Amérique, c'est tout d'abord parce que ce pays est une terre d'immigration qui s'est proposé un défi : fondre les groupes ethniques les plus divers en un seul peuple et ce, grâce à la scolarisation, l'éducation et l'améri-

1. *Théorie critique, Critique de la politique* (Payot, 1978, trad. collective du CIPH, présentation L. Ferry, A. Renaut), p. 351.

2. *Modèles critiques*, *op. cit.*, p. 205. Voir également *Dialectique négative, op. cit.*, p. 286 : « Hitler a imposé aux hommes un nouvel impératif catégorique : penser et agir en sorte qu'Auschwitz ne se répète pas, que rien de semblable n'arrive ».

3. G. Steiner, *Dans le château de Barbe-bleue, op. cit.*, p. 59.

4. « Auschwitz a prouvé de façon irréfutable l'échec de la culture [...] toute culture consécutive à Auschwitz, y compris sa critique urgente, n'est qu'un tas d'ordures » (*Dialectique négative, op. cit.*), p. 287.

5. *Dans le château de Barbe-bleue., op. cit.*, p. 99.

6. *CC.*, « La crise de l'éducation », p. 223.

7. *Ibid.*, p. 224.

8. *Ibid.*, p. 122.

canisation des enfants[1]. H. Arendt, nous l'avons vu au chapitre V, n'a de cesse de chanter les louanges du fédéralisme américain opposé à tout nationalisme. Qui plus est, la devise inscrite sur chaque dollar « *Novus ordo saeclorum* » qui avait pour ambition d'abolir la pauvreté et l'oppression, a contribué à entretenir l'illusion d'un monde nouveau, une fois que les immigrants s'étaient défaits de leur monde ancien par le biais de l'éducation. Or, même en Amérique, le monde dans lequel les enfants sont introduits est un monde ancien, c'est-à-dire qu'il leur préexiste, qu'il a été construit par les vivants et les morts et qu'il n'est nouveau que pour les immigrants[2] : chaque génération nouvelle grandit à l'intérieur d'un monde déjà ancien et former une génération nouvelle pour un monde nouveau traduit en fait le désir de refuser aux nouveaux arrivants leurs chances d'innover. Autre facteur aggravant de la crise de l'éducation en Amérique, nulle part ailleurs les problèmes d'éducation d'une société de masse ne se sont posés avec tant d'acuité[3].

H. Arendt elle-même imputait d'ailleurs une autre responsabilité au rôle unique que joue et a toujours joué dans la vie américaine la notion d'égalité. Il ne s'agit évidemment pas de contester la simple égalité devant la loi, ni le nivellement des différences de classes et encore moins l'égalité des chances, mais d'examiner les conséquences de la volonté politique de ce pays qui se bat pour égaliser ou effacer autant que possible la différence entre jeunes et vieux, doués et non doués, c'est-à-dire finalement entre enfants et adultes et en particulier entre professeurs et élèves[4]. Or, ce nivellement ne peut se faire qu'au détriment de l'autorité du professeur et au détriment des élèves les plus doués. Dans un autre texte, publié en 1959, intitulé « Réflexions sur Little Rock »[5], et sur lequel nous aurons l'occasion de revenir, H. Arendt soulignait, à la suite de Tocqueville, « les dilemmes et embarras inhérents au principe de l'égalité » qui tend à égaliser ce qui est par nature et par origine différent. Pourtant, ce principe est loin d'être tout puissant : « il ne peut pas égaliser les caractéristiques naturelles et physiques », le fait de naître blanc ou noir, le fait d'être jeune ou vieux. « Plus les hommes deviennent à tous égards égaux, et plus l'égalité imprègne tout le tissu social, plus les différences sont ressenties comme humiliantes et plus on remarque ceux qui sont visiblement et par nature différents des autres »[6]. Ainsi, notait-elle encore, l'obtention des droits

1. *Ibid.*, p. 225.
2. *Ibid.*, p. 228-29.
3. *Ibid.*, p. 230.
4. *Ibid.*, p. 232.
5. *PE.*, p. 233-48.
6. *Ibid.*, p. 237.

civiques par les Noirs risque-t-elle d'aiguiser le « problème noir » au lieu de l'apaiser. Plus important pour notre propos, le fait que la loi d'égalité ne vaille que dans le domaine politique, le domaine social étant en revanche fondé sur la discrimination, sur le vieil adage « qui se rassemble s'assemble ».

Mais le facteur le plus grave de cette crise de l'éducation pour H. Arendt consiste dans l'acceptation servile et non critique des théories pédagogiques les plus modernes : « c'est à partir du XVIIIe siècle que cet enthousiasme pour la nouveauté est devenu un concept et une notion politique qui a pris une importance décisive en matière d'éducation. C'est à partir de là que s'est développé un idéal d'éducation teinté de rousseauisme et de fait directement influencé par Rousseau, chez qui l'éducation devint un moyen politique et la politique elle-même une forme d'éducation »[1]. C'est la faute à Rousseau semble nous dire ici H. Arendt.

Dans son traité l'*Émile ou de l'éducation*, Rousseau prétend proférer un *nemo ante me :* la découverte de l'enfance. Seul l'enfant est véritablement, l'adulte, lui, n'étant qu'un produit social : « Tout est bien sortant des mains de l'auteur des choses, et tout dégénère entre les mains de l'homme »[2]. Et c'est pourquoi dans le troisième de ses Dialogues, Rousseau définit l'*Émile* comme « un traité de la bonté originelle de l'homme, destiné à montrer comment le vice et l'erreur, étrangers à sa constitution, s'y introduisent du dehors et l'altèrent insensiblement ». Rousseau lui-même était toutefois parfaitement conscient du caractère utopique de l'*Émile*, et, à tous ses lecteurs qui réclamaient des conseils, il se déroba, arguant qu'il n'avait fait qu'indiquer une direction, suggérer une réflexion. D'autant plus utopique qu'après avoir souligné l'analogie existant entre le façonnement des plantes par la culture et celui des hommes par l'éducation, Rousseau soulignait : « tout ce que l'on peut faire à force de soins, est d'approcher plus ou moins du but, mais il faut du bonheur pour l'atteindre »[3]. Il se mit à l'*Émile* après avoir terminé Julie, en janvier 1759. Le livre suscita immédiatemment un scandale et fut saisi début juin 1762 par la police à Paris, le Parlement exigeant qu'il fut lacéré et brûlé, et Rousseau amené à la prison de la Conciergerie : on y vit l'œuvre d'un « grand maître de corruption et d'erreur...contraire à la foi et aux mœurs... » et attaquant horriblement la religion. Rousseau prit la fuite, quitta la France pour Yverdon mais, Genève ne lui réservant pas un meilleur accueil que Paris, il résolut de répliquer à l'Archevêque Christophe de Beaumont.

1. *CC.*, p. 227.
2. *O.C.* (Paris, Gallimard, Pléiade, tome IV), p. 245.
3. *Ibid.*, p. 247.

Quel est donc pour Rousseau le but de l'éducation ? Acquérir tout ce que nous ne possédons pas à notre naissance et dont nous avons besoin étant adultes. Or, cette éducation est triple : elle nous vient de la nature et ne dépend donc pas de nous ; elle nous vient des choses et ne dépend donc qu'à certains égards de nous : celle qui nous vient des hommes est véritablement la seule dont nous soyons les maîtres. Le but que doit se proposer l'éducation d'un jeune homme « c'est de lui former le cœur, le jugement et l'Esprit »[1], idéal d'ailleurs commun à tous les livres de pédagogie de l'époque. La méthode de Rousseau semble toute négative : en effet, « la plupart des maîtres, les pédants surtout, regardent l'acquisition et l'entassement des sciences comme l'unique objet d'une belle éducation sans penser que souvent, comme dit Molière, "un sot savant est sot plus qu'un sot ignorant" »[2]. Rousseau connaissait apparemment l'essai de Montaigne *De l'institution des enfants* lorsqu'il affirme avoir « bien plus ambitionné de penser juste que de savoir beaucoup ». L'*Émile* reprend cet impératif du « laisser-être », cette « méthode inactive »[3], l'essentiel en effet n'est pas tant de « pousser » Émile, de lui faire gagner du temps, que de lui en laisser perdre : « Laissez mûrir l'enfance dans l'enfant [...] l'enfance est le sommeil de la raison ... »[4]. À ce qu'il appelle de façon méprisante la « philosophie du cabinet », Rousseau oppose « l'expérience »[5]. Émile n'apprendra à lire qu'entre dix ou quinze ans, lorsqu'il en ressentira le besoin : point de « connaissances purement spéculatives [qui] ne conviennent guère aux enfants, même approchant de l'adolescence »[6], nos vrais maîtres doivent être « l'expérience et le sentiment » car, même si les sciences ne doivent pas être négligées, « elles ne doivent pas précéder les mœurs »[7]. La science étant « une mer sans fond, sans rives, toute pleine d'écueils »[8], il faut restreindre la quantité des connaissances, opérer un choix : « il ne s'agit point de savoir ce qui est, mais seulement ce qui est utile »[9] car ce n'est pas l'ignorance qui est un mal – « j'enseigne à mon élève un art très long, très pénible ... c'est celui d'être ignorant »[10] – mais « l'erreur seule est funeste et [...] on ne s'égare point parce qu'on ne sait

1. *Mémoire présenté à M. de Mably sur l'éducation de M. son fils* (*ibid.*), p. 7.
2. *Ibid.*
3. *Émile*, II, (*O.C.*, Paris, Gallimard, Pléïade, tome IV), p. 359.
4. *Manuscrit Favre*, *O.C.*, tome I, p. 113.
5. *Ibid.*, III, p. 427.
6. *Ibid.*, p. 443.
7. *Mémoire ...*, *op. cit.*, p. 7.
8. *Ibid.*, p. 435.
9. *Ibid.*, p. 428.
10. *Manuscrit Favre*, *op. cit.*, p. 371.

pas, mais parce qu'on croit savoir »[1]. Outre des connaissances limitées dont le critère sera l'utilité – « À quoi cela est-il bon ? voilà désormais le mot sacré »[2] – l'autre principe fondamental de toute bonne éducation sera le « goût », le « désir » de l'enfant, et non la contrainte : « il importe qu'il ne fasse rien malgré lui »[3]. Pour ce faire, il suffit de lier astucieusement l'idée de l'étude à celle de plaisir, et celle d'ennui à celle d'oisiveté. Il s'agit, autrement dit, d'amener insensiblement et de son propre mouvement l'élève à l'étude, de l'instruire en quelque sorte à son insu car le vrai but de l'éducation d'un jeune homme « c'est de le rendre heureux ».

Voilà donc en quoi consisterait ce « pathos illusoire de la nouveauté » dénoncé par H. Arendt et qui aurait eu de graves conséquences jusqu'à l'époque moderne, bouleversant de fond en comble en Amérique toutes les méthodes traditionnelles d'enseignement. Compte tenu de sa propre éducation, H. Arendt ne pouvait être qu'en désaccord avec la pédagogie proposée par l'*Émile*. Rappelons en effet, qu'issue d'une famille juive assimilée et cultivée de Königsberg, H. Arendt a été élevée par une mère se réclamant de la lecture de Goethe, le maître allemand de la *Bildung*, laquelle consiste en une formation totale du corps, de l'intelligence et de l'âme. Ses parents tenaient d'ailleurs un journal de l'évolution de leur fille depuis sa naissance, « *Unser Kind* », très influencé par la psychologie de l'enfant qui vit le jour en Allemagne dans les années 1880. Ils étaient très proches de William, et Clara Stern, deux psychologues qui avaient travaillé à partir de l'observation de leurs trois enfants, dont l'aîné devint d'ailleurs le premier mari d'H. Arendt, et qui publièrent une étude de psychologie de l'enfance en 1924. Dans ce Journal, Martha Arendt a noté le « brûlant intérêt [de sa fille] pour les livres et les lettres qu'elle déchiffre toutes ainsi que les nombres » dès l'âge de cinq ans. À onze ans, H. Arendt commence le latin. À douze, le grec ancien : « j'ai toujours beaucoup aimé la poésie grecque [...] je choisis le grec en plus, parce que c'était ce qu'il y avait de plus commode et que je le lisais à peu près »[4]. De son amie H. Arendt, Anne Mendelssohn dit qu'elle avait « tout lu », la philosophie, la poésie, Goethe, Thomas Mann, qu'elle avait une excellente mémoire, qu'elle savait tout par cœur dès douze ans. Dans son entretien télévisé avec Günther Gauss, H. Arendt qui ne s'est jamais beaucoup livrée, révèle : « Il y avait beaucoup de livres à la maison, il suffisait de les sortir ». Outre les classiques grecs et latins, « La philosophie s'imposait. Depuis l'âge de quatorze ans [...] J'avais lu Kant [...] il me fallait comprendre ». Ce sera

1. *Ibid.*
2. *Émile*, III, p. 446.
3. *Ibid.*, p. 436.
4. « Seule demeure la langue maternelle », in *TC.*, p. 234.

ensuite *La philosophie des visions du monde* de Jaspers qu'elle lut deux ans après sa parution, en 1921. Puis Kierkegaard. La pédagogie inactive prônée par Rousseau ne pouvait convenir à H. Arendt, impatiente, précoce et passionnée qu'elle était. Pas davantage le critère retenu d'une limitation des connaissances en fonction du critère de l'utilité : même si c'est exclusivement le domaine des lettres qui la passionne, elle privilégie les langues anciennes, réputées inutiles par Rousseau, mais aussi la poésie, la théologie, la philosophie, toutes disciplines qu'il aurait qualifiées de « pédantes ». Non seulement sa tête est bien faite, mais elle est pleine à craquer. La critique rousseauiste de la haine des livres au profit de l'expérience et du sentir n'a aucune prise sur elle : c'est par les livres qu'elle apprend à juger le monde. Pourtant les « succès » de celle que l'on pourrait qualifier de *Wunderkind* n'étaient jamais commentés à la maison, « cela passait pour négligeable », et la discipline scolaire ne lui convint jamais : ainsi par exemple, lorsque ne supportant pas l'horaire trop matinal des cours de grec, elle décida d'étudier seule, à la maison, passant un examen de fin d'année beaucoup plus difficile que ses camarades et conçu pour elle, ou lorsqu'ayant appelé au boycottage d'un professeur de la Luiseschuhle elle en fut renvoyée, étant ainsi contrainte de passer son *Abitur*, brillamment et avec un an d'avance sur ses condisciples, mais en candidate libre. Pour le dire d'un mot, et en reprenant les termes de L. Strauss, H. Arendt a bénéficié d'une « éducation libérale », d'une éducation ayant pour fin la culture, par le biais de la chose écrite, de la fréquentation des grands esprits, de « ceux qui ont laissé de grands livres derrière eux », seul antidote à la « Foire aux Vanités », à la vulgarité (*apeirokalia*) et à l'absence de pensée caractéristiques de la culture de masse[1].

Pour l'introduire à l'expérience des « belles choses », pour choisir sa compagnie parmi les vivants comme parmi les morts, H. Arendt a, qui plus est, bénéficié de « maîtres pour l'esprit », puisque, de 1924 à 1929 elle fit ses études successivement sous la direction de M. Heidegger à Fribourg, d'E. Husserl à Marbourg, de R. Bultmann et de K. Jaspers à Heidelberg. Le point commun à ces penseurs étant qu'ils étaient en rupture avec la tradition métaphysique, qu'ils étaient en rebellion contre cette philosophie compartimentée alors encore en vigueur dans les universités qui engendrait un profond ennui, et qu'ils élaboraient alors leurs recherches. Dans « Martin Heidegger a quatre-vingts ans »[2], H. Arendt rappelle l'étrangeté de la gloire de M. Heidegger, ce professeur entré dans la vie publique académique allemande en 1919 qui n'avait encore publié aucun écrit, ne

1. *Le libéralisme antique et moderne*, *op. cit.*, p. 11 et 21.

2. Discours prononcé à la radio bavaroise le 26 septembre 1969 puis publié dans « Merkur » (1970, 10, p. 893-902).

professait aucune doctrine, dont pourtant « le nom voyageait par toute l'Allemagne comme la nouvelle d'un roi secret »[1] et qui se réclamait lui-même de Husserl et « de son appel à "aller aux choses elles-mêmes" ce qui voulait dire "Laissons les théories, laissons les livres" et établissons la philosophie comme science rigoureuse »[2]. Karl Jaspers, quoique venant d'une autre tradition que la tradition philosophique, longtemps lié d'amitié avec M. Heidegger, apparaît lui aussi comme un rebelle conscient, décidé à faire cesser le bavardage académique sur la philosophie. « Ce que ce petit nombre avait en commun : ils savaient distinguer entre un objet d'érudition et une chose pensée »[3]. Quelle était donc cette nouvelle qui attirait la jeunesse à Fribourg et un peu plus tard à Marbourg ? Elle disait : « Il y a quelqu'un qui atteint effectivement les choses que Husserl a proclamées, qui sait qu'elles ne sont pas une affaire académique mais le souci de l'homme pensant et cela, en vérité, non seulement depuis hier et aujourd'hui, mais depuis toujours ; et qui, précisément, parce que pour lui le fil de la tradition est coupé, découvre à nouveau le passé [...] La nouvelle le disait tout simplement : la pensée est redevenue vivante, il fait parler des trésors culturels du passé qu'on croyait morts et voici qu'ils proposent des choses tout autres que ce qu'on croyait tout en s'en méfiant. Il y a un maître ; on peut peut-être apprendre à penser »[4]. Ce que le « roi secret » proposait, ce n'était pas de penser sur quelque chose, mais de penser quelque chose, d'ouvrir des chemins, de poser des jalons, un tel penser passionné n'ayant pas pour but les connaissances ou le savoir mais l'activité même de ce penser qui prend pour séjour l'étonnement.

H. Arendt crédite son second maître, K. Jaspers, à la direction duquel M. Heidegger la recommanda pour faire sa thèse sur Augustin, de cet espace d'*humanitas* qui est devenu sa patrie grâce aux grands philosophes avec lesquels « il a su fonder un "royaume des Esprits" dans lequel ils peuvent de nouveau apparaître comme des personnes parlantes – parlant depuis le royaume des morts – qui, parce qu'ils ont échappé au temporel,

1. *VP.*, p. 308. De son côté Karl Löwith rappelle que ses étudiants surnommaient Heidegger « le petit mage du Nord ». D'une manière générale, sur la fascination qu'a exercée apparemment Heidegger sur ses élèves, et en particulier sur ses élèves juifs, nous renvoyons au livre de Franco Volpi, *Su Heidegger. Cinque voci ebraiche :* « Jusqu'à présent, personne n'avait remarqué que les jugements les plus perspicaces concernant Heidegger émanèrent de ses élèves juifs, c'est-à-dire de ceux sur lesquels il exerça sa fascination, mais qui simultanément furent le plus terriblement concernés par ses choix politiques », *op. cit.*, p. VIII.

2. *VP.*, p. 309.

3. *Ibid.*

4. *Ibid.*, p. 310.

peuvent devenir des compagnons perpétuels dans l'espace spirituel »[1]. Pour fonder un tel royaume, K. Jaspers a dû lui aussi faire preuve de liberté, d'indépendance de la pensée, abandonner l'ordre de la tradition, juxtaposer « dans l'espace la succession temporelle de telle sorte que la proximité et la distance ne dépendent plus des siècles qui nous séparent d'un philosophe, mais exclusivement de la position librement choisie à partir de laquelle nous rencontrons ce royaume des esprits, qui durera et se multipliera aussi longtemps qu'il y aura des hommes sur la terre », royaume qui loin d'être une utopie, « et bien qu'il soit monde est invisible »[2]. Autre mérite dont H. Arendt crédite K. Jaspers, ainsi que nous l'avons vu au chapitre précédent, et nonobstant les critiques qu'elle lui adressait, le thème de la Communication qui, elle aussi, suppose le démantèlement de l'armature de l'autorité traditionnelle pour qu'une communication puisse « librement et gaiement être établie entre les grands thèmes du passé au cours d'une tentative pour entrer en communication avec un présent vivant du philosopher… »[3]. Or, une philosophie pour laquelle la vérité et la communication sont une seule et même chose, échappe à la condamnation du théorique, de la tour d'ivoire solitaire : « penser devient une activité pratique bien que non pragmatique ; c'est une espèce de pratique des hommes entre eux et non l'exploit d'un unique individu dans la solitude qu'il s'est choisie. Jaspers est, que je sache, le premier et le seul philosophe, à avoir jamais pris position contre la solitude, le seul à qui la "solitude" soit apparue "malsaine"… »[4]. H. Arendt et K. Jaspers, au cours de leur correspondance étaient tombés d'accord sur ce mot d'ordre : « La philosophie doit devenir concrète sans perdre un seul instant de vue ses origines »[5], c'est-à-dire que née des événements de l'expérience vécue, elle doit leur demeurer liée, car ils sont les « seuls guides propres à s'orienter »[6]. Philosopher n'est pas abandonner le terrain de l'expérience, du sensible, mais au contraire s'y enfoncer. Lors d'un colloque de l'American Society for Christian Ethics, en janvier 1973, H. Arendt, insiste sur le fait que l'activité de penser « nous prépare toujours à rencontrer tout ce que nous devons rencontrer dans notre vie quotidienne ». H. Arendt vers la fin de sa vie, aimait à se poser en phénoménologue, même si elle précisait « mais ach ! pas à la manière de Hegel et de Husserl » : le démantèlement de la métaphysique et des catégories philosophiques dont elle se réclame elle

1. *VP.*, p. 92.
2. *Ibid.*, p. 92-93.
3. *Ibid.*, « Karl Jaspers, citoyen du monde », p. 98.
4. *Ibid.*, p. 99.
5. *HA-KJ*, Lettre du 18 septembre 1946.
6. *CC.*, p. 26.

aussi, consistant à « apprendre du phénomène en le questionnant, ne rien rechercher derrièree les phénomènes qui sont en eux-mêmes la doctrine »[1]. Ce démantèlement a également pour tâche la conservation, la préservation puisque la disparition de la triade romaine de l'autorité, de la religion et de la tradition n'a pas anéanti le passé, mais seulement sa continuité et qu'il conserve donc « le faste étrange, les perles et les coraux » c'est-à-dire les fragments du passé sous forme de récits, de citations.

Relisons maintenant la dernière partie de la citation d'H. Arendt consacrée à Rousseau : « Rousseau chez qui l'éducation devint un moyen politique et la politique elle-même une forme d'éducation ». H. Arendt fait vraisemblablement allusion à l'option sur laquelle s'ouvre l'*Émile :* s'agit-il de faire un homme ou un citoyen ? Ces deux objectifs sont difficiles à concilier, voire contradictoires : le premier répond au principe de bonté, le second à celui de la vertu et « celui qui dans l'ordre civil veut conserver la primauté des sentiments de la nature ne sait ce qu'il veut. Toujours en contradiction avec lui-même, toujours flottant entre ses penchants et ses devoirs, il ne sera jamais ni homme ni citoyen, il ne sera bon ni pour lui ni pour les autres. Ce sera un de ces hommes de nos jours, un Français, un Anglais, un Bourgeois, ce ne sera rien »[2]. Rousseau se prend d'ailleurs à regretter tout haut que ce double objet ne se puisse réunir en un seul : « en ôtant les contradictions de l'homme, on ôterait un grand obstacle à son bonheur »[3]. À ces deux objets opposés – l'homme et le citoyen – correspondent deux formes d'éducation, « l'une publique et commune, l'autre particulière et domestique ». C'est de cette dernière dont Émile a bénéficié, tout au moins jusqu'au livre V : « Je t'ai fait plutôt bon que vertueux »[4]. Or, l'homme qui est bon n'étant bon que pour lui, il lui faut donc, afin que sa bonté ne s'éteigne pas sous le feu des passions naissantes, devenir vertueux, c'est-à-dire apprendre à suivre sa raison, son devoir. Cet apprentissage est de loin « plus pénible que le premier » précise Rousseau !

Où prendre une idée de l'éducation publique ? « Lisez la *République* de Platon. Ce n'est point un ouvrage de politique, comme le pensent ceux qui ne jugent des livres que par leurs titres. C'est le plus beau traité d'éducation qu'on ait jamais fait »[5], recommande Rousseau qui semble indiquer ainsi que la vraie politique est en elle-même une pédagogie. Rousseau propose de nombreux exemples de citoyenneté tirés de Sparte qui a, à ses yeux,

1. Goethe, *Maximes et réflexions*, n° 993, cité par M. Heidegger in *Questions IV* (Paris, Gallimard, 1976, trad. J. Beaufret et F. Fédier), p. 128.
2. *Émile*, I, p. 250.
3. *Ibid.*, p. 251.
4. *Ibid.*, V, p. 818.
5. *Ibid.*, I, p. 250.

valeur de modèle : « Une femme de Sparte avait cinq fils à l'armée, et attendait des nouvelles de la bataille. Un Ilote arrive ; elle lui en demande en tremblant. Vos cinq fils ont été tués. Vil esclave, t'ai-je demandé cela ? Nous avons gagné la victoire. La mère court au temple et rend grâces aux dieux. Voilà la Citoyenne »[1]. Pourtant Rousseau ajoute que l'institution publique n'existe plus et ne peut plus exister « parce qu'où il n'y a plus de patrie il ne peut plus y avoir de citoyens. Ces deux mots, patrie et citoyen, doivent être effacés des langues modernes »[2]. Dès lors, si seuls règnent les intérêts personnels, si la civilisation est par essence corruptrice, s'il n'y a plus de lois ou si elles ne sont nulle part respectées, comment s'étonner de l'indifférence d'Émile à choisir un lieu où se fixer ? Rousseau lui rétorque qu'à défaut de patrie il lui faut à tout le moins un « pays » : « où est l'homme de bien qui ne doit rien à son pays ? »[3], qu'à défaut de lois « il y a toujours un gouvernement et des simulacres de lois sous lesquelles il a vécu tranquille »[4]. La vertu est apprentissage du combat contre ses penchants, apprentissage du devoir, sacrifice de l'intérêt personnel à l'intérêt général, et Rousseau d'exhorter une dernière fois Émile : « Souviens toi que les Romains passaient de la charrue au consulat. Si le Prince ou l'État t'appelle au service de la patrie, quitte tout pour aller remplir dans le poste qu'on t'assigne l'honorable fonction de citoyen ».

Dans « Qu'est-ce que l'autorité ? », H. Arendt se réfère à Platon et à Aristote. Chez ce dernier, contrairement à Platon, on ne trouve pas de dictature de la raison, de philosophe-roi, mais il est le premier à faire appel au concept de « nature » en tant que celle-ci a institué « la différence entre les jeunes et les vieux, destinés les uns à être commandés et les autres à commander »[5]. La relation vieux-jeunes est en son essence même pédagogique, les dirigeants futurs devant être formés par les dirigeants actuels. Mais cette domination est limitée dans le temps – la participation aux affaires de la cité ne commence précisément que lorsque l'éducation est achevée – et dans l'intention, sinon elle entrerait en contradiction avec la définition aristotélicienne de la *polis* comme « communauté d'égaux en vue d'une vie qui soit potentiellement la meilleure »[6], c'est-à-dire qu'elle se produit entre des individus qui sont potentiellement égaux. Dans ce texte, H. Arendt nous met en garde contre les conséquences de la substitution de l'éducation à la domination : « sur ses bases, les dirigeants se

1. *Ibid.*, p. 249.
2. *Ibid.*, p. 250.
3. *Ibid.*, V, p. 858.
4. *Ibid.*
5. Aristote, *Politique* (trad. J. Tricot, Paris, Vrin, 1995, 1332b12-36).
6. *Ibid.*, 1328 b 35.

sont posés comme des éducateurs et les éducateurs ont été accusés de diriger »[1]. Ce n'est donc pas, comme nous l'avons déjà vu, chez les Grecs mais chez les Romains que l'autorité peut acquérir politiquement un caractère pédagogique : cela suppose que par essence les ancêtres, les *majores*, soient les plus grands. Partout où ce présupposé fait défaut et où néanmoins le modèle de l'éducation par l'autorité prétend être plaqué sur le domaine de la politique, il ne dissimule en fait qu'une prétention à dominer sous couvert d'éducation.

À la racine de la crise de l'éducation qu'endure le monde moderne, et plus particulièrement le continent américain, on trouverait donc trois idées.

L'existence d'un monde artificiel, celui créé par l'école, ce « groupe des pairs » étant désormais le détenteur de l'autorité du seul fait de son nombre, et face auquel l'adulte est désarmé. Or, cette situation n'est pas celle du monde réel où cohabitent des gens de tous âges : elle est la conséquence de l'obligation et de la démocratisation de l'école qui a fait accéder au statut d'« adolescent », autrefois réservé aux privilégiés, toute une classe d'âge qui a édifié son propre monde, sa contre-culture. En outre, l'autorité du groupe d'enfants est beaucoup plus tyrannique que celle des adultes : l'enfant ne peut ni se révolter contre ses pairs, ni prendre aucune initiative, il est soumis à l'uniformité, à la tyrannie de la majorité. Faute de pouvoir se rebeller, les seules attitudes possibles sont le « conformisme »[2] ou la règle du gang et de la foule[3].

Seconde idée : sous l'influence de la psychologie moderne, le contenu de l'enseignement, la spécificité de la discipline auraient reculé au profit de la transmission, de la communication du savoir ; est professeur celui qui est capable d'enseigner sans nécessairement avoir la maîtrise d'un sujet particulier. La conséquence directe de cet état de fait est le tarissement de la source la plus légitime de l'autorité.

Troisième idée : la substitution autant que possible du « faire à l'apprendre ». Il ne s'agit plus à l'heure actuelle de dispenser un savoir, mais d'inculquer un savoir-faire, comme en témoigne la transformation des collèges d'enseignement général en instituts professionnels affirme H. Arendt[4]. Selon H. Arendt, l'apprentissage des langues, en ce qu'il met désormais l'accent sur la pratique, sur le faire et non plus sur la grammaire ou la syntaxe, apprendre en parlant, serait révélateur de cette suppression de la distinction entre travail et jeu et maintiendrait l'enfant plus âgé au niveau infantile, l'exclurait du monde des adultes, brisant ainsi les relations

1. *CC.*, p. 156.
2. *CC.*, p. 233.
3. *PE.*, p. 248.
4. *CC.*, p. 235.

naturelles car l'enfance n'est qu'une phase transitoire de préparation à l'âge adulte[1].

Autrement dit, les griefs qu'H. Arendt adresse à l'éducation actuelle se laisseraient résumer dans le fait qu'elle ne s'assigne plus pour tâche la formation d'un caractère, mais simplement l'instruction et l'apprentissage, encore que, comme le soulignait L. Strauss, la formation du caractère comporte elle aussi en démocratie « une tendance très dangereuse à identifier l'homme bon avec le "bon joueur", le type coopérant, le "gars régulier", c'est-à-dire à trop souligner un certain aspect de la vertu sociale et à négliger parallèlement les vertus qui ne mûrissent, voire ne se développent pleinement, que dans le privé, pour ne pas dire dans la solitude [...] La démocratie n'a pas encore trouvé le moyen de se défendre contre le conformiste rampant et contre l'empiètement toujours croissant sur le privé qu'elle encourage », L. Strauss rappelant qu'un bon citoyen dans l'Allemagne hitlérienne serait partout ailleurs un mauvais citoyen[2]. Et telle est la raison pour laquelle il estimait quant à lui que l'éducation des Anciens qui visait non la liberté, mais la vertu, n'était pas compatible avec une éducation de masse, mais réservée uniquement à ceux qui « sont doués pour elle », une « éducation royale » en quelque sorte, d'autant qu'elle supposait le loisir et l'aisance, soit, de nos jours, que « l'économie de subsistance ait été remplacée par l'économie d'abondance, c'est-à-dire que la technique échappe à tout contrôle moral et politique »[3]. H. Arendt déplace quant à elle le problème : l'antagonisme entre la société et la culture n'a pas attendu la « société de masse » et la « culture de masse » pour se manifester. Dès le XVIIIe siècle, rappelle-t-elle, l'artiste a proféré contre la société l'accusation de « philistinisme », au double sens de ce mot qui qualifie d'une part la bourgeoisie et ses critères utilitaires de valeur marchande, et au sens biblique d'autre part qui « indiquait déjà un ennemi supérieur en nombre entre les mains duquel on peut tomber »[4]. Ce qui caractérise la société de masse, c'est bien plutôt la frénésie avec laquelle les « classes moyennes » décidèrent de s'emparer à leur tour de la « culture », pour s'« élever » dans la hiérarchie sociale ou dépasser leur condition d'origine. À cette attitude ne correspond aucune culture, mais seulement le « kitsch »[5], soit, une dévaluation des valeurs culturelles qui perdent « le pouvoir d'arrêter notre attention et de nous émouvoir », du fait qu'elles sont ravalées au rang d'objets de consommation : « la société de masse [...]

1. *Ibid.*, p. 236.
2. *Qu'est-ce que la philosophie politique ?*, *op. cit.*, p. 42.
3. *Ibid.*, p. 41-42.
4. *CC.*, p. 258.
5. *Ibid.*, p. 253 et 261.

ne veut pas la culture, mais les loisirs (*entertainment*) »[1]. Sur ce point, H. Arendt ne se faisait donc aucune illusion quant à l'avenir de la culture dans une telle société : « une société de consommateurs n'est aucunement capable de savoir prendre en souci un monde et des choses qui appartiennent exclusivement à l'espace de l'apparition au monde, parce que son attitude centrale par rapport à tout objet, l'attitude de la consommation, implique la ruine de tout ce à quoi elle touche »[2]. L'attitude qui convient face à la culture, et a fortiori face à l'œuvre d'art, ainsi que nous le verrons dans le prochain chapitre, consiste à ne pas se saisir de ce que nous admirons, mais à le laisser être comme il est, dans son apparaître : « cette maison terrestre ne devient un monde, au sens propre du terme, que lorsque la totalité des objets fabriqués est organisée au point de résister au procès de consommation nécessaire à la vie des gens qui y demeurent, et ainsi, de leur survivre. C'est seulement là où une telle subsistance est assurée que nous parlons de culture »[3].

Après avoir mis à jour et commenté les différentes idées à l'origine de la pédagogie moderne, après en avoir dénoncé les conséquences néfastes, revenons au problème de la faillite de l'autorité en matière d'éducation, et interrogeons- nous sur le rôle de l'éducation, sur la responsabilité des parents vis-à-vis de leurs enfants et sur celle des éducateurs. La faute de l'éducation moderne aux yeux d'H. Arendt consiste en ce qu'elle a détruit les conditions nécessaires au développement et à la croissance des enfants, en essayant d'instaurer un monde propre aux enfants. Ce faisant, elle les a exposés à la vie publique. Cette évolution à vrai dire avait été préparée par l'évolution de la société moderne qui, après avoir émancipé les femmes et les travailleurs, a émancipé les enfants. Or, dans le cas des enfants, cette émancipation a été funeste : elle a consisté à les abandonner et à les trahir car pour eux, vivre et grandir a plus d'importance que d'accéder au monde public en tant que personnes : « plus la société intercale entre le public et le privé une sphère sociale où le privé est rendu public et vice et versa, plus elle rend les choses difficiles à ses enfants qui, par nature, ont besoin d'un abri sûr pour grandir sans être dérangés »[4]. Ce non respect des conditions de la croissance vitale, pour grave qu'il soit, a été tout à fait involontaire : en effet, si c'est à l'école que l'enfant fait sa première entrée dans le monde, elle-même toutefois n'est pas le monde, mais l'institution qui s'intercale entre le monde et le domaine privé que constitue le foyer pour permettre la transition entre la famille et le monde. Et c'est l'État, c'est-à-dire ce qui est

1. *Ibid.*, p. 263.
2. *Ibid.*, p. 270.
3. *Ibid.*, p. 269.
4. *Ibid.*, p. 241.

public qui impose la scolarité[1]. L'enfant, objet de l'éducation, est à la fois nouveau et en devenir : il est nouveau par rapport à un monde qui existait avant lui, qui continuera après sa mort et dans lequel il doit passer sa vie. La responsabilité des parents à son égard est donc double : face à la vie et au développement de l'enfant, et face à la continuité du monde. Or, il existe un risque de contradiction entre les deux : d'une part l'enfant a besoin d'être protégé et soigné, et sa place est donc au sein de la famille, les quatres murs de la maison constituant un rempart contre l'aspect public du monde, un endroit sûr d'intimité, de sécurité privée, d'obscurité et d'espace vital. Un exemple de cette attitude de démission et d'irresponsabilité des adultes à l'égard des enfants nous est fourni par H. Arendt dans l'article précédemment cité « Réflexions sur Little Rock », écrit en 1959 à l'occasion de la juridiction par la Cour Suprême qui décida de rendre obligatoire la « déségrégation » dans les écoles publiques, décision qui ne fit que détériorer la situation générale dans le Sud de l'Amérique. Ce qui lui parut le plus ahurissant fut la décision fédérale « de commencer l'intégration en tous lieux par les écoles publiques. Cela revenait à charger des enfants, noirs et blancs, de résoudre un problème que les adultes, durant des générations ont avoué n'être pas capables d'affronter eux-mêmes »[2]. H. Arendt y voit en outre une caricature fantastique de l'éducation progressiste qui, « en abolissant l'autorité des adultes, nie implicitement leur responsabilité à l'égard du monde dans lequel ils ont fait naître leurs enfants et refuse le devoir de les guider en ce monde ». Une telle attitude ne signifie rien d'autre si ce n'est que les adultes demandent aux enfants de changer le monde et de l'améliorer. Pourtant, n'est-ce pas précisément sur cet espoir qu'est fondée l'attente d'un monde nouveau et d'une politique nouvelle chez H. Arendt elle-même? Nous retrouvons l'argument précédemment invoqué s'agissant du choix de sa villégiature. La Cour Suprême ne peut rien faire de plus que d'abolir la discrimination que constitue la ségrégation : elle peut contraindre le corps politique à l'égalité, mais elle ne peut pas abolir la discrimination et contraindre la société à l'égalité, le libre choix de l'école étant du ressort des parents. Si le droit privé des parents à élever leurs enfants comme ils l'entendent s'est de fait trouvé limité par l'obligation scolaire, il n'a pas été pour autant aboli « par le droit du corps politique de préparer les enfants à accomplir leurs futures tâches de citoyens »[3]. On le voit, un conflit entre des parents qui obéissent au principe de la ségrégation et une école qui impose la déségrégation, peut être grave pour les enfants dans la mesure où se trouve simultanément abolie

1. *Ibid.*, p. 242.
2. *PE.*, p. 239.
3. *Ibid.*, p. 247.

tant l'autorité des parents que celle des maîtres, celle-ci étant désormais remplacée « par le règne de l'opinion publique parmi des enfants qui n'ont ni la capacité ni le droit d'établir une opinion publique de leur propre chef »[1]. Mais, si les enfants sont du ressort de la famille, des quatre murs de leur maison qui constituent un rempart contre le monde, ce monde a lui aussi besoin d'une protection qui l'empêche d'être dévasté et détruit par la vague des nouveaux-venus qui déferle sur lui à chaque nouvelle génération[2]. Il nous faut aimer le monde, veiller à sa conservation, à ce qu'il garde un visage décent, ré-pondre de lui, et telle est la tâche de l'éducation.

En ce qui concerne maintenant la responsabilité des éducateurs : ils sont les représentants d'un monde dont, même s'ils ne l'ont pas construit, ils doivent assumer la responsabilité quand bien même, secrètement ou ouvertement, ils souhaiteraient qu'il fût différent. Cette responsabilité n'est pas imposée arbitrairement aux éducateurs, elle est implicite du fait que les jeunes sont introduits par les adultes dans un monde en perpétuel changement. Qui refuse d'assumer cette responsabilité du monde ne devrait ni avoir d'enfant ni avoir le droit de prendre part à leur éducation affirme péremptoirement H. Arendt. Interrogée par H. Jonas sur le fait qu'elle et H. Blücher n'avaient pas eu d'enfants, elle lui en exposa les motifs : « quand nous étions assez jeunes pour avoir des enfants, nous n'avions pas d'argent; et quand nous eûmes de l'argent, nous étions devenus trop vieux ». Mais H. Jonas rappelle qu'elle évoquait toujours ses étudiants en les désignant familièrement par l'expression « les enfants », sans nulle condescendance pourtant, ainsi qu'en atteste en de nombreux passages sa correspondance avec H. Blücher ou avec K. Blumenfeld[3].

Dans le cas de l'éducation, la responsabilité vis-à-vis du monde prend la forme de l'autorité et diffère de la compétence qui consiste à connaître le monde et à le transmettre. Or, aujourd'hui, l'autorité est contestée dans la vie publique et politique. Qu'est-ce que cela signifie si ce n'est que désormais, la responsabilité de la marche du monde est demandée à chacun, à moins que l'on ne soit en train de rejeter toute responsabilité pour le monde, celle de donner des ordres comme celle d'y obéir[4]. Dans le cas de l'éducation, l'autorité ayant été abolie par les adultes, cela signifie tout simplement que les adultes refusent d'assumer la responsabilité du monde dans lequel ils ont placé les enfants, au motif de leur propre mécontentement envers le monde et de leur dégoût pour les choses telles qu'elles

1. *Ibid.*, p. 248.

2. *CC.*, p. 238-39.

3. Voir notamment *HA-HB*, Lettres des 5 et 25 mai 1955 ou encore *HA-KB*, Lettre du 16 novembre 1953.

4. *CC.*, p. 243.

sont. Tout se passe comme si, chaque jour les parents disaient : « …comment se mouvoir en ce monde, quel savoir, quel bagage acquérir sont pour nous aussi des mystères. Vous devez essayer de faire de votre mieux pour vous en tirer ; de toute façon vous n'avez pas de compte à nous demander. Nous sommes innocents, nous nous lavons les mains de votre sort »[1]. Cette attitude est symptomatique de l'actuelle aliénation du monde.

L'essence de l'éducation selon H. Arendt, nous croyons l'avoir assez dit, est le conservatisme. Dans *Le libéralisme antique et moderne*, L. Strauss soulignait l'ambiguïté des termes « libéralisme » et « conservatisme », le libéralisme en étant venu à vouloir désigner presque le contraire de ce qu'il signifiait originellement, entendons une philosophie de la tolérance poussée à l'extrême et conduisant à l'abandon de tout critère de jugement[2]. Cette ambiguïté lui paraissait d'autant plus sensible aux États-Unis, pays né d'une révolution, d'une rupture par rapport au passé[3], et qui plus est la conséquence de la substitution de la philosophie politique moderne à la philosophie politique classique[4]. Le conservatisme d'H. Arendt, tout comme celui de L. Strauss en matière d'éducation doit être entendu au sens de conservation, de prééminence des Anciens sur les Modernes, l'éducation libérale, l'éducation à la vertu qu'ils prônent tous deux, consistant en une constante remémoration de « l'excellence, de la grandeur humaine »[5]. H. Arendt cite la Quatrième Églogue de Virgile, « une race nouvelle descend des cieux » où le poète recommandait que chaque enfant apprenne « l'éloge des héros et les hauts faits des pères » (*Heroum laudes et facta parentis*), afin de pouvoir à son tour participer « au gouvernement du monde où les vertus de ses pères ont fait régner la paix »[6]. Il ne s'agit de rien moins, comme le formule sans aucune ambiguïté L. Strauss, que d'une tentative de remonter de la démocratie de masse à la signification originelle de la démocratie. L'éducation libérale est la tentative indispensable pour fonder une aristocratie à l'intérieur de la société démocratique de masse »[7]. À ceux qui lui objecteraient qu'une telle éducation libérale ne pourra jamais être universelle, mais toujours réservée à une minorité, L. Strauss avait répondu par avance qu'une éducation ayant pour souci « l'âme des hommes », ne saurait devenir une machine ou une industrie, au risque de devenir indiscernable de l'« industrie du divertis-

1. *Ibid.*, p. 245.
2. *Le libéralisme antique et moderne, op. cit.*, p. 100.
3. *Ibid.*, p. 10.
4. *Ibid.*, p. 51.
5. *Ibid.*, p. 18.
6. *VE.*, II, p. 242.
7. *Le libéralisme antique et moderne, op. cit.*, p. 25.

sement »[1], au risque donc de conduire à une négligence toujours croissante de la qualité de l'éducation. Qui plus est, une éducation libérale ne constitue nullement une garantie absolue contre l'« échec », si « grandiose » soit-il – et L. Strauss cite ici Marx, le « père du communisme » et Nietzsche, l'« arrière-grand-père du fascisme » – en politique, de tels exemples devant nous inciter selon lui à méditer à nouveaux frais sur l'intime connexion de la sagesse et de la modération, sur la nécessité de se rallier « à la cause du constitutionnalisme »[2]. Nous qui savons désormais que les bourreaux d'Auschwitz pouvaient « lire Goethe ou Rilke, jouer des passages de Bach ou de Schubert, et le lendemain vaquer à leur travail quotidien », pouvons-nous encore croire en l'autorité de la lecture et l'enseignement d'Eschyle ou de Shakespeare, s'interroge de son côté G. Steiner qui voit ici poindre « une Byzance nouvelle, une nouvelle préciosité »[3], même si, quelques pages plus loin, il réaffirme pourtant qu'il nous faut « réapprendre l'art de lire, la vraie culture », rassembler en nous le réappropriant l'immense héritage du passé[4]. Mais l'« accord » de L. Strauss, d'H. Arendt et de G. Steiner quant à la nécessité d'une éducation libérale, d'un rempart contre la « barbarie », d'une éducation qui soit au service de l'exercice des responsabilités civiques, s'arrête toutefois sur cette dénonciation d'une éducation de masse qui « n'a de libéral que le nom, ou à laquelle on le donne par politesse »[5]. Aux yeux d'H. Arendt, le « conservatisme » n'est en effet valable que dans les relations entre enfants et adultes, et non dans le domaine de la politique où tout se passe entre adultes et égaux. En politique, accepter le monde tel qu'il est, risque de mener à la destruction car sans l'intervention d'êtres humains décidés à modifier le cours des choses et à créer du neuf, le monde serait livré irrévocablement à l'action destructrice du temps[6]. Inversement, c'est justement « pour préserver ce qui est neuf et révolutionnaire en chaque enfant que l'éducation doit être conservatrice et doit protéger cette nouveauté et l'introduire comme un ferment dans un monde déjà vieux qui, si révolutionnaire que puissent être ses actes, est, du point de vue de la génération suivante, suranné et proche de la ruine »[7]. Conserver donc en vue de préserver le potentiel révolutionnaire inhérent à chaque nouveau venu. H. Arendt reconnaît pourtant la difficulté de s'en tenir à un tel conservatisme, la crise de l'autorité dans l'éducation étant elle-même

1. *Ibid.*, p. 45.
2. *Ibid.*
3. *Langage et silence, op. cit.*, p. 10.
4. *Ibid.*, p. 21 et 25.
5. *Le libéralisme antique et moderne, op. cit.*, p. 45.
6. *CC.*, p. 246.
7. *Ibid.*, p. 247.

étroitement liée à la crise de la tradition c'est-à-dire à notre relation au passé. Dès lors que celui-ci n'apparaît plus comme modèle, source d'exemplarité, comme à l'époque des Romains, le rôle de l'éducateur s'avère extrêmement difficile : il doit faire le lien, jeter un pont, entre l'ancien et le nouveau. Le monde étant toujours plus vieux que ceux qui y naissent, il faut le leur enseigner plutôt que leur « inculquer un art de vivre », tourner vers le passé leur regard, fasciné par le présent, réintroduire le passé dans le présent par des récits, tout de même que Walter Benjamin voulait en réintroduire, à défaut de sa transmissibilité sa citabilité. Lorsqu'on pense dans la brèche, comme telle est désormais notre situation, le passé n'apparaît plus comme un fardeau, un poids mort dont il faudrait se débarrasser puisque selon le mot de William Faulkner, « le passé n'est jamais mort, il n'est même pas passé » et que loin de tirer en arrière, il nous pousse en avant, tandis qu'au contraire le futur nous repousse dans le passé. La transmission d'un savoir consiste dans sa répétition, dans sa réactualisation, en termes heideggériens, « la situation de l'interprétation en tant qu'appropriation compréhensive du passé est toujours celle d'un présent vivant. L'histoire elle-même, à titre de réalité passée réapproprie dans la compréhension [...] Le passé ne s'ouvre qu'à la mesure de la résolution et de la capacité de révélation dont dispose le présent »[1]. H. Arendt assigne un terme à cette éducation fondée sur l'autorité et le passé : « *graduation from high school* » soit, le premier diplôme supérieur car « on ne peut ni éduquer les adultes, ni traiter les enfants comme de grandes personnes »[2].

La faculté miraculeuse absolue qui fonde et sauve le monde de la ruine et de la mort, est ainsi pour H. Arendt « la naissance d'hommes nouveaux »[3]. Et H. Arendt interprète librement la Quatrième Églogue de Virgile que nous citions précédemment, « une race nouvelle descend du haut des cieux » comme un hymne à la nativité : « un chant de grâce pour la naissance d'un enfant et l'arrivée d'une nouvelle génération, *nova progenies* [...] loin de prédire l'arrivée d'un enfant divin (comme on l'a cru longtemps à tort), le poème atteste la qualité divine de la naissance en soi ... »[4]. Pour nous sauver de la perte croissante en monde, de la disparition de l'entre-deux et de l'extension corrélative du désert prophétisée par la parole de Nietzsche, « le désert croît. Malheur à celui qui protège le désert ! »[5], ce n'est certes pas dans un guide spirituel au sens joachimite du

1. *Interprétations phénoménologiques d'Aristote* (trad. J.-F. Courtine, Trans-Europ-Repress, Mauvezin, 1992).

2. *CC.*, p. 250.

3. *CHM.*, p. 314.

4. *VE.*, II, p. 242.

5. *Ainsi parlait Zarathoustra*, IVe partie, « Parmi les filles du désert » (Paris, Gallimard, 1971, éd. Colli Montinari), p. 368-372.

terme, ni même en ces temps séculiers, dans un Surhomme qu'H. Arendt fonde son espoir, mais dans l'attente, le miracle de l'apparition de tout nouveau-venu au monde. Les *homines novi* qu'H. Arendt appelle de ses vœux sont potentiellement porteurs d'inédit, d'imprévisible, de nouveauté par rapport à l'homme tel qu'il a été jusqu'ici, sans pour autant que leur soit attribuée la faculté de délivrer le monde du mal ni de prédire le déroulement futur de l'histoire universelle.

L'insistance d'H. Arendt sur cette faculté miraculeuse que constitue le renouvellement des générations, la natalité, qui offre à tout nouveau-venu au monde la possibilité de se singulariser au sein de la pluralité qui l'accueille, est tout à l'opposé de celle de M. Heidegger chez lequel l'être-là s'il n'est pas « être pour la mort, [mais] être vers la mort » – ainsi qu'il le souligne lui-même, en corrigeant ses premiers traducteurs français[1] – n'accède pourtant à son être authentique qu'en anticipant sa mortalité. Soulignons en outre la parenté, une fois de plus, de H. Jonas et d'H. Arendt, à propos de ce « miracle » renouvelé de la natalité. Dans son artice « Le combat pour la possibilité de la foi »[2], H. Jonas, reprenant d'ailleurs la terminologie de Rudolf Bultmann, distinguait parmi les miracles « ceux qui vont à l'encontre de la nature (*Mirakel*) et qui sont strictement impossibles, et ceux qui ne sont que des événements extraordinaires (*Wunder*), leur caractère miraculeux ne résidant pas tant en eux-mêmes que dans le fait qu'ils se produisent ici et maintenant, c'est-à-dire dans leur coïncidence avec une situation extrême, critique, pleine de sens sur le plan humain »[3]. Écoutons, comme en écho H. Arendt : « …le cadre tout entier de notre existence réelle, l'existence de la terre, de la vie organique sur terre, l'existence de l'espèce humaine repose sur une sorte de miracle. Car, du point de vue des événements universels et des probabilités qu'ils renferment et qui peuvent être appréhendés statistiquement, l'émergence de la terre, de la vie organique sur terre, l'existence de l'espèce humaine repose sur une sorte de miracle […] est déjà quelque chose d'"infiniment improbable" […] Chaque nouveau commencement est par sa nature même un miracle tout du moins lorsqu'on le considère et qu'on l'éprouve du point de vue des processus qu'il interrompt nécessairement »[4]. Le miracle se laisse donc appréhender comme une « intervention non physique dans le monde physique », laquelle se produit constamment ou du moins « chaque fois que nous agissons en vertu d'un choix conscient, chaque fois que nous co-déterminons du sein de notre intériorité

1. *HA-MH*, Lettre du 21 Avril 1954.
2. *Entre le néant et l'éternité*, *op. cit.*, p. 159.
3. *Ibid.*
4. *Q P. ?*, p. 51.

le cours extérieur des choses et qu'il prend une direction différente de celle qu'il aurait prise s'il avait été laissé à lui-même. Jusqu'au moment où nous intervenons, une pluralité de possibles se sont ouverts, chacun d'eux satisfaisant également les exigences des lois de la nature »[1]. La prise en considération de l'action en tant qu'elle est promesse de nouveaux commencements, répond à l'affirmation de Tocqueville : « Un nouveau monde a besoin d'une nouvelle politique », et ce n'est sans doute pas un hasard si H. Arendt comme H. Jonas, ont tous deux rédigé leur thèse sur saint Augustin chez qui ils ont découvert le motif de l'*initium*, du commencement, du mouvement libre. Le point commun de l'action et de la parole est l'initiative : « c'est par le verbe et l'action que nous nous insérons dans le monde humain, et cette insertion est comme une seconde naissance dans laquelle nous assumons le fait brut de notre apparition physique originelle »[2]. Ce pouvoir d'initiative est le propre de l'homme car les hommes, et H. Arendt reprend ici sans le citer, la formule de Rabbi Nahman, « bien qu'ils doivent mourir ne sont pas nés pour mourir mais pour innover »[3], il leur est interdit d'être vieux. En l'absence de tout critère moral, le principe qu'énonce H. Arendt est donc celui de prendre ses responsabilités, de répondre, en l'inventant, du sens du monde. Cette réponse, cette décision suppose de prendre l'initiative d'un jugement, de poser un nouveau commencement. La faculté de juger, loin d'être limitée au seul philosophe, est le propre de chacun de nous dans la mesure où nous sommes cet *initium*, ce mouvement libre et imprévisible qui constitue la faculté miraculeuse fondatrice du monde. Produit de l'*amor mundi* de l'homme, le monde est toujours en un certain sens « un désert qui a besoin de ceux qui commencent pour pouvoir à nouveau être recommencé »[4].

En définitive, si l'enjeu de l'éducation est si important, c'est parce qu'il s'agit de déterminer quelle doit être notre attitude à l'égard de la natalité. Décider « si nous aimons assez le monde pour en assumer la responsabilité et de plus, le sauver de cette ruine qui serait inévitable sans ce renouvellement et sans cette arrivée de jeunes et de nouveaux-venus [...] décider si nous aimons assez nos enfants pour ne pas les rejeter hors de notre monde, ni les abandonner à eux-mêmes, ni leur enlever leur chance d'entreprendre quelque chose de neuf, quelque chose que nous n'avions pas prévu, mais les préparer d'avance à la tâche de renouveler un monde commun »[5], telle est la question.

1. *Entre le néant et l'éternité, op. cit.*, p. 164.
2. *CHM.*, p. 233.
3. *Ibid.*, p. 313.
4. *QP. ?*, p. 139.
5. *CC.*, p. 251-52.

CHAPITRE VIII

L'ART POUR SAUVER LE MONDE

Éduquer, pour l'amour du monde : la permanence du monde repose donc sur la natalité, le renouvellement incessant des générations, la naissance d'hommes nouveaux ayant souci du monde et susceptibles de le renouveler par leur action, au sens où il sont susceptibles de commencer quelque chose de nouveau. Et ce n'est pas un hasard si H. Arendt affectionnait entre toutes cette citation de Goethe : « Car du sol ils jaillissent à nouveau, Comme de toute éternité il les a enfantés »[1]. Mais, à l'instar du processus vital, du travail et de la consommation, où l'homme est complètement abandonné à lui-même, l'action est éphémère, elle se consume elle-même. Ni l'accomplissement de grandes actions, ni la profération de grandes paroles ne laissant de trace, c'est la raison pour laquelle, les hommes nouveaux, auront toujours besoin de l'*homo faber*, celui qui assure la durabilité du monde par la réification : seule en effet « la stabilité de l'artifice humain assure aux hommes une "patrie" »[2]. Pourtant, cette durabilité des objets ordinaires n'étant elle-même « qu'un pâle reflet de la permanence dont sont capables les objets qui sont pleinement du monde, à savoir les œuvres d'art »[3], c'est en définitive l'art et les artistes qui sont capables d'assurer la permanence du monde : « les seuls à croire au monde sont les artistes [...] Ils ne peuvent pas se permettre d'être étrangers au monde »[4]. Hommes de parole et hommes d'action ont besoin de l'*homo faber* dans sa capacité suprême, c'est-à-dire en tant qu'artiste, bâtisseur de monuments, écrivain, « car sans eux, le seul produit de leur activité,

1. *Faust*, II, 3e acte (Paris, Aubier Montaigne, traduit et préfacé par H. Lichtenberger).
2. *CHM.*, p. 222.
3. *Ibid.*, p. 229.
4. *QP. ?*, notes manuscrites, n° 022381.

l'histoire qu'ils jouent et qu'ils racontent ne survivrait pas un instant »[1]. La grandeur éphémère de la parole et de l'action ne peuvent donc s'inscrire dans la durée qu'à condition que leur soit accordée « la beauté, c'est-à-dire [...] la gloire radieuse par laquelle une immortalité potentielle est rendue manifeste dans le monde humain, [et sans laquelle] toute vie d'homme serait futile et nulle grandeur durable »[2].

En réhabilitant la préoccupation d'immortalité, H. Arendt semble aller à l'encontre de l'opinion de son maître R. Bultmann qui avait constaté l'incompatibilité de ce concept avec l'esprit moderne se mouvant décidément dans l'univers rassurant de la certitude scientifique. L'objet de l'immortalité, affirmait-il en effet, étant transcendantal, ne saurait être réfuté ni démontré, et l'idée elle-même d'immortalité, pourtant objet de connaissance, a perdu son pouvoir de séduction. Le seul accueil qui lui soit consenti de nos jours, la « survie grâce à la renommée immortelle »[3], ne constitue plus comme dans l'Antiquité où le corps politique assurait la perpétuité à leurs auteurs, la récompense, voire l'incitation à accomplir de nobles actions. Pourtant, H. Arendt dénonçait, elle aussi, cette étrange perversion des temps modernes qui fait accéder les Hitler et les Staline à l'histoire et à l'immortalité grâce à leurs forfaits, preuve que de nos jours l'infâmie et la bonne renommée sont à égalité, le fait que seuls des gens frivoles se soucient de nos jours d'immortaliser leur nom, étant quant à lui révélateur de la perte du domaine public et d'une confusion entre la quête de l'immortalité avec le vice privé de la vanité[4]. Il n'en reste pas moins vrai que, contrairement aux animaux, les hommes ne se réduisent pas à leur vie biologique ; dotés d'une histoire, leur immortalité ne saurait être garantie par la simple reproduction de leur espèce. Non moins vrai également que, contrairement aux esclaves, dont le malheur est non seulement qu'ils sont *aneu logou*, privés d'expression, mais encore qu'ils ne laissent pas de trace dans leur existence, les hommes ont un devoir de « produire des choses qui appartiennent à la durée sans fin »[5], et doivent donc s'efforcer à l'immortalité. Les Grecs s'étaient avisés de ce que dans l'univers immortel, les hommes étaient les seuls « mortels », c'est-à-dire les seuls à se mouvoir en ligne droite dans un univers cyclique[6], mais en reconnaissant qu'ils étaient proches parents des dieux, qu'ils partageaient leur nature divine, ils leur avaient concédé l'aptitude aux actions immortelles, l'activité divine

1. *CHM.*, p. 230.
2. *CC.*, p. 279.
3. « L'immortalité et l'esprit moderne », in *Entre le néant et l'éternité, op. cit.*, p. 106.
4. *CHM.*, p. 96.
5. *Ibid.*, p. 55.
6. *Ibid.*, p. 54.

consistant chez Homère à contempler le spectacle du monde, passion de voir que les hommes ont eux aussi en partage. Pour les Romains en revanche, c'est l'aptitude à fonder et à gouverner les villes qui est divine, la politique comme la *res publica* constituant la garantie contre la futilité de la vie individuelle. Dans les deux cas, pour compenser cette infériorité que constitue leur qualité de mortels, les hommes doivent accomplir des actions susceptibles de leur conférer la jouissance de l'immortalité [1].

Le choc des deux grandes guerres mondiales qu'a connues ce siècle, et la hantise d'une guerre atomique ayant révélé que les civilisations sont elles-mêmes périssables, la possibilité qu'il y ait un monde demeure assurée par les produits de l'œuvre qui, « en raison de leur éminente permanence [...] sont de tous les objets tangibles les plus intensément du monde [...] leur durabilité [pouvant] atteindre à la permanence à travers les siècles » [2]. La perfection du monde requiert qu'on en fasse l'éloge, les belles actions ont besoin de spectateurs, faute de quoi elles resteraient invisibles : « cet invisible, pris dans le visible, resterait à jamais ignoré s'il n'y avait pas de spectateurs qui le guettent, l'admirent, rectifient les histoires, les mettent en mots » [3]. Ce privilège accordé à l'art s'explique d'une part, par sa transcendance par rapport au processus de sa production, dans la mesure où il ressortit de la catégorie temporelle de la permanence, d'autre part également par rapport au pur fonctionnalisme des objets, exclusivement destinés à la consommation et à l'usage. Bien que produit de l'Œuvre, la caractéristique de toute œuvre d'art est, aux yeux d'H. Arendt, son inutilité, doublée de son unicité. Pour que le monde puisse présenter « un visage décent », il est donc besoin de l'art et des artistes, et H. Arendt dans son entretien avec G. Gaus rappelle comment le Président Kennedy avait cherché à élargir l'espace du domaine public en invitant à la Maison Blanche « les poètes et autres "vauriens" » [4]. Tout se passe donc comme si, après avoir affirmé que l'expérience de la *polis* athénienne ne pouvait en aucun cas être ressuscitée, H. Arendt n'en remettait pas moins la préoccupation de la « grâce » (*charis*) à l'ordre du jour de la politique, pour reprendre le titre du beau livre de Christian Meier [5].

De la peinture et de la sculpture, H. Arendt ne souffle mot. Nous savons seulement qu'elle rencontra le médecin et chercheur en hématologie Alfred L. Copley, qui peignait sous le nom d'Alcopley, par l'intermédiaire de la femme de son vieil ami Joseph Maier. Séduite par sa peinture, elle le

1. *VE.*, I, p. 150-152.
2. *CHM.*, p. 223.
3. *VE.*, *I.*, p. 154.
4. *TC.*, p. 252.
5. *La politique et la grâce. Anthropologie politique de la beauté grecque*, *op. cit.*

présenta à son mari H. Blücher à l'automne 1945. Alcopley fonda en 1949 avec onze autres artistes le Club de la Huitième Rue, dans Greenwich Village, club où avaient lieu chaque vendredi soir des séminaires dont H. Blücher devint un conférencier assidu[1]. D'après les lettres qu'elle envoya à son mari au cours du voyage qu'elle entreprit entre septembre et décembre 1955 en Europe et en Israël, nous savons également qu'elle visita une exposition Picasso à Paris, qu'elle jugea décevante, et qu'elle admira les mosaïques de Ravenne ainsi que les fresques de Francesco Cossa à Ferrare. De sa correspondance avec M. Heidegger, il ressort seulement qu'elle lui envoya une reproduction de Braque en mars 1950 de Paris, qu'elle regrette qu'il n'ait pas pu faire le voyage pour admirer à Bâle l'exposition consacrée à Paul Klee en 1967, et qu'à son tour M. Heidegger lui envoya un poème sur un portrait de Matisse, ainsi qu'un poème dédié à Cézanne[2].

H. Arendt s'est en revanche davantage exprimée sur la littérature, et notamment la poésie, où la réification est réduite au minimum, parce que ses matériaux sont les mots. Elle n'aurait certes pas adhéré à la conception de H. Jonas qui, mettant en scène dans « Homo Pictor et la différence de l'homme »[3], des explorateurs débarquant sur une planète inconnue, soutient que la preuve de l'existence d'hommes s'attesterait moins par l'utilisation du langage, par trop controversé, que par la production d'images, si malhabiles fussent-elles sur les parois d'une caverne, l'homme devenant ainsi, à l'image d'Adam, voire de Dieu, créateur du monde. Mais il ne s'ensuit néanmoins pas pour autant, qu'à l'instar d'Emmanuel Levinas, dans son article de 1948, « La réalité et son ombre »[4], elle jetterait un discrédit sur l'image, « ostension par excellence. Dit réduit [...] au Beau, porteur de l'ontologie occidentale »[5], celui-ci accordant la prééminence au Verbe, quoique sous la forme de la critique

1. Elisabeth Young Bruehl, *Hannah Arendt, op. cit.*, p. 324.

2. *HA-MH*, Lettre du 19 mars 1950, Lettre 75 non datée, Lettre du 11 août 1967 et Lettre du 4 août 1991.

3. Cet article devait paraître dans un volume d'hommage à L. Strauss qui ne vit finalement pas le jour, à l'occasion de son soixantième anniversaire. Une traduction allemande due à H. Jonas a été publiée avant l'original anglais : « Die Freiheit des Bildens : Homo Pictor und die Differentia des Menschens » in « Zeitschrift für philosophische Forschung », XV/2 (1961), p. 161-76. Repris dans *Zwischen Nichts und Ewigkeit. Zur Lehre von Menschen* (Vandenhoeck und Ruprecht, Göttingen, 1987, 1963), p. 26-44. Nous avons assuré la traduction en français de l'original anglais – « Homo Pictor and the Differentia of Man », « Social Research », 29 (1962), p. 201-220 – in *Entre le Néant et l'Eternité, op. cit.*, p. 175-97.

4. « Les Temps Modernes », novembre 1948. Repris dans *Les imprévus de l'histoire* (Fata Morgana, 1994).

5. *Autrement qu'être ou au-delà de l'essence* (Martinus Nijhoff, 1974), p. 51.

d'art et surtout de l'exégèse philosophique. Pour répondre à la question de savoir en quoi consiste le privilège qu'H. Arendt, proche sur ce point de M. Heidegger[1], semble accorder au Dire poétique[2] et musical – encore que nous ne sachions rien non plus de ses goûts musicaux – nous procèderons donc à une confrontation de la pensée d'E. Levinas sur l'art avec celle de H. Jonas et nous tenterons d'y faire intervenir H. Arendt, chaque fois qu'elle aurait eu à dire son mot.

Un bref rappel du statut de l'image chez ces deux penseurs s'impose donc au premier chef. L'une des premières raisons invoquées par E. Levinas pour discréditer l'image, et il semble ici reprendre la critique platonicienne des artistes, consiste dans la dénonciation de la neutralisation que celle-ci opèrerait par rapport à notre relation pratique et réelle avec l'objet, sa « désincarnation » en quelque sorte : l'objet est métamorphosé en un « non objet » sur lequel je n'ai plus de prise, cette table, ce lit représenté dans l'espace pictural ne sont pas là. En substituant à l'objet son image, le tableau ne nous en laisse percevoir que ses « nippes »[3], un « dehors » qui ne se réfère plus à l'« intérieur » d'un sujet qui les possèderait[4]. Ce caractère « exotique » de l'art est à son comble dans la peinture contemporaine : « des blocs, des cubes, des plans, des triangles [...] éléments nus, simples et absolus... » se jettent alors sur nous « comme des morceaux qui s'imposent par eux-mêmes », en sorte que nous n'avons plus affaire à un objet, à un nom, mais à l'« innommable »[5]. Cet innommable auquel nous ramène la peinture plutôt qu'à l'objet lui-même,

1. Si pour M. Heidegger, « tout art est essentiellement Poème (*Dichtung*) » en sorte qu'aussi bien l'architecture, la sculpture ou la musique doivent pouvoir être ramenées à la poésie, dans la mesure où elles participent de la vérité, il n'en reste pas moins que « l'œuvre parlée, la poésie (*Poesie*) au sens restreint [...] garde une place insigne dans l'ensemble des arts », « L'origine de l'œuvre d'art » in *Chemins qui ne mènent nulle part, op. cit.*, p. 81-82.

2. Indépendamment du fait qu'H. Arendt elle-même aimait écrire des poèmes, tout autant qu'en être la destinataire. Ainsi, se glorifie-t-elle auprès de K. Blumenfeld d'en avoir inspiré un certain nombre à M. Heideggger : « Mon voyage à Fribourg a été tout un roman. Car je suis passée à Fribourg (tu ferais bien peut-être de le garder pour toi, quoique le fait lui-même ne soit évidemment pas matière à secret). J'y avais des engagements professionnels et H. a fait son apparition à l'hotel. N'empêche, indirectement j'aurai enrichi la langue allemande de quelques très beaux poèmes. On fait ce qu'on peut » (*HA-KB*, le 1er avril 1951). On n'en compte en effet pas moins de vingt sept pour la seule année 1950, l'année de leur Re-voir, ainsi que s'intitule l'un d'entre eux (*HA-MH*, Lettre n° 50 non datée, Lettre du 11 mars 1950, Lettre 58 non datée, Lettres 61 et 63 non datées).

3. « La Réalité et son ombre » (« Les Temps Modernes », nov. 1948. Repris dans *Les imprévus de l'histoire*, Fata Morgana, 1994). Nous citons d'après la première version des « Temps Modernes », p. 774.

4. *De l'existence à l'existant* (Paris, Vrin, 1993), p. 84.

5. *Ibid.*, p. 91.

n'est autre chez E. Levinas que le « grouillement informe » de la matière[1], matière non plus opposée à la pensée et à l'esprit, mais épaisseur grossière, massive et misérable de l'il y a, en-deçà de la luminosité des formes grâce auxquelles les êtres se rapportent à notre « dedans », et qui nous ramène à l'absence de Dieu et de tout étant[2]. Insistant sur l'absence de l'objet, et du seul fait qu'il le représente, l'art tuerait l'objet réel : « le tableau ne nous conduit donc pas au-delà de la réalité donnée, mais, en quelque manière, en deçà ... »[3]. Loin de nous présentifier l'objet, l'image le caricature, elle n'est que « l'ombre de l'être [...] l'allégorie ou le pittoresque que la réalité porte sur sa propre face ... » et elle s'oppose donc à l'être-au-monde comme la mort à la vie.

Pour H. Jonas, l'image se définit comme un objet qui offre une ressemblance immédiate, reconnaissable et intentionnelle mais incomplète, au risque sinon de la tromperie, du simulacre avec un autre objet, l'objet qui la propose étant donc un *artefact*[4] par opposition à la ressemblance naturelle qu'offrent par exemple les ombres ou les reflets dans l'eau et les miroirs. Mais cette incomplétude de l'image par rapport au modèle, bien loin de constituer une limitation pour le peintre, doit plutôt être entendue comme la liberté qui lui est laissée d'omettre dans sa représentation certaines caractéristiques du dit objet pour n'en retenir que celles qu'il considère comme « représentatives, pertinentes, significatives », en somme comme la liberté de « choisir » ce qui va s'adresser de façon plus expressive au sens de la vision. Qu'elle soit la conséquence d'un manque d'habileté, ou au contraire d'un désir volontaire d'accentuer la similitude symbolique au risque de la « caricature la plus exagérée », la dissemblance entre l'image et l'objet doit en tout cas être comprise comme une différence positive qui évite de confondre l'objet réel avec son image, puisque « la concentration symbolique sur l'essentiel lui fait défaut au profit d'une abondance d'éléments contingents »[5]. Chez E. Levinas en revanche, si l'image n'est pas une copie de la réalité, si contrairement à Platon, Descartes, Pascal, le tableau n'est pas un vain trompe-l'œil, ce n'est point tant dans la mesure où l'image est elliptique, délibérément défectueuse par rapport à l'objet réel, que bien plutôt parce que la réalité porte en elle-même son double, son ombre, son image. L'image pour lui n'est pas « une réalité indépendante qui ressemblerait à l'original »[6], et la ressemblance n'est pas

1. *De l'existence à l'existant, op. cit.*, p. 92.
2. *Ibid.*, p. 99.
3. « La réalité et son ombre », p. 779.
4. *Ibid.*, p. 177.
5. *Ibid.*, p. 180.
6. « La réalité et son ombre », p. 778.

le résultat d'une comparaison entre l'image et l'original. La ressemblance consiste pour E. Levinas en un dédoublement interne, toute chose familière, et même toute personne étant simultanément duelle : « elle est ce qu'elle est et elle est étrangère à elle-même [...] elle est elle-même et son image... »[1]. La ressemblance n'est donc pas tant l'élaboration d'un contre-monde par l'artiste que le rapport entre la chose et son image : « l'être est sa propre image »[2].

Autre grief à l'encontre de l'image, une chose n'acquiérant sa réalité que par la multiplicité des points de vue, des aspects qu'elle offre à notre perception, le peintre, à en croire E. Levinas, serait incapable de reproduire ou d'imiter cette multiplicité, ne reproduisant qu'une seule manière d'apparaître. Penser une unité qui ne serait pas hétérogène à la multiplicité, une identité qui ne s'opposerait pas radicalement à la différence, une perception qui généralise et stylise d'emblée, c'est ce qu'E. Levinas semble ici se refuser à faire, contrairement à H. Jonas pour lequel en effet la forme d'un même objet demeure identifiable par-delà la diversité de ses aspects : « L'antilope que dessine le Bochiman correspond à n'importe quelle antilope, celle dont on se souvient, celle qu'on anticipe ou qu'on identifie comme une antilope ; les silhouettes des chasseurs sont les silhouettes de n'importe quelle partie de chasse de Bochiman passée, présente ou à venir. Puisque la représentation passe par la forme, elle est essentiellement générale »[3].

La « différence » de l'homme selon H. Jonas, consiste simultanément dans la capacité de percevoir et de produire des images, si malhabiles fussent-elles. La raison pour laquelle l'homme, contrairement à l'oiseau qui, lui aussi, perçoit bien la ressemblance de l'épouvantail dans le champ avec une silhouette humaine, ne le prend pourtant pas pour un homme, ne réside pas tant dans une plus grande faculté de discrimination visuelle que dans le fait que « pour l'animal, la similitude n'existe pas [...], l'animal perc[evant] soit l'identité, soit la différence, mais pas les deux à la fois »[4]. Si l'esprit humain, à la différence de l'animal, est capable de saisir la similitude, c'est parce qu'il est capable de séparer mentalement la forme de la matière qui « rend possible la présence par procuration de ce qui est physiquement absent en même temps que l'auto-effacement de ce qui est physiquement présent »[5] : le propre de l'homme est donc la séparation de l'*eidos* par rapport à la réalité, en vertu d'un processus d'abstraction. Cette

1. *Ibid.*, p. 778.
2. *Ibid.*, p. 779.
3. *Ibid.*, p. 185.
4. « Homo Pictor », p. 186.
5. *Ibid.*, p. 187-88.

abstraction consiste à « neutraliser » le souvenir dont l'objet peut nous affecter, complétée d'un second moment, celui de l'abstraction visuelle où, par-delà la modification de ses aspects qui le représentent symboliquement, c'est-à-dire qui sont autant d'« images » possibles, l'identité de l'objet ne s'en trouve pas moins confirmée, ce que Kant appelait la « synthèse de la reconnaissance »[1]. La vue et non pas seulement l'image comporterait donc en elle-même l'abstraction, la représentation, le symbolisme, et l'accès à la perception consiste à mettre la sensation entre parenthèses. Or, si pour E. Levinas, comme nous l'avons précédemment vu, l'image est également neutralisation de notre relation avec l'objet, contrairement à H. Jonas pourtant, le mouvement de l'art consiste à « quitter la perception pour réhabiliter la sensation, à détacher la qualité de ce renvoi à l'objet »[2] : loin de nous conduire à l'objet, l'art nous égarerait dans la sensation, obstacle à la rencontre avec l'objet. La sensation pour E. Levinas, n'est pas, contrairement à H. Jonas, de l'ordre du subjectif, mais « l'impersonnalité d'élément »[3]. Cette manière dont, dans l'art, les qualités sensibles qui constituent l'objet sont en soi et ne conduisent à aucun objet, « est l'évènement de la sensation en tant que sensation, c'est-à-dire l'événement esthétique. On peut aussi l'appeler la musicalité de la sensation »[4].

Par cette nouvelle définition de la sensation et de l'esthétique en général comme musicalité, nous abordons un autre grief d'E. Levinas à l'encontre de l'image : sa « passivité foncière », passivité qui est à son comble dans la musique car, « le son [étant] la qualité la plus détachée de l'objet [...] l'élément du musicien réalise, dans la pureté, la déconceptualisation de la réalité »[5]. Cette passivité de l'image se traduit, poursuit E. Levinas, dans l'extase ou la fascination qu'éprouve l'être et qu'on peut directement observer « dans la magie du chant, de la musique, de la poésie »[6]. H. Jonas choisit pour sa part d'insister sur la passivité avec laquelle s'impose l'objet dans le sens de l'ouïe en s'appuyant sur l'étymologie qui dérive *hören* (entendre) de *gehorchen* (obéir), *gehören* (appartenir), et *hörig* (serf), l'image offrant une beaucoup plus grande liberté de choix.

H. Arendt ne nous a rien dit concernant la perception de l'image et son rapport à l'objet, ni même sur son éventuelle passivité. Elle se montrait toutefois quelque peu critique vis-à-vis de l'affirmation de H. Jonas qui,

1. *Ibid.*, p. 189.
2. *De l'existence à l'existant, op. cit.*, p. 85.
3. *Ibid.*, p. 86.
4. *Ibid.*, p. 86.
5. « La réalité et son ombre », p. 776.
6. *Ibid.*, p. 774.

dans *The Phenomenon of Life*[1], après avoir énuméré les avantages que présenterait la vue, métaphore directrice et modèle de l'esprit pensant, affirmait « l'esprit a suivi la direction qu'indiquait la vue », et elle remarquait : « les métaphores des théoriciens de la volonté ne sont presque jamais tirées du domaine visuel, elles ont pour modèle soit le désir [...] ou sont empruntées à l'audition, en conformité avec la tradition juive d'un Dieu qu'on entend mais qu'on ne voit pas. (Les métaphores venues de l'ouïe sont très rares dans l'histoire de la philosophie et l'exception la plus remarquable, chez les modernes, se rencontre dans les derniers textes de M. Heidegger où le moi pensant "entend" l'appel de l'Être »[2]. L'interdit biblique portant sur la représentation, le Dieu des Juifs pouvant être entendu mais demeurant invisible, se laisse interpréter comme l'invisibilité de la vérité dans la religion hébraïque : « la vérité comprise à partir de l'ouïe, exige l'obéïssance » et elle possède la même valeur axiomatique que « son caractère ineffable lorsqu'elle est conçue par rapport à la vue »[3]. Nous pouvons également faire intervenir H. Arendt s'agissant de la « magie » de la poésie invoquée plus haut par E. Levinas. Évoquant Randall Jarrell qu'elle rencontra alors qu'elle travaillait dans la maison d'édition Schoken Books, et qui lui apprit « le poids spécifique des mots anglais » en lui lisant pendant des heures de la poésie anglaise, elle dit en effet qu'à l'instar de Raphaël qui, né sans mains, aurait encore été un grand peintre, il aurait été lui aussi un grand poète quand bien même n'eut-il jamais écrit un poème de sa vie, tant il possédait de nature le don d'« ensorceler » le monde[4]. Ou bien encore, lorsqu'insistant sur la « transfiguration », la « véritable métamorphose » en quoi consiste le processus de réification dans le cas des œuvres d'art, « de la poussière même p[ouvant] jaillir des flammes », elle cite à l'appui le poème de Rilke intitulé *« Magie »* : « Hors d'indicibles métamorphoses surgissent/ telles créations : ressens et crois ! / Souvent nous l'éprouvons : les flammes choient en cendres, / dans l'art cependant la poussière monte en flamme. / Un charme opère ici. Sur des hauteurs magiques / le mot quotidien semble ravi ... / et n'est vraiment que l'appel du pigeon / qui se lamente après la colombe invisible »[5]. De même, pour elle ainsi que pour E. Levinas, la musique constitue-t-elle, au même titre d'ailleurs que la poésie, de tous les

1. New York, 1966, p. 152.
2. *VE.*, I, p. 130.
3. *Ibid.*, p. 140.
4. *VP.*, p. 187-88.
5. *CHM.*, p. 224. « Magie », in *Le vent du retour* (Muzot, 1924) (trad. et postface de C. Vigée, Paris, Arfuyen, 1989).

arts le moins matérialiste, « le moins du monde » en tant que la réification y est réduite au minimum, opérant sur des sons [1].

D'une manière générale, pour E. Levinas, l'art, substitue l'image à l'être, la vision artistique est « aveugle aux concepts » [2] et l'élément esthétique ne ressortit pas de la connaissance mais de la sensation, l'image tenant lieu de concept. Le fondement de l'expression artistique n'est donc pas la connaissance, et à la question qu'il pose, « le peintre ou le musicien se refusant à dire autre chose de l'œuvre que cette œuvre même, l'artiste "connait"-il, "parle"-t-il ? » [3], le philosophe répond par la négative. Soulignons toutefois dans la phrase d'E. Levinas : l'artiste qui se refuse « à dire autre chose de l'œuvre que cette œuvre même », cet artiste, c'est celui qui, même lucide, est ensorcelé, prisonnier de ses propres images. Pourtant, E. Levinas reconnaît dans l'intellectualisme de la littérature moderne le « refus de l'artiste d'être artiste (non point par souci de défendre une thèse ou une cause), mais par besoin d'interpréter lui-même ses mythes » [4]. Tout se passerait donc chez E. Levinas comme si penser et peindre n'avaient aucun lien, aucune parenté, comme si l'activité de penser réclamait un détachement à l'égard du perçu au lieu que le peintre nous ramène à la vanité des apparences.

Revenons maintenant au texte de H. Jonas. Si *homo pictor* est la définition même de l'homme, c'est « parce que l'homme est potentiellement un être qui parle, qui pense, qui invente, bref un être "symbolique" » [5] ou, comme le dit Merleau Ponty, parce que les animaux ne savent pas « regarder, s'enfoncer dans les choses sans en rien attendre que la vérité » [6]. En outre, poursuit H. Jonas, si l'artiste voit davantage de choses que le profane, ce n'est pas parce qu'il serait doté d'une plus grande faculté de vision, mais parce que le fait de « fabriquer » des images suppose de connaître les choses qu'on représente. Le pouvoir de l'artiste, pour H. Jonas, consiste en effet en une « recréation » : l'art ne serait ainsi ni imitation ni fabrication, mais une « opération d'expression » pour suivre encore Merleau Ponty, au sens où Cézanne écrivait : « J'ai été content de moi lorsque j'ai découvert que le soleil, par exemple, ne se pouvait pas reproduire, mais qu'il fallait le représenter par autre chose [...] par la couleur » [7]. De même que la parole est hétérogène à l'objet qu'elle désigne,

1. *Ibid.*, p. 225.
2. « La réalité et son ombre », p. 774.
3. *Ibid.*, p. 771.
4. *Ibid.*
5. « Homo Pictor », p. 177.
6. *L'Œil et l'esprit* (Paris, Gallimard, 1964), p. 28.
7. J. Gasquet, *Paul Cézanne*, in *Conversations avec Cézanne* (Macula, p. 207). C'est nous qui soulignons.

Cézanne selon ses propres paroles « "écrit en peintre ce qui n'était pas encore peint et le rend peinture absolument" »[1]. Dans la mesure où l'intention de l'artiste est de recréer les choses « dans leur ressemblance », *homo pictor* se soumettrait donc délibérément au critère de la vérité et, en reconnaissant la chose telle qu'elle est, il accepterait le verdict quant à l'*adaequatio imaginis ad rem*, lequel « précède l'*adaequatio intellectus ad rem* », tout comme la vérité descriptive verbale est le premier degré sous lequel se présente la vérité scientifique[2]. H. Jonas se révèlerait ici davantage tributaire de la conception heideggérienne de l'œuvre d'art, « dont l'essence serait le se mettre en œuvre de la vérité de l'étant [...] la Beauté comme mode d'éclosion de la vérité »[3], tandis qu'E. Levinas s'opposerait à l'interprétation que propose M. Heidegger des souliers de la paysanne peints par Van Gogh. Alors que la paysanne porte « tout simplement » ses souliers, ne leur reconnaissant pas d'autre valeur que l'utilité de l'être produit du produit, la toile de Van Gogh en revanche « nous ouvre le monde », celui de la paysanne, de la Terre. « La toile de Van Gogh est l'ouverture de ce que le produit, la paire de souliers de paysan est en vérité »[4]. L'artiste apparaîtrait ainsi comme un « voyant », comme celui qui « fixe et rend accessible aux plus "humains" des hommes, le spectacle dont ils font partie sans le voir »[5]. Ainsi Cézanne explicitait-il lui aussi la différence entre la vision des paysans aixois et sa vision de peintre : « Ils n'ont jamais vu Sainte Victoire [...] ils savent si Sainte Victoire a un chapeau ou non, ils le flairent à la façon des bêtes, comme un chien sait ce qu'est un morceau de pain, selon leurs seuls besoins, mais que les arbres sont verts, et que ce vert est un arbre, que cette terre est rouge et que ces rouges éboulés sont des collines, je ne crois pas réellement que la plupart le sentent, qu'ils le sachent, en dehors de leur inconscient utilitaire... »[6]. Pour E. Levinas « l'élément de l'art et son achèvement tiennent dans l'obscurité, dans une "non vérité" »[7], et si la question de savoir si l'art imite la nature ou si la beauté naturelle imite l'art est oiseuse, c'est parce que « la non vérité de l'être de l'art se révèle dans l'art qui en est l'allégorie : cette non vérité est son caractère sensible par lequel il y a dans le monde image et ressemblance »[8].

1. *L'Œil et l'esprit*, *op. cit.*, p. 30.
2. « Homo Pictor », p. 194.
3. « L'origine de l'œuvre d'art », in *Chemins qui ne mènent nulle part*, *op. cit.*, p. 37 et 62.
4. *Ibid.*, p. 36
5. *L'Œil et l'esprit*, *op. cit.*, p. 31.
6. *Conversations avec Paul Cézanne*, *op. cit.*, 119.
7. « La réalité et son ombre », p. 773.
8. *Ibid.*, p. 780.

H. Arendt aurait pu prendre part au débat qui oppose E. Levinas et H. Jonas concernant la négation du processus de cognition au profit de la sensation et de la vanité des apparences pour le premier, et l'affirmation du second selon lequel le peintre se révèle un « visionnaire » dans la mesure où il recrée des images à partir de la connaissance préalable qu'il a des objets. Pour H. Arendt, les œuvres d'art sont bien des objets, mais en un sens quelque peu particulier, puisque leur source immédiate procède de « l'aptitude humaine à penser »[1], la réification qui se produit aussi bien dans l'écriture que dans la peinture, le modelage ou la composition, précise-t-elle, étant liée à la pensée qui l'a précédée[2]. Or, la caractéristique de ces objets de pensée que sont les œuvres d'art, est leur inutilité, laquelle procède du caractère inutile de la pensée elle-même, activité qui est « aussi incessante, aussi répétitive que la vie elle-même »[3]. Ce motif de l'absence de finalité de la pensée, ébauché dès *La condition de l'homme moderne*, sera repris et amplifié dans *La vie de l'esprit* dont l'introduction s'ouvre sur une citation de Martin Heidegger, extraite de *Qu'appelle-t-on penser ?*

> La pensée n'apporte pas le savoir comme le font les sciences
> La pensée n'apporte pas de sagesse pratique
> La pensée ne résout pas les énigmes de l'univers.
> La pensée ne nous donne pas directement le pouvoir d'agir[4].

La pensée se distingue du savoir : au contraire de la cognition qui poursuit des buts déterminés et dont les résultats peuvent être cumulés, la pensée ne débouche pas sur des résultats définis, du fait qu'elle n'a pas en vue la vérité mais la signification. Autrement dit, H. Arendt nous suggère de faire nôtre la distinction kantienne entre *Vernunft* et *Verstand*, « raison » et « intellect », cette démarcation entre les deux facultés coïncidant avec « une différenciation entre deux activités mentales absolument autres, pensée et savoir, et deux types de préoccupations aussi totalement distincts, la signification pour la première catégorie, la connaissance pour la seconde »[5]. Et elle dénonce avec vigueur l'argument fallacieux qui consiste à interpréter la signification sur le modèle de la vérité et dont l'exemple « le plus récent, et à certains égards le plus frappant, se trouve dans *Être et Temps* où, dès les premières pages, se pose “à nouveau la question du sens de l'être”. M. Heidegger lui-même, réinterprétant par la suite sa question initiale, affirme explicitement : “L'essence de l'Être…

1. *CHM.*, p. 223.
2. *Ibid.*, p. 223-24.
3. *Ibid.*, p. 226.
4. *VE.*, I, p. 17.
5. *Ibid.*, p. 29.

c'est-à-dire sa vérité »[1], refusant ainsi de prendre en compte la distinction kantienne entre le « besoin urgent de penser » et le « désir de savoir ». Et c'est sans doute, suggère H. Arendt, parce qu'il avait compris que la pensée ne nous donne pas immédiatemment le pouvoir d'agir, qu'Hermann Broch, cet « écrivain malgré lui », pour lequel la fonction de la connaissance de l'œuvre d'art « était de représenter la totalité d'une époque, inaccessible autrement », finit pourtant par rejeter la poésie et la philosophie – au motif de leur attitude contemplative, spéculative[2]. C'est parce qu'il avait compris que la pensée ne saurait avoir de but, contrairement à la connaissance, quel que soit ce but, éthique, religieux ou politique, que la pensée ne doit recevoir son sens que d'elle-même au lieu que la connaissance veut l'acte, qu'il opta en définitive pour la politique.

H. Arendt n'aurait pas davantage pu souscrire à la distinction opérée par E. Levinas, selon lequel l'activité de penser réclame un détachement à l'égard de la perception, tandis que le peintre nous ramènerait à la vanité des apparences. La narration, le fait de conter une histoire à la manière par exemple d'Isak Dinesen permet certes de révéler le sens de ce qui resterait autrement « une insupportable succession de purs événements »[3], dans la mesure où elle autorise à se détacher de cette « occupation entêtante, intoxicante qu'est le pur vivre »[4]. Pour autant, l'apparence – laquelle est d'ailleurs moins une caractéristique de l'Œuvre que de l'Action – même si, du fait de son inutilité, l'œuvre d'art n'existe donc que pour l'apparaître, n'est nullement appréhendée chez H. Arendt comme « vanité », la réification à laquelle procède l'œuvre d'art étant déjà, nous l'avons vu, non seulement transformation, mais transfiguration, métamorphose, magie. En outre, contrairement à Rome, nous rappelle H. Arendt, convaincue que les artistes et les poètes s'adonnaient à un jeu puéril, Athènes se refusa à trancher unilatéralement le conflit entre la politique et l'art, les Grecs pouvant dire « d'un seul et même souffle : “Celui qui n'a pas vu le Zeus de Phidias à Olympie a vécu en vain” et : “Les gens comme Phidias, à savoir les sculpteurs, sont impropres à la citoyenneté” »[5]. Les œuvres d'art qui sont « les objets culturels par excellence »[6], partagent avec les paroles et les actes, ces « produits » du politique, la nécessité d'avoir à apparaître et à être vus dans un espace public : « elles ne parviennent à la plénitude de leur être propre, qui est d'apparaître, que dans un monde commun à tous »[7] : leur

1. *Ibid.*, p. 30-31.
2. *VP.*, p. 183.
3. *Ibid.*, p. 134.
4. *Ibid.*, p. 125.
5. *CC.*, p. 277.
6. *Ibid.*, p. 271.
7. *Ibid.*, p. 279.

point commun est donc d'être des phénomènes du monde public. Une telle œuvre d'art, intimement liée au politique, avait pour nom en Grèce, la tragédie. Et, dans les quelques passages de son œuvre où H. Arendt fait allusion à la tragédie, c'est toujours pour souligner son lien avec la pratique politique. Ainsi, à la fin de son *Essai sur la Révolution*, nomme-t-elle simultanément, le poète moderne René Char[1], et Sophocle qui, dans « Œdipe à Colone » fait dire à son porte-parole Thésée, le légendaire fondateur d'Athènes : « ce qui permet à l'homme ordinaire, jeune ou vieux, de supporter le poids de la vie : c'est la *polis*, l'espace des exploits libres de l'Homme et de ses paroles vivantes qui donne sa splendeur à la vie »[2]. C'est dans le drame – du grec *dran*, agir – que s'accomplirait, grâce à l'acteur, cette répétition mimétique de l'action et de la parole, susceptible de les faire accéder à la représentation et à la réïfication. Autrement dit, si la *polis* est déjà un espace qui garantit les mortels contre la futilité de leur vie individuelle, un espace où leur est octroyé une relative permanence grâce au rempart et à la loi[3], le poète tragique redouble cet espace, assure cette garantie d'immortalité en pérennisant les actions et les paroles des héros devant les spectateurs assemblés pour la représentation. C'est pour sa part dans « Les Euménides » d'Eschyle, dernier volet de la trilogie de l'*Orestie*, représentée en 458, soit au lendemain de la destitution de l'Aréopage, que C. Meier voit « la manifestation la plus prodigieuse de la pensée politique au ve siècle »[4]. Rappelons brièvement l'intrigue : Oreste, poursuivi par les Érynies, qui prétendent lui faire expier le crime qu'il a perpétré contre sa mère Clytemnestre, afin de venger la mémoire de son père assassiné par celle-ci, obtient l'absolution d'Athéna. Les Érinyes menacent alors Athènes de représailles, et, c'est grâce à la seule force de sa persuasion (*Peitho*), qu'Athéna va parvenir à les métamorphoser en divinités bienveillantes et protectrices du droit, les Euménides. Quand bien même n'était-il pas possible qu'Eschyle prît une position arrêtée concernant l'actualité politique – gouvernement de la noblesse ou gouvernement du peuple –, il n'en aurait pas moins posé dans ce drame la question de l'ordre juste, de la nécessité de surmonter les conflits et de parvenir à la concorde au sein de la *polis*, de la difficulté de la prise de toute décision, et renouvellé ce faisant l'interprétation du mythe antique de la vengeance sans fin, à la faveur d'événements politiques d'actualité. De son côté,

1. « Le plus conscient peut-être des nombreux écrivains et artistes français ayant participé à la Résistance durant la Seconde Guerre mondiale » (*ER.*, p. 415).

2. *ER.*, p. 416-17.

3. *CHM.*, p. 257.

4. *La naissance du politique* (Paris, Gallimard, 1995, trad. D. Trierweiler), p. 107 *sq.*

E. Voegelin, dans *La nouvelle science du politique*[1] s'attachant à démontrer la découverte faite par les Grecs d'une nouvelle vérité susceptible de battre en brèche la vérité des anciens empires cosmologiques, privilégiait-il *Les Suppliantes*. L'intrigue, due également à Eschyle, traite, elle aussi d'un problème juridique, et trouve sa solution dans l'action politique. Les filles de Danaos, fuyant l'Égypte parce que les fils d'Égyptos veulent les contraindre à un mariage qu'elles ne souhaitent pas, demandent asile au roi d'Argos, Peslage. Celui-ci est donc placé devant un dilemme : refuser l'asile aux suppliantes, c'est encourir la colère de Zeus, mais assumer le risque d'une guerre avec les Égyptiens, c'est mettre en péril sa cité. Pour respecter en outre la nature constitutionnelle de son gouvernement, il lui faut obtenir le consentement du peuple et donc tenter de persuader (*peithein*) l'assemblée populaire (*koinon*) de la justesse de la cause des suppliantes, qu'en son for intérieur il soutient. Le peuple se montre sensible à l'argumentation du roi qui a su lui faire partager la souffrance des exilées, lui faire comprendre la nature du drame et il adhère au choix de Peslage en tant qu'action obéïssant à la *Dikè* jupitérienne, adoptant à l'unanimité les décrets correspondants. Pourtant, E. Voegelin souligne le caractère éphémère de ce « miracle de la tragédie à Athènes, [dont la] gloire fut engloutie dans les atrocités de la guerre du Péloponèse », la représentation de la vérité étant dès lors transférée aux écoles philosophiques. En définitive, si pour H. Arendt le théâtre est « l'art politique par excellence », c'est dans la mesure où il traite de « l'homme dans ses relation avec autrui », dans la mesure où, et elle renvoie ici à la *Poétique* d'Aristote, l'ambition de son contenu ne consiste pas tant à révéler les « qualités des hommes [...] ce que nous nommerions caractères », que bien plutôt « ce qui est arrivé les concernant, leurs actions, leur vie, leur bonne ou mauvaise fortune », en bref, « l'action, l'intrigue »[2]. Ce lien entre art et politique consiste donc, comme l'a déjà noté Jacques Taminiaux[3] en ce que dans la tragédie, les spectateurs (*Théatai*), dont fut dérivé par la suite le terme philosophique « théorie », « voulait dire "qui contemple", regarde quelque chose de l'extérieur, d'un endroit comportant un point de vue caché à ceux qui font partie du spectacle et le rendent réel »[4]. C'est à celui qui assume délibérément cette non participation à l'action, qui se tient en retrait par rappport au spectacle, dans un lieu qui n'est aucunement « de ces régions "supérieures" comme Parménide et

1. *Op. cit.*, p. 71-75.

2. *CHM.*, p. 245, note 2.

3. *La fille de Thrace et le penseur professionnel. Arendt et Heidegger* (Paris, Payot, 1992), p. 134 *sq.*

4. *VE.*, I, p. 111.

Platon l'imagineront plus tard », qu'apparaîtra la vérité de la représentation. Le retrait est donc la condition nécessaire à la compréhension du sens de l'action, laquelle n'apparaît pas à ceux qui la jouent, mais à ceux qui la contemplent en simples spectateurs. L'immortalité potentielle de l'acteur, la possibilité pour lui de devenir un modèle que les *neoi* à venir seront susceptibles de « ressusciter d'entre les morts », présuppose donc la présence du spectateur et de son jugement. Et ce n'est sans doute pas un hasard si, dès *La crise de la culture*, H. Arendt proposait une interprétation du jugement esthétique kantien en termes politiques. À ses yeux en effet, la *Critique du jugement* – quoique « Critique du jugement esthétique » – renferme « peut-être l'aspect le plus remarquable et le plus original de la philosophique politique de Kant » [1]. La grande découverte de Kant tiendrait dans la manière dont il a appréhendé dans l'Analytique du Beau, le phénomène du goût comme relevant tout autant du domaine de l'esthétique, que de celui du politique dont il avait jusqu'à présent été exclu au motif de la subjectivité du *de gustibus non disputandum est*. Or, le goût, dans la mesure précisément où il fait l'objet d'un débat où l'enjeu, comme en politique, est de persuader et de courtiser l'accord de chacun, où il fait appel au *sensus communis*, a bel et bien sa place dans le domaine public : il est « la faculté politique qui humanise réellement le beau et crée une culture » [2], il décide non seulement « comment voir le monde mais aussi qui s'appartient en ce monde » [3].

Même si pour E. Levinas il est également clair que « l'œuvre est hors l'Utile », le critère de l'humanité ne saurait consister comme pour H. Jonas dans le fait de s'adonner à des fins biologiquement inutiles [4]. Mais comment comprendre le reproche d'irresponsabilité adressé à l'art, si par ailleurs E. Levinas reconnaît bien que « l'affiche, l'article, le traité scientifique servent l'histoire mieux que le poème » [5], autrement dit si, à l'instar de Maurice Blanchot, il considère que l'art engagé est « inconsistant » ? La contemplation silencieuse qu'impose le Beau, son « désintéressement » est certes louable en ce qu'elle « interrompt l'effort inter-essé de persévérer dans l'être », en sorte que se dés-inter-esser équivaut à « ne pas se tuer à être » [6], à « sortir de l'ensorcellement par ce qui est » [7], soit, à être toujours positivement relié à autrui. Mais le Beau affiche néanmoins

1. *CC.*, p. 280 *sq.*
2. *Ibid.*, p. 286.
3. *Ibid.*, p. 285.
4. « Homo Pictor », p. 177.
5. *Sur Maurice Blanchot* (Fata Morgana, 1975), p. 12.
6. *De l'oblitération*, Entretien avec Françoise Armengaud à propos de l'œuvre de Sosno (Editions de la Différence), p. 10.
7. *Ibid.*, p. 28.

les limites de la civilisation « dans son indifférence à la souffrance du monde » : le sourire de la Joconde ne peut alors apparaître que comme « immoral »[1]. La réalité du livre ou du tableau, l'achèvement de l'ombre vient se substituer au monde à achever[2]. Ce qui se trouve ici dénoncé, c'est la « dimension d'évasion » de l'art, dans un monde marqué au sceau de l'inititative et de la responsabilité[3]. Tout se passe donc comme si l'artiste s'exilait de la Cité, attitude qui, à certaines époques peut sembler aussi honteuse que de « festoyer en pleine peste »[4], et E. Levinas n'hésite pas à invoquer la méchanceté, l'égoïsme et la lâcheté de la jouissance esthétique[5]. L'art, parce qu'il est « dégagement », ne saurait donc être la valeur suprême de la civilisation, et on peut même concevoir un stade où « il se trouvera réduit à une source de plaisir »[6]. H. Jonas est aussi le penseur de la responsabilité – « l'archétype de toute responsabilité est celle de l'homme envers l'homme »[7] écrit-il, et cette faculté de responsabilité fait tout aussi inséparablement partie de son être que le fait d'être capable de parole. Toutefois l'artiste, quand bien même contribue-t-il par ses chefs-d'œuvre à accroître la richesse en humanité du monde des humains, semble échapper à la poursuite du « bonheur ou de l'édification des mortels », et si H. Jonas évoque lui aussi son « abandon désintéressé à la chose », c'est aussitôt pour souligner qu'il peut être parfait, qu'il se situe « par-delà la morale »[8]. Toutefois, confronté au fameux dilemme casuistique que H. Jonas estime par ailleurs « pervers », de la maison qui brûle et dont on ne peut sauver que la madone de Raphaël de la chapelle Sixtine ou un enfant, la décision morale en faveur de l'enfant va de soi : non pas en vertu d'une quelconque « valeur » supérieure de l'être humain, mais en vertu du droit même de la vie à être une fin en soi inconditionnelle. Si je laisse brûler la madone celle-ci n'est en effet pas susceptible de demander « que m'as-tu fait ? » et je peux en outre aisément répondre devant les amateurs d'art du préjudice subi. La vie de l'enfant m'impose en revanche, l'obligation de répondre d'une éventuelle accusation « devant le trône de Dieu ».

H. Arendt a elle aussi abordé ce problème de la responsabilité de l'artiste, des relations incertaines entre poésie et politique. Si la voix des

1. *Ibid.*, p. 22.
2. « La réalité et son ombre », p. 787.
3. *Ibid.*
4. « La réalité et son ombre », p. 787.
5. *Ibid.*
6. *Ibid.*, p. 788.
7. *Le principe responsabilité. Une éthique pour la civilisation technologique*, *op. cit.*, p. 140-41.
8. *Ibid.*, p. 143.

poètes nous concerne tous tant dans notre vie privée qu'en tant que nous sommes citoyens, note-t-elle, force est de constater néanmoins que les poètes sont rarement de bons citoyens dignes de confiance et que leur inconduite pose un problème politique, voire moral depuis l'Antiquité : « ils ont souvent fait preuve d'une déplorable tendance à mal se conduire et, à notre siècle, leur inconduite a même parfois été, pour les citoyens, à l'origine de soucis plus graves que jamais. Il n'est que de se souvenir du cas d'Ezra Pound »[1]. Pourtant, c'est sur la biographie politique de Bertolt Brecht, celui qui était à ses yeux, « le plus grand poète allemand vivant »[2], et dont les péchés – il s'agit des Odes à Staline que composa Brecht – s'ils furent moindres que ceux d'E. Pound, furent néanmoins plus graves en ce qu'il ne pouvait pas pour sa part revendiquer la « folie », qu'H. Arendt choisit de s'exprimer. Faut-il, à l'instar de Goethe, accorder plus aux poètes qu'au commun des mortels, au motif qu'échappant aux lois de la pesanteur et aux attaches, ils ne peuvent porter le fardeau de la responsabilité ? Lorsque leurs péchés sont si graves, où placer la frontière à ne pas dépasser ? H. Arendt estime que nous qui sommes leurs concitoyens, sommes incapables d'en décider : « un poète doit être jugé sur sa poésie, et même si beaucoup de choses lui sont permises, il n'est pas vrai que "les laudateurs des forfaits ont des voix mélodieuses" »[3]. Le pire châtiment qui puisse menacer un poète étant de cesser de l'être, de perdre tout soudainement « ce qui, tout au long de l'histoire humaine, est apparu comme un don des dieux », et c'est précisément ce qui est arrivé à B. Brecht, selon H. Arendt, dans les dernières années de sa vie[4]. « Si le totalitarisme est assez puissant pour fermer la porte à toute dénonciation, toute satire, que le poète se retire [...] le silence est vraiment une alternative », estime pour sa part G. Steiner[5]. Dans sa Correspondance avec K. Jaspers, H. Arendt revient à plusieurs reprises sur cette question de savoir si « un bon poème est un bon poème »[6]. En définitive, H. Arendt plaide pour l'indulgence, à l'instar de B. Brecht lui-même qui, dans son poème « À ceux qui naîtront après nous »[7] implorait leur indulgence pour une génération qui n'avait pas su leur préparer un monde amical. Ce faisant, elle est parfaitement consciente qu'accorder une telle latitude au poète risque d'offenser le sentiment de la justice de certains, mais elle n'en précise pas moins que l'égalité devant la loi n'est nullement un absolu, que tout jugement doit

1. *VP.*, p. 197.
2. *Ibid.*, p. 262.
3. *Ibid.*, p. 199.
4. *Ibid.*, p. 202.
5. *Langage et silence*, *op. cit.*, p. 80.
6. *HA-KJ*, Lettre du 25 juillet 1965.
7. *Poèmes*, tome IV des *O.C.*, *op. cit.*, p. 136.

demeurer ouvert à la faculté de pardonner : « la majesté de la loi exige que nous soyons égaux – que seuls mes actes comptent et non la personne qui les accomplit. L'acte de pardon, au contraire, tient compte de la personne [...], insiste sur l'inégalité – une inégalité qui implique que tout homme est, ou devrait être, plus que la somme de ses actes »[1]. Pour illustrer ce principe d'inégalité, H. Arendt nous invite à nous remémorer l'adage romain « *Quod licet Jovi non licet bovi* », ce qui est permis à Jupiter n'est pas permis à un bœuf, inégalité fort heureusement réversible : « bien des choses sont permises à un bœuf, mais pas à Jupiter ; c'est-à-dire pas à ceux qui sont un peu à l'image de Jupiter – ou qui sont bénis par Apollon »[2].

Cézanne n'hésitait pas à identifier vie artistique et vie divine, la nature objectivée et la nature intérieurement vécue devant s'amalgamer pour vivre « d'une vie moitié humaine, moitié divine, la vie de l'art, écoutez un peu [...] la vie de Dieu »[3]. La condition pour que sa toile touche celui qui la contemple étant qu'elle soit « saturée de cette vague religiosité cosmique, qui m'émeut moi, qui me rend meilleur »[4]. Or, c'est cette prétendue mission de l'artiste dont la philosophie contemporaine se ferait l'écho, que stigmatise E. Levinas : « depuis les doutes sur la prétendue mort de Dieu, l'artiste croit à sa mission de Créateur et de Révélateur »[5]. L'art, s'il peut nous guérir de notre emprise sur les choses, de notre « persévérance dans l'être », précède le règne de Dieu, celui de la « vraie » religion, et seule la peinture de Jean Atlan est créditée de cet « érotisme chaste, tendresse, compassion et peut-être miséricorde qui font penser à la Bible »[6]. Si l'art révèle quelque chose, s'il fait passer du langage à l'indicible qui se dit, c'est moins pour découvrir « un monde idéal derrière le monde réel... [qu']une obscurité », « l'obscurité de l'élémental »[7]. « À quoi bon des

1. *VP.*, p. 241.

2. *Ibid.*, p. 243. Ou encore : « Brecht qui depuis son départ d'Amérique n'a plus écrit une seule ligne digne de ce nom, rien que des vers de mirliton de la manière la plus minable et la plus vulgaire – voilà comment se vengent les dieux, manifestement on ne plaisante pas avec Apollon » (*HA-KB*, Lettre du 31 août 1956).

3. J. Gasquet, *op. cit.*, p. 132.

4. *Ibid.*, p. 150.

5. « La réalité et son ombre », p. 789.

6. « Jean Atlan et la tension de l'art », in « Cahiers de l'Herne », *op. cit.*, p. 510.

7. *Sur Maurice Blanchot*, *op. cit.*, p. 18. « Au fil du temps, écrit G. Steiner, la double vocation du parler, l'idée que l'acte poétique se dresse contre la volonté divine, jusqu'au niveau du sacrilège, est devenu l'un des tropes de la littérature occidentale [...] À travers ses vers, l'artiste s'efforce de saisir l'idéal, mais il doit se garder de l'étreindre avec trop de force. L'esprit créateur qui guide sa recherche atteint les murailles de la Cité de Dieu ; c'est pourtant à l'homme que revient de savoir quand battre en retraite, s'il ne veut être consumé, comme le fut Icare, par la proximité terrifiante d'une puissance supérieure, d'un *Logos* démesuré », *Langage et silence*, *op. cit.*, p. 61.

poètes en temps de détresse ? » demandait Hölderlin dans son élégie « Pain et Vin ». Écoutons la réponse sous forme d'interprétation que proposait M. Heidegger : « peut-être parce qu'aucun dieu ne rassemble plus visiblement et clairement, les hommes et les choses sur soi, ordonnant ainsi, à partir d'un tel rassemblement, l'histoire du monde et le séjour humain en cette histoire »[1]. Si E. Levinas est si réfractaire à faire une place à la nécessité d'un art en général, à lui assigner un autre rôle que celui de la pure jouissance irresponsable, s'il refuse d'assimiler le peintre à un créateur, c'est parce que pour lui la détresse des temps n'est pas encore advenue, que le divin ne nous a pas encore désertés. La vraie religion étant la religion « pensée à partir de l'obligation et l'ordre de la parole de Dieu inscrits dans le visage de l'autre homme »[2], l'altérité ne saurait se réduire à celle que l'art communique aux objets représentés, à la « réalité exotique de l'art », elle ne saurait être prisonnière d'une forme plastique et muette, car « sous la forme les choses se cachent »[3]. Dans la vision, l'œil ne voit pas la lumière, mais l'objet dans la lumière : tout comme dans le toucher où la main n'assure sa prise sur l'objet qu'à travers le vide de l'espace. Pas plus que l'espace, la vision n'est capable de transporter au-delà, de faire accéder au transcendant, d'ouvrir « par-delà le Même, à l'absolument Autre »[4]. Comme le toucher, la vision se mue en « prise », et la jouissance n'est que le « contentement du fini sans souci de l'infini »[5]. Le transcendant se dérobe à la sensibilité, à la contemplation et seule la relation à autrui nous y fait accéder.

Pour apporter la preuve que l'homme seul est potentiellement, voire nécessairement, capable de produire des images, H. Jonas avançait un ultime argument : « À l'instar de l'acte de nommer les différentes espèces animales [...] l'image, tout comme le nom, est générale »[6]. En effet, après que YHWE eût modelé du sol toutes les bêtes sauvages et tous les oiseaux du ciel, il les amena à l'homme pour voir comment celui-ci les appellerait[7]. L'homme, cet être que, selon le premier récit de la Genèse, Dieu aurait créé « à son image »[8]. Cet homme *ha-adam* dont, d'après la seconde version de la Genèse, la création suivit celle du ciel et de la terre, et que Dieu façonna d'abord à partir de la poussière terrestre (*ha-adamah*) pour lui insuffler ensuite la vie par les narines. Dieu donna à l'homme des animaux pour

1. « L'origine de l'œuvre d'art », *op. cit.*, p. 323.
2. *De l'oblitération, op. cit.*, p. 26.
3. *Totalité et infini* (Martinus Nijhoff, 1971), p. 209.
4. *Ibid.*, p. 208.
5. *Ibid.*, p. 209.
6. Genèse, Rabba, XVIII, 5. « Homo Pictor », p. 195.
7. Genèse, 2, 19-20.
8. Genèse, I, 27.

compagnons, et Adam[1] entreprit de les nommer les uns après les autres. Accomplissant ce qui n'était pas au pouvoir des anges, et réalisant ainsi le premier acte humain, Adam démontre sa supériorité sur les animaux, et annonce sa future domination de la terre. Nommant tous les animaux et les oiseaux que Dieu avait créés, puis sa femme, Eve, Adam entreprend d'exprimer l'essence de tout individu. Le nom, en devenant générique, commente H. Jonas, « préserverait l'ordre archétypique de la création confrontée à la multiplicité individuelle [...] Chaque cheval est le cheval originel, chaque chien le chien originel... »[2], de même que l'Adam Qadmon, l'homme originel, correspond à l'interprétation par la Kabbale de l'*imago Dei*. Or, de même que le nom, l'image est, comme nous l'avons précédemment vu, pour H. Jonas, intimement liée à la réalité, à sa généralité : « La trace de l'image est un acte analogue à celui qui consiste à donner un nom ou, plus exactement, il en constitue la version intégrale »[3], le signe phonétique n'en étant que l'abréviation. Et H. Jonas assimile complètement le pouvoir dévolu à Adam de nommer les choses, à un acte créateur dont la production d'images ne serait que la répétition : « La production d'images répète à chaque fois l'acte créateur qui se cache dans le nom résiduel : la re-création symbolique à l'infini du monde »[4]. Est-ce un hasard s'il est simultanément interdit par la tradition biblique de nommer et de représenter Dieu ? YHWH, le tétragramme imprononçable sauf par le grand prêtre dans le Saint des Saints le jour de Yom Kippour, YHWH, de tous les noms de Dieu[5] le plus important, ce nom qu'il est interdit de prononcer en vain[6], coïnciderait ainsi avec l'interdit du Deuxième Commandement de représenter Dieu : l'Irreprésentable est simultanément l'Innommable.

Pour n'être pas prise dans cette problématique religieuse, H. Arendt n'en affirme pas moins d'une part, que le fait de nommer les choses, de créer les mots, est la manière spécifique de l'homme de s'approprier et de

1. À partir du verset 20, l'article (*ha*) placé devant *Adam* disparaît pour former un nom dont l'étymologie est ambiguë : *adamah* désignant la terre et sa racine renvoyant à la couleur rouge, *adamon* signifiant quant à lui le sang et *adamaton* l'obscurité, la terre rouge foncé. (*Dictionnaire encyclopédique du judaïsme*, Cerf, 1995, entrée *Adam*).

2. « Homo Pictor », p. 195.

3. « Homo Pictor », p. 195.

4. *Ibid.*, p. 196.

5. *El elyon*, *El olam*, *El chaddaï*, *El berit*, *Elohim*, *Adonaï*, qui tous désignent des caractères de Dieu : le Très Haut, l'Éternel, Celui des montagnes, le Tout Puissant, le Dieu de l'Alliance, Dieu, mon Seigneur. Pour Maïmonide cependant, les attributs divins dont nous usons quand nous parlons de Lui ne le qualifient pas, ne lui ajoutent rien : « Toute similitude entre Dieu et nous est inadmissible » (*Guide des Egarés*, 1re partie, chapitre LVI).

6. Exode, 20, 7, et Deutéronome, 5, 11.

désaliéner le monde dans lequel il arrive en étranger[1]. D'autre part, dans l'article qu'elle consacra à Walter Benjamin, elle relevait sa manie bizarre de collectionner outre les livres, des citations, comme autant de « perles et de coraux », qu'il extrayait de leur contexte pour leur imposer un nouvel ordre en sorte « qu'ils puissent s'illuminer mutuellement et justifier pour ainsi dire librement leur existence »[2]. Parce qu'il avait pris acte de la rupture définitive avec toute tradition, poursuit-elle en évoquant *L'origine de la tragédie allemande*, pour W. Benjamin, citer équivalait à nommer, et c'est ce « "nommer" plutôt qu'un "parler", le nom et non la phrase, qui portent au jour la vérité. Pour lui, le "père de la philosophie" n'est pas Platon mais Adam. Par conséquent la tradition était la forme dans laquelle étaient transmis les mots qui nomment – une « tradition », comme dit M. Heidegger, "à l'écoute" de laquelle "il faut se remettre" »[3]. Et H. Arendt justifie pleinement ce recours à la citation, et donc à la philosophie du langage, comme l'unique manière d'entretenir un rapport avec le passé, dès lors que la tradition est à jamais rompue : « dans la langue ce qui est passé a son assise indéracinable, et c'est sur la langue que viennent échouer toutes les tentatives de se débarasser définitivement du passé. La *polis* grecque continuera d'être présente au fondement de notre existence politique, aussi longtemps que nous aurons à la bouche le mot "politique" »[4]. Pour autant, contrairement à H. Jonas, le don de parole n'était pas pour W. Benjamin le privilège des mortels parmi les autres vivants, mais au contraire l'« essence du monde [...] dont procède le parler », et H. Arendt ne manque pas de faire le rapprochement avec la position heideggérienne : « "l'homme ne peut parler que dans la mesure où il est celui qui dit", à ceci près, que pour Benjamin, le Dire signifierait bien aussi "laisser paraître" mais non "laisser voir" »[5]. Et c'est précisément dans sa tentative d'interpréter les créations linguistiques non pas à partir de leur valeur d'usage et de communication, mais comme manifestations d'une « essence du monde », c'est-à-dire parce

1. *VE.*, I, p. 118.

2. *VP.*, p. 301-02.

3. *VP.*, p. 303. La référence à M. Heidegger renvoie à « Hegel et les Grecs », in *Questions II* (Paris, Gallimard, 1968, trad. J. Beaufret et D. Janicaud), p. 62.

4. *Ibid.*, p. 304. Voir également, *CC.*, p. 200 : « Employer le mot "politique" au sens de la *polis* grecque n'est ni arbitraire ni forcé. Ce n'est pas seulement étymologiquement, ni seulement pour les érudits que le mot même, qui dans toutes les langues européennes dérive encore de l'organisation historiquement unique de la cité grecque, fait écho aux expériences de la communauté qui la première découvrit l'essence et le domaine du politique. Il est vraiment difficile et même trompeur de parler de politique et de ses principes les plus profonds sans faire appel dans une certaine mesure aux expériences de l'antiquité grecque et romaine, et cela pour la seule raison que les hommes n'ont jamais, ni avant ni après, pensé si hautement l'activité politique et attribué tant de dignité à son domaine ».

5. *Ibid.*

qu'il a compris la langue en général à partir de la poésie, que W. Benjamin se révèle aux yeux d'H. Arendt, doté du don extrêmement rare de « penser poétiquement »[1], un « pêcheur de perles qui les portera au jour : comme "éclats de pensée" ou bien aussi comme immortels *Urphänomene* »[2]. Pour illustrer ce rapport de la philosophie à la poésie, H. Arendt relève la réplique que M. Heidegger adressa à Carnap et selon laquelle si philosophie et poésie ne sont pas identiques, elles sont néanmoins très proches puisqu'elles viennent d'une même source, la pensée, comme l'avait déjà noté Aristote[3]. À la fin de son commentaire de la parole de Nietzsche, « Le désert croît », M. Heidegger notait : « La désolation est à sa cadence maxima, le banissement de Mnemosyne [...] d'où sourd la poésie. La poésie, ce sont donc les eaux qui parfois courent à rebours vers la source, vers la pensée comme pensée fidèle »[4]. Pour H. Arendt également la poésie est de tous les objets de pensée, le plus proche de la pensée, « de tous les arts le plus humain, le moins du monde »[5], le poème relevant plus de l'œuvre d'art que de l'objet, même s'il doit subir le processus de réification, devenir une chose tangible pour soutenir la mémoire[6]. Et elle remarquait combien la philosophie avait su se mettre à l'écoute de l'école d'Homère puisqu'aussi bien « le voyage de Parménide jusqu'aux portes du jour et de la nuit, [que] l'allégorie de la caverne de Platon, dont le premier est un poème et la seconde de nature essentiellement poétique, exploite de bout en bout le langage homérique. Ce qui laisse entendre à tout le moins, à quel point Heidegger avait raison d'appeler proches voisines la poésie et la pensée »[7]. La poésie, la « vraie langue », l'art pour nous sauver du désert, la persistance de l'œuvre d'art reflète le caractère persistant du monde.

L'image, et même toute œuvre d'art, soutient enfin E. Levinas, est une « idole » : « la caricature insurmontable de l'image la plus parfaite se manifeste dans sa stupidité d'idole »[8], qui signe son irréalité. Cette « stupidité » vient de ce que la face de l'idole est refermée sur elle-même, ne s'adressant à personne. E. Levinas reprendrait il à son compte l'interdit de l'idolâtrie si souvent proféré dans la Bible : « Tu ne feras point d'image taillée, ni de représentation quelconque des choses qui sont en haut dans les cieux ... »?, la précaution contre l'idolâtrie englobant aussi les images naturelles : « Tu ne feras point d'image taillée ni de représentation

1. *Ibid.*, p. 305.
2. *Ibid.*, p. 306.
3. *VE.*, I, p. 23.
4. *Qu'appelle-t-on penser ? op. cit.*, p. 36.
5. *CHM.*, p. 225.
6. *Ibid.*, p. 225-26.
7. *VE.*, I, p. 127.
8. « La réalité et son ombre », p. 781.

quelconque des choses [...] qui sont en bas sur la terre... »[1]. E. Levinas prétendant pourtant ne pas être de ces monothéistes sensibles ou pieux qui pensent que les musées sont pleins de figures qu'il ne fallait ni dessiner ni surtout sculpter[2], dire que l'art prétend « offrir un visage aux choses », lesquelles « donnent prise [mais] n'offrent pas de visage »[3] ne devrait pas être entendu comme la dénonciation d'une quelconque idôlatrie, confiait-il à Françoise Armengaud, mais comme « l'animation de la matière par l'art. L'"expression" allégeant le poids de la matière brute, sa lourdeur d'être là... »[4]. Il n'en reste pas moins qu'E. Levinas souscrit à ce deuxième commandement, « commandement suprême du monothéisme » à ses yeux, c'est-à-dire « d'une doctrine qui surmonte le destin – cette création et cette révélation à rebours »[5] puisque dès lors que l'instant est figé en destin, plus aucun élan vital créateur ne peut plus l'animer. C'est donc dans la notion de destin, dans l'obscurité du *fatum* qu'elle apporte au monde, que doit être comprise l'idole dont toute image est porteuse. Le « dégagement » de l'art, son irresponsabilité, vient se doubler d'un destin : « être représenté, c'est être en proie à son destin, pétrification de l'instant au sein de la durée »[6]. Le *fatum*, le destin de l'idole, c'est cet instant présent figé en un avenir qui n'est pas susceptible de s'actualiser, donc privé de devenir, lequel « ne trouve pas place dans la vie »[7] et l'existence même de l'art au sein de l'humanité révèle son incertitude quant à sa continuation « et comme une mort doublant l'élan de la vie – la pétrification de l'instant au sein de la durée [...] l'insécurité de l'être pressentant son destin, la grande obsession du monde artiste »[8]. Ce présent qui n'en est plus un, puisqu'il n'est plus orienté vers un avenir, E. Levinas choisit de le baptiser l'« entre-temps ». Caractéristique de la statue à laquelle rien ne peut advenir, de la bouche de laquelle aucune parole ne peut surgir[9], « l'entre-temps » est aussi la marque du « mourir », de l'être à qui jamais rien de nouveau ne peut arriver, auquel tout nouveau présent fait défaut[10]. Un temps qui dure sans autre avenir que l'éternité de la durée : « éternellement le sourire de la Joconde qui va

1. Exode, 20, 4-6.
2. *De l'oblitération*, *op. cit.*, p. 36.
3. « Éthique et esprit » in *Difficile liberté* (Albin Michel, 1963 et 1976), p. 20-21.
4. *De l'oblitération*, *op. cit.*, p. 8.
5. « La réalité et son ombre », p. 786.
6. F. Armengaud, « Éthique et esthétique. De l'ombre à l'oblitération » (« Cahiers de l'Herne », *op. cit,*), p. 503.
7. « La réalité et son ombre », p. 783.
8. *Ibid.*, p. 785.
9. Voir Psaume 115, 4-6 : « les idoles d'argent et d'or, œuvres de mains humaines. Elles ont une bouche et ne parlent pas, des yeux et elles ne voient pas ; elles ont des oreilles et elles n'entendent pas, des narines et n'ont point d'odorat ».
10. Jacques Colléony, *art. cité*, p. 786.

s'épanouir ne s'épanouira pas [...] un avenir à jamais figé flotte autour de la position figée de la statue »[1]. La vie que l'artiste donne à la statue n'est que simulacre dérisoire, et si E. Levinas évoque la magie pour caractériser l'art, c'est aussitôt pour dénigrer ce prétendu pouvoir : « magie [...] de l'art qui conjure les mauvaises puissances en remplissant le monde d'idoles qui ont des bouches mais qui ne parlent plus »[2]. Cette durée éternelle de l'intervalle dans laquelle est immobilisée la statue, radicalement différente de l'éternité du concept, cette pétrification de l'instant dans l'« entre-temps » qui soumet l'être à l'obscurité du destin a, dit E. Levinas, « quelque chose d'inhumain et de monstrueux »[3]. De l'image comme idole, H. Jonas ne souffle mot. Peut-être parce qu'il a pris la précaution de souligner que la ressemblance entre l'objet et l'image est nécessairement affectée d'incomplétude. Or, « l'interdit biblique porte sur une représentation [...] d'un visage humain complet... »[4]. L'idée de complétude renvoyant à la mort, serait-ce parce que les sculptures de Sacha Sosno sont incomplètes qu'elles trouvent grâce aux yeux d'E. Levinas ?

Cet « entre-temps » décrié par E. Levinas, figé dans un présent privé de tout avenir, cette « statufication » qui menace toute œuvre d'art, c'est précisément ce qu'H. Arendt choisit de nommer le « pressentiment d'immortalité ». Pour être produite par des êtres mortels, l'œuvre d'art en effet, ainsi que nous l'avons vu précédemment, n'en atteint pas moins une certaine immortalité, créant une « patrie non mortelle d'êtres mortels [...] un pressentiment d'immortalité, non pas celle de l'âme ni de la vie, mais d'une chose immortelle accomplie par des mains mortelles »[5], un monde stable et permanent au sein duquel les hauts faits peuvent être ressuscités et servir ainsi de modèle aux futures générations. H. Arendt invoque Pindare pour lequel les poètes et les aèdes étaient des êtres divins guidant les hommes vers l'immortalité car « la voix des beaux poèmes va toujours retentissant; elle est immortelle »[6]. Elle rappelle également l'opinion que partageaient Périclès et les philosophes concernant la tâche essentielle à laquelle devait s'efforcer l'homme compte tenu de sa parenté avec les dieux, savoir, « compenser sa qualité de mortel » en s'efforçant d'atteindre à l'immortalité »[7]. Cependant, toute réification a un prix, plus ou moins lourd, en fonction de la nature de l'œuvre d'art en question. Ce prix, c'est « la vie elle-même : c'est toujours dans la "lettre morte" que "l'esprit

1. *Ibid.*, p. 782.
2. *Ibid.*, p. 787.
3. *Ibid.*, p. 786.
4. C. Chalier, « L'interdit de la représentation », *op. cit.*, p. 79.
5. *CHM.*, p. 223.
6. *VE.*, I, p. 153.
7. *Ibid.*, p. 155.

vivant" doit survivre »[1]. Si cette « mortalité » présente dans l'œuvre d'art, laquelle atteint toutefois une certaine immortalité, est moindre dans la poésie, comme dans la musique, c'est, répétons-le, que la réification y est réduite, le poème demeurant « le plus proche de la pensée qui l'a inspiré », la durabilité d'un poème étant « produite par condensation, comme si le langage parlé dans sa plus grande densité, concentré à l'extrême, était poétique en soi »[2]. H. Arendt aimait H. Broch, nous l'avons vu, et ce n'est sans doute pas un hasard si elle appréciait tout particulièrement *La mort de Virgile*, dont elle recommanda la lecture à K. Jaspers, dont les quatre parties figurent les mouvements d'un quatuor.

L'art n'est toutefois pas irrémédiablement condamné chez E. Levinas à l'inhumanité : l'image peut être sauvée par le Verbe, le discours de la critique et de l'exégèse philosophique qui, en rattachant l'œuvre à l'histoire, en la situant dans le temps, lui permettent d'intégrer le monde humain. En traitant l'artiste comme un travailleur, en abordant sa technique, en le rattachant aux influences qu'il subit, la critique arracherait l'artiste à son irresponsabilité. Relater ce « voyage au bout de la nuit » qu'est à ses yeux l'aventure de l'art moderne, tel est le rôle qu'E. Levinas assigne à la « critique préliminaire », la critique philosophique se voyant assigner pour sa part la tâche de « s'attaquer à l'événement artistique comme tel : à l'obscurcissement de l'être dans l'image, à son arrêt dans l'entretemps [...] à son ambiguïté. Cette statue immobile : il faut la mettre en mouvement et la faire parler »[3]. Cette fonction d'expression, de révélation, qu'E. Levinas déniait à l'art et à l'artiste – même le plus lucide – c'est au critique et au philosophe qu'il l'accorde, à l'instar du pouvoir attribué au Maharal de Prague sur son golem[4]. Toutefois, à la différence de la légende selon laquelle Rabi Yehoudah aidé de deux de ses disciples, façonna un golem d'argile et lui insuffla la vie au moyen de certaines incantations, E. Levinas requiert en outre que l'on fasse parler la statue, ce à

1. *CHM.*, p. 224-25.

2. *Ibid.*, p. 225.

3. « La réalité et son ombre », p. 788.

4. Le terme de *golem*, n'est employé qu'une seule fois dans la Bible, pour décrire une « masse informe » ou embryonnaire (Psaume 139, 16) et dans la *Michnah* pour désigner une personne inculte et stupide (Avot, 5, 7). Dans le Talmud, *golem* se rapporte à un état préliminaire à la création d'Adam (Sanh. 38 b). C'est au Maharal de Prague, rabbi Yehoudah Loew, que la légende attribue finalement le pouvoir de créer un *golem* d'argile en lui insufflant la vie mais non la parole. Cet automate, posté dans la synagogue *Altneuschul* de Prague devint, dit-on, l'auxiliaire fidèle de R. Yehoudah mais un vendredi soir il échappa à son contrôle et le maître dut alors mettre fin à l'existence de sa créature. Selon certaines légendes, il serait toujours caché dans les combles de l'*Altneuschul*, attendant qu'un nouveau maître juif le ramène à la vie. (Dictionnaire Encyclopédique du Judaïsme, Cerf, 1995, entrée *Golem*).

quoi Rabi Yehoudah n'était pourtant lui-même pas parvenu ! Doter la statue de la parole, l'animer, ce à quoi aucun artiste ne saurait prétendre, témoignerait ainsi de la prééminence chez E. Levinas du Verbe sur l'image, d'une part parce que « la critique parle en pleine possession de soi, franchement, par le concept qui est comme le muscle de l'esprit »[1], d'autre part parce que le mot seul atteste « la relation à quelqu'un »[2]. Nonobstant la contradiction qui consiste en ce que la critique cherche à révéler conceptuellement la vérité non conceptuelle de l'art, et l'inadéquation de son langage qui trahit celui du créateur, son mérite tient pourtant pour E. Levinas en ce qu'elle montre que l'art est non vérité et qu'elle entreprend de briser ce silence de l'œuvre d'art. Les limites d'une civilisation esthétique tiennent en effet en ce que « la perfection du Beau impose le silence sans s'occuper du reste. Il est gardien du silence. Il laisse faire »[3]. Quand bien même parce qu'« achevée », l'œuvre d'art « ne se donne pas pour un commencement de dialogue »[4], le rôle de l'exégèse philosophique est de sauver l'art de l'art pour l'art, d'intégrer l'« œuvre inhumaine de l'artiste dans le monde humain, dans l'histoire, dans le temps. Remarquons toutefois que dans le texte plus tardif qu'il consacrait à la peinture de Jean Atlan, E. Levinas mettait en garde cette même critique qu'en 1948 il appelait pourtant de ses vœux : « il faut peut-être ne pas commenter les œuvres elles-mêmes quand elles semblent avoir le dernier mot en se montrant »[5].

Qu'il valait mieux citer les poètes plutôt que d'avoir à écrire sur eux, tâche malaisée entre toutes, c'est ce qu'avait bien compris H. Arendt. De même, comme nous l'avons déjà vu, l'art, le phénomène du Beau ne relevait pas de la catégorie de la vérité et de la faculté du connaître, mais de celle de la signification – « *Bedeutung*, le plus goethéen des mots [qui] revient sans cesse dans les écrits de Benjamin »[6] et corrélativement de la faculté de penser. H. Arendt retient les vers de « quelques grands poètes de notre siècle », en l'occurence, Osip Mandelstam[7], Rainer Maria Rilke[8], ou

1. « La réalité et son ombre », p. 789.
2. *De l'oblitération*, *op. cit.*, p. 28.
3. *Ibid.*, p. 8.
4. J. Colléony, *art. cit.*, p. 500 *sq.*
5. « Jean Atlan et la tension de l'art », *art. cit.*, p. 510.
6. *VP.*, p. 259.
7. « Nous nous souviendrons dans les eaux froides du Léthé
Que la terre a valu à nos yeux mille paradis ».
8. « Terre, toi que j'aime, je le veux. Oh ! crois qu'il ne sera plus besoin
de tes printemps pour me gagner à toi, l'un d'eux,
Oh ! un seul est déjà trop long pour le sang.
Indiciblement je consens à toi, de loin je viens à toi.
Toujours tu avais raison ... ».

bien encore W.H. Auden[1], qui « Eux au moins » avaient bien compris que l'identification du penser (*denken*) à remercier (*danken*) permettait de « résoudre le manque apparent de signification d'un monde entièrement sécularisé »[2]. Une fois encore étonnons-nous pour le regretter, qu'elle ait oublié le poème de P. Celan, « La syllabe *Schmerz* »[3] ou bien encore « Fugue de mort »[4], Celan rappelant lui-même dans son « Discours de Brême » que : « *Penser* et *remercier* sont dans notre langue mots d'une seule et même origine. Qui s'abandonne à leur sens s'aventure dans le champ de signification de *se rappeler, se ressouvenir, souvenir, recueillement* »[5]. À l'instar des bardes de la Grèce antique, convaincus que les dieux n'envoient le malheur et le mal aux mortels que pour qu'ils en fassent des histoires et des chants, convaincus que « la poésie naît du désespoir »[6], ces grands poètes avaient compris qu'il leur revenait de sauver le monde en en faisant l'éloge – non point pour justifier la création divine, mais pour s'opposer à tout ce qui est source d'insatisfaction de la condition humaine, un éloge qui tire sa force de ces blessures mêmes : « *O Happy Grief !* »[7].

« Quelle œuvre d'art pourrait donner à notre passé immédiat une expression à sa mesure? La dernière guerre n'a eu ni son *Iliade* ni son *Guerre et Paix* », interroge G. Steiner[8], lui qui pourtant confesse qu'après avoir découvert au kiosque de la gare de Francfort le recueil de poèmes *Atemwende*, Paul Celan ne le quitta plus[9], preuve qu'il avait su discerner, contrairement à P. Levi, dans l'obscurité de cette poésie autre chose qu'un « grognement animal »[10]. Aucun d'eux pourtant ne sut entendre la voix de

1. « Ce commandement singulier
Je ne le comprends pas,
"Que soit béni d'exister ce qui existe".
Il faut s'y soumettre, car
Pour quoi suis-je fait,
Sinon dire oui ou non ? ».
2. *VE.*, II, p. 214.
3. P. Celan, *Choix de poèmes réunis par l'auteur, op. cit.*, p. 208-211.
4. *Ibid.*, p. 52-57.
5. « Discours de Brême », in « La Revue de Belles Lettres », *op. cit.*
6. Paul Celan à son amie Ruth Lackner, le 2 décembre 1951 : « *Auf Schritt und Tritt blühe die Welt. Und noch aus den Verzweiflungen wurden Gedichte* » (in I. Chalfen, *Paul Celan. A Biography of His Youth, op. cit.*, p. 192.
7. « Remembering Wystan H. Auden », in *Wystan H. Auden : A Tribute* (Londres, Weidenfeld et Nicolson, 1974-75), p. 181-87.
8. *La mort de la tragédie* (Gallimard, 1993, trad. R. Celli), p. 309.
9. *Langage et silence, op. cit.*, p. 149.
10. P. Levi, *Le métier des autres. Notes pour une redéfinition de la culture* (Paris, Gallimard, 1992, trad. M. Schruoffeneger), p. 73. « Ces ténèbres de plus en plus denses de page en page, jusqu'à un ultime balbutiement inarticulé, consternent comme le râle d'un

N. Sachs elle qui, s'assigna précisément la tâche de « ramasser les traces ensanglantées d'Israël dans le sable pour les montrer à l'humanité. Et pas seulement sous forme de procès-verbal ! »[1]. Le même reproche vaut pour H. Arendt qui a bien dû lire les poèmes de N. Sachs publiés par son cousin Manfred George, dans « Aufbau » les 26 avril 1946 et 12 juillet 1947, sous l'intitulé « *Verse des Mitleidens von Nelly Sachs* », tous tirés du recueil *Dans les demeures de la mort*[2]. L'omission est d'autant plus surprenante que N. Sachs, s'exprimant sur son œuvre, écrivait : « ces poèmes, même si c'est avec des forces limitées, tentent d'élever l'horreur jusque là où règne la transfiguration, ce qui fut et restera la tâche de toute poésie en tous temps, depuis les mythes généalogiques des Grecs jusqu'à nos jours »[3]. C'est dire si elle était on ne peut plus proche des thèses d'H. Arendt concernant le rôle de la narration. Mais comment comprendre que le même G. Steiner puisse simultanément maintenir : « Chaque poème n'est-il pas une insulte à la souffrance ? »[4]. Peut-être en rapprochant cette question de l'affirmation de T. W. Adorno : « Cette poésie est imprégnée de la honte de l'art devant la souffrance qui échappe à la sublimation autant qu'à l'expérience. Les poèmes de Celan veulent exprimer l'horreur extrême par le silence [...] Ils imitent un langage en-deçà de celui – impuissant – des hommes, voire en-deçà de tout langage organique, langage de ce qui est mort dans les pierres et les étoiles ; sont éliminés les derniers rudiments de l'organique ; apparaît ce que Benjamin a décelé chez Baudelaire en disant que son lyrisme était dépourvu d'*aura*. L'infinie discrétion avec laquelle procède le radicalisme de Celan accroît sa force. Le langage de l'inanimé devient l'ultime consolation de la mort privée de toute signification »[5].

De même qu'H. Arendt était persuadée que l'homme moderne n'avait pas perdu sa capacité d'agir et de penser, de même, la persistance de l'œuvre d'art témoignerait-elle à son tour que « l'homme est la seule chose qui soit demeurée intacte ». Car, « s'il n'en était pas ainsi », ajoute-t-elle, « nous n'aurions pas l'art, mais seulement le *kitsch* »[6]. Nous avons vu au chapitre

moribond, et le sont en effet. Elles nous attirent comme attirent les gouffres, mais en même temps elles nous flouent de quelque chose qui devait être dit et ne l'a pas été, et donc elles nous frustrent et nous repoussent ... [...] L'échange entre les hommes, dans la langue des hommes, est préférable au grognement animal et l'on ne voit pas que celui-ci soit plus poétique que celui-là ... » (*Ibid.*, p. 74-76).

1. *Eli, mystère des souffrances d'Israël, Lettres, Énigmes en feu, op. cit.*, Lettre du 1er octobre 1946 à Carl Seeling, p. 169.

2. *Ibid.*, p. 157.

3. *Ibid.*, Lettre du 20 juillet 1946 à Max Rychner, p. 166.

4. *Réelles présences. Les arts du sens* (Paris, Gallimard, 1989, trad. M. R. de Pauw), p. 217.

5. *Paralipomena* (Klincksieck, 1989, trad. M. Jimenez et E. Kaufholz), p. 406.

6. *QP. ?* notes manuscrites n° 022381.

précédent, que ce qui distinguait à ses yeux la culture authentique, du « kitsch », soit l'*entertainment*, consistait, pour reprendre le vocabulaire kantien, en une attitude de pure joie désintéressée (*uninteressiertes Wohlgefallen*), instaurant une distance entre le spectateur et l'œuvre, distance qui est simultanément la condition d'apparition de l'œuvre d'art. Il se peut également que le *kitsch* désigne chez H. Arendt « l'esthétique dégradée, "enkitschée" du nazisme »[1], soit l'esthétisation de la politique, mot d'ordre de Goebbels[2]. La vocation du *Festspiel* de Bayreuth n'était-elle pas en effet de ressusciter les grandes Dionysies de la Grèce ?

Or, si prendre soin du monde, en avoir souci, faire en sorte qu'il offre un « visage décent », présupppose bien chez H. Arendt de placer au fondement de la nouvelle science du politique comme de l'art, « ce *thaumadzein*, cet étonnement devant ce qui est tel qu'il est », que Platon et Aristote pour leur part attribuaient exclusivement à l'origine de la philosophie, il ne faudrait pas pour autant en conclure qu'elle identifie purement et simplement la politique à un art au sens où, pour M. Heidegger, outre l'œuvre d'art qui installe un monde, il est « une autre manière dont la vérité déploie sa présence, c'est l'instauration d'un État »[3]. Déjà dans les *Lois*, l'Athénien répliquant aux poètes tragiques demandant accès à la cité, assimilait la création d'un État à une œuvre d'art : « Ô les meilleurs des Étrangers ! [...] nous composons un poème tragique, dans la mesure de nos moyens, à la fois le plus beau et le plus excellent possible : autrement dit, notre organisation politique toute entière consiste en une imitation de la vie la plus belle et la plus excellente ; et c'est justement là ce que nous affirmons, nous, être réellement une tragédie, la tragédie la plus authentique ! Dans ces conditions, si vous êtes des poètes, nous aussi poètes nous sommes, composant une œuvre du même genre que la vôtre, vos concurrents professionnels aussi bien que vos compétiteurs, étant les auteurs du drame le plus magnifique : celui précisément dont, seul, un code authentique de lois est le meilleur metteur en scène naturel, ainsi que nous en avons, nous, l'espérance ! »[4]. Or, d'une part H. Arendt, à la différence de M. Heidegger, ne soutient nulle part que l'œuvre d'art érigerait, installerait, constituerait le monde en tant que tel, mais bien plutôt qu'elle le sauvegarde en lui assurant la pérennité. D'autre part, il n'est nullement question chez elle non plus d'un affrontement entre le monde et la terre,

1. P. Lacoue-Labarthe, *La fiction du politique* (C. Bourgois, 1987), p. 97.

2. *Ibid.*, p. 93 : « La politique est elle aussi un art, peut-être même l'art le plus élevé et le plus large qui existe, et nous, qui donnons forme à la politique allemande moderne, nous nous sentons comme des artistes auxquels a été confiée la haute responsabilité de former, à partir de la masse brute, l'image solide et pleine du peuple » (à Wilhelm Furtwängler).

3. « L'origine de l'œuvre d'art » in *Chemins qui ne mènent nulle part, op. cit.*, p. 69.

4. Platon, *Lois*, VII, 817b (Paris, Gallimard, 1950, *O.C.*, II,), p. 906.

M. Heidegger considérant en effet le faire-venir (*Herstellung*) la Terre comme la seconde composante de l'œuvre d'art, affrontement au sein duquel, chacun aspirant à dominer l'autre, surgirait la vérité de l'œuvre[1]. La politique se révèle même aux yeux d'H. Arendt « l'exact opposé d'un art », du moins du point de vue des arts créateurs dont le processus ne se déploie pas en public, seul le produit final, tangible, faisant son apparition dans le monde, en tant qu'œuvre dotée d'une existence autonome, au lieu que l'État, produit de l'action, dépend pour sa conservation, « d'actes postérieurs » à sa création[2]. En revanche, s'agissant des arts d'exécution, de la danse, du théâtre, de la musique, H. Arendt concède bien que, tout comme les hommes politiques, les artistes ont besoin d'une scène sur laquelle apparaître, de spectateurs devant lesquels déployer leur « virtuosité », la *polis* grecque d'autrefois étant précisément « cette "forme de gouvernement" qui procurait aux hommes une scène où ils pouvaient jouer et une sorte de théâtre où la liberté pouvait appparaître »[3]. Pour autant, considérer l'État comme une œuvre d'art, « comme une sorte de chef d'œuvre collectif », serait attribuer à ce qui, pour les Grecs, n'était qu'une « métaphore », le rôle d'une définition erronée[4]. Pour manifester leur souci à l'égard du monde, pour en prendre soin et ainsi le sauver de la ruine, les hommes disposeraient donc de deux facultés bien distinctes : l'action politique et l'œuvre de parole, tant sous la forme du témoignage que sous celle du poème.

1. « L'origine de l'œuvre d'art » in *Chemins qui ne mènent nulle part, op. cit.*, p. 53 et 61.

2. *CC.*, p. 199 : « Les institutions politiques, qu'elles soient bonnes ou mauvaises, dépendent d'hommes d'action pour leur pérennité ; leur conservation est assurée par les moyens mêmes qui les ont instaurées ».

3. *Ibid.*, p. 200.

4. *Ibid.*, p. 199. Sur langage et métaphore, nous renvoyons à *VE.*, I, p. 116-47 où il est dit notamment : « La métaphore qui comble le fossé entre les activités mentales intérieures et invisibles et le monde des phénomènes est certainement le plus beau cadeau que le langage pouvait faire à la pensée et, par là, à la philosophie, mais, en elle-même, elle est, de par ses origines, plus poétique que philosophique », p. 124.

BIBLIOGRAPHIE

T. W. ADORNO, *Dialectique négative. Critique de la politique.* (Paris, Payot, 1978, trad. collective du CIPH).

– *Prismes* (Paris, Payot, 1980, trad. G. et R. Rochlitz).

– *Minima Moralia, Réflexions sur la vie mutilée* (Paris, Payot, 1980, trad. E. Kaufholz et J.R. Lamiral).

– *Modèles Critiques* (Paris, Payot, 1984, trad. M. Jimenez et E. Kaufholz).

– *Paralipomena* (Klincksieck, 1993, trad. M. Jimenez et E. Kaufholz).

G. AGAMBEN, *Homo Sacer, le pouvoir souverain et la vie nue* (Paris, éd. du Seuil, 1997, trad. M. Raioloa).

M. ANISSIMOV, *P. Levi ou la tragédie d'un optimiste* (Paris, éd. Lattès, 1996).

ARISTOTE, *Politique* (trad. J. Tricot, Paris, Vrin, 1995).

F. ARMENGAUD, « Éthique et Esthétique. De l'ombre à l'Oblitération » (« Cahiers de l'Herne E. Levinas », 1991).

E. BEN-YÉHOUDA, *Le rêve traversé*, suivi de Ithamar Ben-Avi, *Mémoires du premier enfant hébreu* (Paris, Desclée de Brouwer, 1998, trad. G. Haddad et C. Neuve Eglise).

E. BLOCH, *Le Principe Espérance* (Paris, éd. du Cerf, 1976, trad. F. Wuilmart).

B. BRECHT, *Poèmes*, IV (éd. de l'Arche, 1966, trad. Guillevic).

– *Poèmes*, t. VI (éd. de l'Arche, 1966, trad. G. Badia, Cl. Duchet).

M. BUBER, *Une terre et deux peuples* (Paris, Lieu Commun, 1985. Textes réunis et présentés par P. Mendes-Flohr, traduits par D. Miermont et B. Vergne).

– *Moïse* (Paris, PUF, 1957, trad. A. Khon).

– *The Letters of Martin Buber, a Life of Dialogue* (edited by Nahum Glatzer and Paul Mendes Flohr, translated by Richard and Clara Winston and Harry Zohn, Schocken Boooks, New York, 1991).

A. CAMUS, *Essais* (Paris, Gallimard, 1965, Pléiade).

P. CELAN, *Choix de Poèmes* de Paul Celan (Paris, Gallimard, 1998, trad. J. P. Lefebvre).

– *Entretien dans la montagne* (Paris, M. Chandeigne, 1990, trad. S. Moses, suivi d'un essai de S. Moses, « Quand le langage se fait voix »).

I. CHALFEN, *Paul Celan, A biography of his Youth* (translated by M. Bleyleben, Introduction by J. Felstiner, New York, Persea Books, 1991).

A. COLIN, *Paul Celan, Holograms of Darkness* (Indiana University Press, 1991).

R.P. H. DE LUBAC, *La postérité de Joachim de Flore* (2 vol., Paris, P. Lethieleux, 1978).

A. DE TOCQUEVILLE, *De la démocratie en Amérique* (Première édition critique revue et augmentée, E. Nolla, Paris, Vrin, 1990, t. II, chap. VIII).

J. DERRIDA, *Le monolinguisme de l'autre* (Galilée, 1996).

– *Limited. Inc* (Paris, Galilée, 1990, Présentations et traductions E. Weber).

J. W. VON GOETHE, *Faust* (Paris, Aubier Montaigne, traduit et préfacé par Henri Lichtenberger).

J. GASQUET, *Paul Cézanne, in Conversations avec Cézanne* (Macula).

M. HEIDEGGER, *Langue de tradition et langue technique* (Édité par Hermann Heidegger. Traduction et Postface par Michel Haar, Éditions Leeber-Hossmann, 1990).

– *Essais et Conférences* (Paris, Gallimard, 1958, trad. A. Préau, préfacé par J. Beaufret.

– *Chemins qui ne mènent nulle part* (Paris, Gallimard, 1962, trad. W. Brokmeier).

– *Questions I* (Paris, Gallimard, 1968, trad. H. Corbin, R. Munier, A. de Waehlens, W. Biemel, G. Granel, A. Préau).

– *Questions III* (Paris, Gallimard, 1966, trad. A. Préau).

– *Questions IV* (Paris, Gallimard, 1976, trad. J. Lauxerrois et C. Roëls).

– *Introduction à la métaphysique* (Paris, Gallimard, 1967, trad. G. Kahn).

– *Qu'appelle-t-on penser ?* (Paris, Gallimard, 1957, trad. A. Becker et G. Granel).

– *Être et Temps* (Paris, Gallimard, 1964, trad. et annoté par R. Boehm et A. de Waelhens).

– *Interprétations phénoménologiques d'Aristote* (trad. J.F. Courtine, Trans-Europ-Repress, Mauvezin, 1992).

H. HEINE, *Écrits autobiographiques* (trad. et notes par N. Taubes, Postface par Michel Espagne, Paris, Cerf, 1997).

– *Poèmes et Légendes* (Michel Lévy frères, 1855).

– *Romancero* (Paris, Cerf, 1997, Trad. et notes par I. Kalinowski).

M. A. HILL, *The Recovery of the Public World* (St. Martin's Press, New York, 1979).

Gerhard HÖHN, *Heinrich Heine, un intellectuel moderne* (PUF, 1994).

M. HORKHEIMER, T.W. ADORNO, *Théorie critique. Critique de la politique* (Payot, 1978, trad. collective du CIPH, présentation L. Ferry, A. Renaut).

M. HORKHEIMER, *Éclipse de la raison* (Paris, Payot, 1974 trad. J. Debouzy).

H. JONAS, « Die Bereitschaft zur Furcht ist ein sittliches Gebot », in *Dem bösen Ende näher. Gespräche über das Verhältnis des Menschen zur Natur* (Suhrkamp, 1993).

– « Philosophie. Regard en arrière et regard en avant à la fin du siècle », in *Pour une éthique du futur* (trad. et présenté par S. Cornille et P. Ivernel, Rivages poche, 1998).
– *Le concept de Dieu après Auschwitz* (Paris, Rivages Poche, 1994, trad. P. Ivernel, Suivi d'un essai de C. Chalier)
– *Entre le néant et l'éternité* (Paris, Belin, 1995, traduit et préfacé par S. Courtine-Denamy).
– *Le Principe Responsabilité. Une éthique pour la civilisation technique* (Paris, Cerf, 1993, trad. J. Greisch).
– *Pour une éthique du futur* (Paris, Rivages Poche, 1998, traduit et présenté par S. Cornille et P. Ivernel).
K. JASPERS, *La bombe atomique et l'avenir de l'homme*, Trad. E. Saget, Buchet Chastel, 1963.
F. KAFKA, *Journal* (Paris, Grasset, 1954, traduit et présenté par M. Robert).
E. KANT, *Critique de la faculté de juger* (trad. A. Philonenko, Paris, Vrin, 1965).
V. KLEMPERER, *LTI, La langue du IIIe Reich*, Carnets d'un philologue (Traduit et annoté par E. Guillot. Présenté par S. Combe et A. Brossat, Albin Michel, 1996).
P. LACOUE-LABARTHE, *La fiction du politique* (C. Bourgois, 1987).
C. LANZMANN, *Au sujet de la Shoah* (Belin, 1990).
B. LAZARE, *Le Fumier de Job* (éd. Circé, Paris, 1990).
– *Juifs et Antisémites* (éd. Allia, Paris, 1992).
P. LEVI, *Les naufragés et les rescapés. Quarante ans après Auschwitz* (Paris, Gallimard, 1986).
– *Conversations et entretiens*, 1963-1987 (R. Laffont, 1998. Textes présentés et annotés par M. Belpoliti traduits par Th. Laget et D. Autrand).
– *Conversations avec Ferdinando Camon* (Gallimard, 1991, trad. A. Maugé).
– *Si c'est un homme* (Paris, Julliard, trad. M. Schruoffeneger, 1987).
– *Le devoir de mémoire. Entretien avec Anna Bravo et Federico Cereja* (éd. Mille et une nuits, 1995, trad. J. Gayraud, introduction et postface de F. Cereja.
– *Le métier des autres. Notes pour une redéfinition de la culture* (Paris, Gallimard, 1992, trad. M. Schruoffeneger).
E. LEVINAS, « La réalité et son ombre, in « Les Temps Modernes », novembre 1948. Repris dans *Les imprévus de l'histoire* (Fata Morgana, 1994).
– *De l'existence à l'existant* (Paris, Vrin, 1993).
– *Autrement qu'être ou au-delà de l'essence* (Martinus Nijhoff, 1974).
– *Sur Maurice Blanchot* (Fata Morgana, 1975).
– *De l'oblitération*, Entretien avec Françoise Armengaud à propos de l'œuvre de Sosno (Éditions de la Différence).
– *Totalité et Infini* (Martinus Nijhoff, 1971).
– *Difficile liberté* (Albin Michel, 1963 et 1976).

Michaël R. MARRUS et Robert O. PAXTON, *Vichy et les Juifs* (Paris, Calmann-Lévy, 1981).

Hans MAYER, *Les Marginaux. Femmes, juifs et homosexuels dans la littérature européenne* (Albin Michel, 1994).

C. MEIER, *La politique et la grâce. Anthropologie politique de la beauté grecque* (Seuil, 1987, trad. P. Veyne).

– *La naissance du politique* (Paris, Gallimard, 1995, trad. D. Trierweiler).

– *De la tragédie grecque comme art politique* (Paris, Les Belles Lettres, 1991, trad. M. Carlier).

M. MERLEAU-PONTY, *L'Œil et l'Esprit* (Paris, Gallimard, 1964).

A. Neher, *L'exil de la parole. Du silence biblique au silence d'Auschwitz* (Paris, éd. du Seuil, 1970).

F. NIETZSCHE, *Ainsi parlait Zarathoustra* (Paris, Gallimard, 1971, trad. Colli Montinari).

Platon, *Lois* (Paris, Gallimard, 1950, *O.C.*, II).

L. POLIAKOV, *L'impossible choix, histoire des crises d'identité juive* (Préface du Grand Rabbin R. S. Sirat, éd. Austral, 1994).

E. RENAN, *Qu'est-ce qu'une nation ? et autres essais politiques.* (Textes choisis et présentés par J. Roman, Press Pocket, 1992).

R. M. RILKE, *Le vent du retour* (Muzot, 1924) (trad. et postface de C. Vigée, Paris, Arfuyen, 1989).

M. ROBERT, *Seul comme Franz Kafka* (Paris, Calmann Lévy, 1979).

F. ROSENZWEIG, *L'Écriture, le verbe et autres essais* (Paris, PUF, 1998, trad. notes et préface J. L. Evard).

J. J. ROUSSEAU, *O. C.* (Pléiade, Gallimard).

N. SACHS, *Eli, mystère des souffrances d'Israël. Lettres. Énigmes en feu* (Paris, Belin, 1989, trad. M. Broda, H. Hartje, C. Mouchard).

C. SCHMITT, *La notion de politique. Théorie du partisan* (Calmann Lévy, 1972, préface de J. Freund).

G. SCHOLEM, *Fidélité et Utopie. Essais sur le judaïsme contemporain* (Paris, Calmann-Lévy, 1972, trad. B. Dupuy et M. Delmotte).

– « Une lettre inédite de Gershom Scholem à Franz Rosenzweig. À propos de notre langue. Une confession », le 26/XII/1926, in « Archives de Sciences Sociales des Religion », 1985, 60/1 (juillet-septembre, trad. S. Moses).

E. SCHUBERT, *Günther Anders* (Rowohlt, 1992).

G. STEINER, *Errata. Récit d'une pensée* (Gallimard, 1998, trad. P. E. Dauzat).

– *Dans le château de Barbe bleue. Notes pour une redéfinition de la culture* (Paris, Gallimard, 1973).

– *Après Babel. Une poétique du dire et de la traduction* (A. Michel, 1978, trad. L. Lotringer).

– *Réelles présences. Les arts du sens* (Paris, Gallimard, 1989, trad. M. R. de Pauw).

– *La mort de la tragédie* (Paris, Gallimard, 1993, trad. R. Celli).

– *Langage et silence* (Paris, Seuil, 1969, trad. L. Lotringer).

– *Martin Heidegger* (A. Michel, 1981, trad. D. de Caprona).
G. STEINER A. SPIRE, *Barbarie de l'ignorance. Juste l'ombre d'un certain ennui* (éd. Le Bord de l'eau, 1998).
G. STERN-ANDERS, « Léarsi », *Erzählunhen. Fröhliche Philosophie* (Suhrkamp, Frankfurt, 1984).
– *Kafka. Pour ou Contre* (Circé, 1990, trad. H. Plard).
– *Die Antiquiertheit des Menschens, über die Seele im Zeitalter der zweiten industriellen Revolution* (C.H. Beck, Munich, 1985).
– *Das Günther Anders Lesebuch* (Diogenes, Zürich, 1984).
– *De la bombe atomique et de notre aveuglement face à l'Apocalypse* (Paris, Titanic, 1995, trad. P. Charbonneau).
– *Die Schrift an der Wand* (Munich, 1967).
– « On pseudo-concreteness of Heidegger's philosophy », in « Philosophy and Phenomenological Research », 1948, n° 9.
–*Sionismes. Textes fondamentaux*, réunis et présentés par D. Charbit (Albin Michel 1998).
L. STRAUSS, *Études de philosophie politique platonicienne* (Paris, Belin, 1993, trad. O. Sedeyn).
– *Qu'est-ce que la philosophie politique ?* (Paris, PUF, 1992, trad. O. Seyden).
– *De la Tyrannie* (Paris, Gallimard, 1954, trad. H. Kern).
– *Études de philosophie politique platonicienne* (Paris, Belin, 1993, trad. O. Sedeyn).
– *Le libéralisme antique et moderne* (Paris, PUF, 1990, trad. O. Berrichon-Seyden).
Correspondence between Leo Strauss and Eric Voegelin 1934-1964. Faith and Political Philosophy (translated and edited by P. Emberley and B. Cooper, 1993).
J. TAMINIAUX, *La fille de Thrace et le penseur professionnel. Arendt et Heidegger* (Paris, Payot, 1992).
E. TRAVERSO, « Auschwitz et Hiroshima. Notes pour un portrait intellectuel de Günther Anders », in « Lignes » (Editions Hazan, n° 26, octobre 1995, p. 7-32).
F. VOLPI, *Su Heidegger. Cinque voci ebraiche*, Donzelli, Rome1999).
E. VOEGELIN, *Autobiographical Reflections* (ed. with an Introduction by Ellis Sandoz, Luisiana State University Press, Baton Rouge and London, 1989).
– *Race et État* (Tübingen, J.C.B. Mohr, 1933).
– *L'idée de race dans l'histoire des idées depuis Ray jusqu'à Carus* (Berlin, Junker et Duenhaupt, 1933).
– *Les religions politiques* (Paris, Cerf, 1994, trad. J. Schmutz).
– *The New Science of Politics. An Introduction* (The University of Chicago Press, 1952/1987. Trad. française S. Courtine-Denamy, à paraître au Seuil, 2000).

– *Briefwechsel über Die Neue Wissenschaft der Politik*, E. Voegelin, A. Schütz, L. Strauss, A. Gurwitsch (Herausgegeben von Peter J. Opitz, Verlag Karl Alber Freiburg/ München, 1993).

Max WEBER, *Le judaïsme antique* (Paris, Plon, 1951, trad. F. Raphaël).

– *Le savant et le politique* (Paris, Plon, 1951, trad. J. Freund, introduction de R. Aron).

E. YOUNG BRUEHL, *Hannah Arendt* (Paris, Anthropos, 1986, trad. J. Roman et E. Tassin).

S. ZWEIG, *Le monde d'hier* (Paris, Belfond, 1948/1982).

– *Leo Strauss historien de la philosophie* in « Revue de Métaphysique et de Morale », (A. Colin, n° 3, 1989).

– *Contre-jour, Études sur Paul Celan* (Colloque de Cerisy, édité par M. Broda, Paris, Cerf, 1986).

– *Paul Celan* in « La Revue de Belles Lettres », (1972, n° s 2-3).

– *Martin Heidegger*, in « Cahiers de l'Herne », 1983.

– *Le Monde de la phénoménologie et la politique*, in « Les Cahiers de Philosophie », (15/16. Hiver 1992/93).

INDEX DES NOMS

SOMMAIRE

ACHEVÉ D'IMPRIMER
EN SEPTEMBRE 1999
PAR L'IMPRIMERIE
DE LA MANUTENTION
A MAYENNE
N° 271-99

Dépôt légal : 3e trimestre 1999